吉林省本科高校省级重点教材

普通高等学校应用型教材

审计

审计模拟实训教程

第5版

马春静 著

中国人民大学出版社
·北京·

前　言

审计学课程修完了，然而对于审计实务操作，学生依然感到无从下手。究其原因，学生缺乏对审计业务全链闭环实践。审计实务教学也大多停留在文字描述的案例分析阶段，缺乏真实审计实务体验经历，学生动手操作能力得不到锻炼，审计逻辑思维得不到系统训练。所以，编写一部与审计理论教材相配套的审计模拟实训教材是解决这一问题的关键。

教材第 5 版基于产教融合，由执教三十年的审计专业教师与会计师事务所审计实务专家深度合作，紧跟审计实务发展，在之前版本的基础上进行了全面修订完善。重点对业财数据进行了数字化再造，优化了审计工作底稿，细化了实训项目，增加了任务驱动的教学设计。

本书特色体现在以下几个方面：

1. 科学指引。本书以党的二十大精神为指引，紧密结合审计实务与教学实际，提升审计实训教材建设水平。一是落实“问题导向，聚焦实践”等方法论，围绕审计流程仿真设计实训任务，引导学生在“审计实务”中发现问题、分析问题、解决问题，低成本地解决审计教学与审计实务融合难的教学痛点。二是落实“数字中国”和“科技强审”的国家与行业发展战略，在原有纸媒教材基础上进行数字化再造，配套业财数据包，可对接智能审计信息系统，以适应审计行业数字化的时代变革。三是推进教育数字化，拓展与创新教材形式，利用“学银在线”教育平台，打造示范教学包，实现教育资源共享。

2. 与时俱进。本书按照当前最新修订的中国注册会计师审计准则编写设计；模拟的被审计单位的资料和数据均体现当前行业最新状况；被审计单位会计资料按照最新企业会计准则进行设计，相关凭证、记录、文件的格式均采用标准版式，根据最新增值税等税收法规进行了修订。

3. 情境仿真。创设仿真的审计执业氛围，模拟会计师事务所财务报表审计执业全过程，学生置身真实的审计情境，在较短的时间和有限的空间内，掌握审计的基本方法，训练审计技能，熟悉审计流程，形成审计思维，锻炼审计职业能力，并加深对审计理论的理解。

4. 易于操作。(1) 精心设计被审计单位的交易。在收集企业真实的业务资料和财务数据的基础上，加工整理出典型交易与事项，并精心设计审计疑点和错报。(2) 精心设计审计情形与参考数据。既设定情形，又不囿于一二，从而使实训操作既有据可依，又留有余地，给实训者充分发挥主观能动性的空间。(3) 列出被审计单位的交易提示，便于实训者了解被审计单位的业务全貌，同样增强了实训的可操作性。(4) 目录详尽，重点突出，方便资料的查找与使用。(5) 随书附赠审计工作底稿模板（纸制与电子版），方便实训的开展。

5. 增强效用。作为审计理论教材的姊妹篇，审计模拟实训教材不再重复介绍相关审计理论与方法；对于被审计单位的资料也是尽最大可能精简，从而在有限的篇幅内最大限度承载有用信息。

6. 任务驱动。在实训中进行任务驱动，学生角色扮演，深度参与开放式设计性实验，自主设计审计情形，激发创新潜能，全面锻炼批判性思辨能力。实训内容有一定挑战度，锻炼学生综合运用审计、会计等相关理论进行审计职业判断，在实训过程中增强职业认同感。

鉴于全书的构思与主体内容属于原创，而作者的经验与水平有限，疏漏难免，在此恳请同行和广大读者批评指正，并将意见与建议反馈到邮箱：115599763@qq.com。

马春静

目　录

第一章 Chapter 1 审计模拟实训指导

一、审计模拟实训的目的

1. 在审计模拟实训过程中，体验注册会计师财务报表审计全流程，增强对审计职业的认同感，树立“审计报国，诚信服务”的职业使命感。

2. 在审计模拟实训过程中，能够遵守执业准则与职业道德，保持职业怀疑，识别并应对重大错报风险。

3. 在审计模拟实训过程中，能够运用职业判断，执行审计程序，收集并评价审计证据，得出恰当的审计结论，从而自觉养成审计思维。

4. 在审计模拟实训过程中，能够综合运用审计基本理论与技能解决审计实务问题，动手编制审计工作底稿，锻炼审计实践能力，为走向审计工作岗位奠定基础。

二、审计模拟实训的要求

审计模拟可以采取校内集中实训方式，也可以配合审计学课程同步实施。

为了培养学生的审计思维方式与审计实践能力，在审计模拟实训教学的组织中应坚持以学生为主体的原则，使学生成为审计实训的主宰，独立思考，独立分析，独立判断，独立操作。指导教师则发挥其组织实训、启发思维、答疑解惑的作用，主要体现在以下几个方面：讲解实训前的准备及审计总体思路，提示审计各阶段的操作要点和主要审计项目的审计要点，控制实训节奏，总结实训与考核评价学生。

三、审计模拟实训的内容

学生以注册会计师的身份，按照风险导向审计模式对企业年度财务报表进行审计。在这一过程中，学生需要模拟会计师事务所与被审计单位签订审计业务约定书，制定审计计划，单独或综合运用各项审计程序（包括检查、观察、询问、函证、重新计算、重新执行、分析程序等），收集审计证据，编制审计工作底稿，并评价审计证据是否充分、适当，独立进行职业判断，得出恰当的审计结论，形成审计意见，出具审计报告。

设置下列实训项目。

实训项目一　初步业务活动

1-1　业务承接（或保持）评价

1-2　签订审计业务约定书

实训项目二　计划审计工作

2-1　评估重要性

2-2　制定总体审计策略

实训项目三　风险评估

3-1　了解被审计单位及其环境（包括整体层面内部控制）

3-2　了解业务流程层面内部控制

3-3　穿行测试（某一交易）

3-4　汇总重大错报风险

实训项目四　风险应对

4-1　设计总体应对措施

4-2　设计进一步审计程序总体方案

4-3　控制测试（某一业务循环）

实训项目五　交易与账户余额审计

5-1　货币资金审计

5-2　营业收入审计

5-3　应收账款审计

5-4　固定资产审计

5-5　应付账款审计

5-6　存货审计

5-7　营业成本审计

5-8　应付职工薪酬审计

5-9　管理费用审计

5-10　销售费用审计

5-11　财务费用审计

5-12　未分配利润审计

5－13　所得税费用审计

5－14　递延所得税资产（负债）审计

5－15　应交税费审计

实训项目六　完成审计工作

6－1　汇总审计差异

6－2　编制试算平衡表

6－3　确定已审定报表（资产负债表、利润表、所有者权益变动表、现金流量表）

6－4　审计意见决策

6－5　撰写并出具审计报告

根据实训学时计划，每组选择全部或部分实训项目组织实训。实训项目具体内容与要求可参照共享教学资源：超星“学银在线”示范教学包《审计模拟实训》（https://cv-p.chaoxing.com/teaching/materialInfo?courseId＝226024576&wfid＝113595&mappId＝0）。

四、审计模拟实训的组织

（一）分组

根据参加实训的学生规模、实训场地、实训学时、生师比等情况，适当分组。学生自由组合组建审计项目组，可以根据实训学时安排实训内容，参考以下角色进行分工演绎。

1. 模拟会计师事务所的组织结构和审计项目组的构成，实施审计。

（1）审计项目合伙人1人。

（2）项目经理1人：负责现场审计的组织和领导。

（3）审计项目组成员若干人。

2. 模拟被审计单位财务、销售、生产、仓储、采购等部门，配合审计人员的工作，接受询问等。

3. 模拟被审计单位的往来单位及银行等外部单位，对函证予以回函，回答询问等。

注：这三种角色可由各组学生交叉担任，也可轮流担任。

（二）专业知识准备

学生应在完成财务会计、成本会计、财务管理、企业管理、内部控制、经济法、税法、会计信息化、审计学等相关课程的学习后，掌握审计所需要的相关专业知识。

（三）物质资料准备

除了本书提供的相关资料，在实训前还需要准备如下资料：

1. 库存现金（可用点钞练功券代替）；

2. 存货（可制造模型或用标注相应存货名称、规格、型号、数量的明细卡代替）；

3. 固定资产（可制造模型或用标注相应固定资产名称、规格、型号、数量的明细卡代替）；

4. 银行函证回函内容（可设计多种内容）；

5. 应收账款、应付账款函证回函内容（可设计多种内容）；

6. 律师函证回函内容（可设计多种内容）；

7. 其他（根据需要自行收集或编制的资料）。

上述资料可以根据本章“五、情形设定与参考数据”提供的内容来准备，指导教师与学生也可以自行考虑设计内容来准备有关资料。

（四）课程答辩

每组选择一到两个实训项目进行汇报，并答辩。提问可以采取组间提问与教师提问相结合的方式。

（五）实训总结

学生撰写实训纪录，记录实训中产生的疑惑、遇到的问题、解决的途径及结果，记录实训过程中的所思所想。

学生完成审计模拟实训后应将所形成的审计工作底稿装订归档；撰写总结，谈谈心得体会，提出改进审计模拟实训的建议，并以书面报告的形式提交。

注：审计工作底稿以实习小组为单位提交，实训总结报告每个学生提交一份。

（六）考核评价

教师对学生提交的审计工作底稿及实训总结报告进行评阅，并结合实训任务的完成情况、课程答辩、学生在实训中的表现，对每一位学生做出恰当的评价，给出成绩。

五、情形设定与参考数据①

（一）关于审计主体的情形设定

1. 审计主体为诚信会计师事务所（地址：长春市卡伦湖大街1666号，邮编：130055，联系人：张一）。

注：分组实训时，每个小组可自行设计审计主体信息。

2. 不存在影响注册会计师独立性的情形与因素（可以设计独立性的不利

① 此处的情形设定与参考数据仅供参考，并不限于此。实际的审计情形纷繁复杂，指导教师可结合教学实际设计具体情形。

影响及防范措施）。

3. 项目组成员熟悉造纸业，项目组关键人员具有执行类似业务的经验，具备必要的技能和知识。在需要时，能够得到相关专家的帮助。

（二）关于审计对象的情形设定

1. 货币资金。

设计金库内的现金和定期存款证明（提示：可配合“关于审计过程的情形设定”中的执行现金监盘程序的情形来做出相应的设计）。

（1）库存现金面值明细表（2024 年 12 月 31 日）。

面值	一百元	五十元	二十元	十元	五元	一元	五角	一角	合计
张（枚）数	60	4	0	6	0	7	0	0	—
金额	6 000	200	0	60	0	7	0	0	6 267.00

（2）工行定期存款开户证实书复印件。

ICBC 中国工商银行 定期 通知 存款开户证实书　　吉A10350499

签发日期：2023年2月1日

存款人名称：长春平安纸业有限公司

存款人账号：4200200502009272769

金额（大写）RMB贰拾万元整

（小写）￥200 000.00

存入日	存款种类	存期	到期日	利率	自动转存
2023/2/1	定期	36	2026/2/1	2.5	是

银行签章：（中国工商银行长春自由支行 2023-02-01 业务专用章）

备注：本证实书仅对存款开户证实，不得作为质押权利凭证。

主管：　支取经办：　主管：郭靖　存入经办：黄蓉

第一联 客户留存

注：经询问，该定期存款管理层有意图持有至到期。

2. 存货。

设计存货仓库内的库存商品、原材料数量（提示：可配合“关于审计过程的情形设定”中的执行存货监盘程序的情形来做出相应的设计）。

（1）库存商品。

库存商品数量明细表

2024 年 12 月 31 日

名称	单位	数量
新闻纸	吨	1 502.883 42
书写纸	吨	1 821.509 31

（2）原材料。

原材料数量明细表

2024 年 12 月 31 日

名称	单位	数量
草浆	吨	2 435
废纸浆	吨	4 147
木浆	吨	650
助剂	吨	696

3. 固定资产。

设计固定资产的数量及使用情况（提示：可配合“关于审计过程的情形设定”中的执行固定资产观察程序的情形来做出相应的设计）。

固定资产数量明细表

2025 年 1 月 8 日

名称	单位	数量	备注	名称	单位	数量	备注
房屋及建筑物				**办公设备**			
办公楼	栋	1	在用	联想扬天台式电脑	台	201	在用
厂房一	座	1	在用	联想 ThinkPad 笔记本	台	10	在用
厂房二	座	1	在用	HP LaserJet 1022 打印机	台	28	在用
库房（材料）	座	1	在用	佳能复印机	台	10	在用
库房（产品）	座	1	在用	佳能多功能传真机	台	10	在用
机器设备				**交通设备**			
高频疏散机	台	4	在用	奥迪 A6 轿车	辆	2	在用
离心筛	台	8	在用	帕萨特 B5 轿车	辆	2	在用
烘缸	台	10	在用	金杯海狮面包车	辆	1	在用
抄纸网笼	台	6	在用	解放平板货车	辆	2	在用
水平圆筒卷纸机	台	6	在用				
双刀切纸机	台	6	在用				
KFN-1092 造纸机	台	1	1. 标记“银行贷款抵押资产” 2. 在用				
CNK-1575 造纸机	台	1	在用				

4. 假定固定资产的产权证书齐全、真实（其中办公楼的产权证上有贷款抵押记载，KFN-1092 造纸机有工商抵押登记证）。

5. 假定长期借款的实际利率与合同利率相同。

6. 假定企业没有与关联方发生往来交易。

7. 假定行业一年内应收款项坏账损失率平均为5%。

8. 假定存货未发生减值。

9. 假定本期无以前年度已全额计提坏账准备或计提坏账准备的比例较大但在本年度又全额或部分收回的应收款项；本期无通过重组等其他方式收回的应收款项；本期无实际核销的应收款项。

10. 营业外支出/捐赠支出。设计中国红十字基金会等慈善机构出具的公益性捐赠凭据（提示：在500万元额度内设定任意金额，并在所得税费用审计时加以考虑）。

11. 假定第二章“二、被审计单位会计资料及其他相关资料”中“（七）其他相关资料”的信息都是真实正确的。

（三）关于审计过程的情形设定

1. 2024年5月5日，诚信会计师事务所与长春平安纸业有限公司（简称平安公司）达成年报审计意向，并开展初步业务活动。最终诚信会计师事务所接受委托，按照中国注册会计师审计准则对平安公司的2024年财务报表（包括资产负债表、利润表、现金流量表、所有者权益变动表、财务报表附注）进行审计。

2. 本次审计为诚信会计师事务所首次接受委托对平安公司进行审计。平安公司2023年财务报表由华夏天会计师事务所审计。因华夏天会计师事务所业务繁忙，平安公司董事会决议变更审计机构。经平安公司同意，诚信会计师事务所已就平安公司2023年的审计事项与华夏天会计师事务所进行了沟通，评价其专业胜任能力和独立性，其结果令人满意。已证实财务报表2024年年初余额不存在对本年财务报表有重大影响的错报和漏报。因此，本次审计不专门对平安公司财务报表年初余额进行全面审计。

3. 2024年5月15日，双方签订审计业务约定书。

4. 在审计业务约定书中可以约定提供管理建议书，也可以没有此项约定。

5. 双方约定2025年4月1日前会计师事务所提交审计报告。

6. 注册会计师确定可接受的审计风险水平为最低。

7. 根据了解到的被审计单位的情况，注册会计师运用职业判断评估重要性水平。

（1）确定报表整体重要性水平的基准及比率，如资产总额的0.5%，收入的0.2%，或者净利润的2%。

（2）按照报表整体重要性的一定百分比确定实际执行的重要性，自行设计首次承接业务以前年度审计调整较多、以前年度审计调整较少、相关控制有效或者相关控制薄弱等情形，相应地选择较低或较高的百分比。

8. 针对销售业绩评价控制进行了解、测试时，抽查了8—12月的销售业绩评价，发现11月、12月两个月的销售预算差异分析报告，财务部长与销售部长均已签字，但在询问销售部长时，发现他对分析报告中明显异常差异的原因并不清楚，且不能做出合理的解释。

9. 2024年12月31日监盘库存现金。指导教师可以结合教学情况，指导学生分组或依次轮流模拟以下几种情形：

（1）账实相符。

（2）长款。

（3）短款。

10. 2024年12月31日监盘存货（情形设定略）。

11. 2025年1月8日观察固定资产（情形设定略）。

12. 2025年1月4日函证应收账款、应付账款。往来单位的资料可以从第二章“二、被审计单位会计资料及其他相关资料”中的“（七）其他相关资料”中获得。

关于外部第三方函证结果的情形设定，指导教师可以结合教学情况，指导学生分组或依次轮流模拟以下几种情形：

（1）函证结果相符。

（2）函证结果不符。例如：

1）麦派实业回函内容如下：“所购1 100吨新闻纸金额6 215 000元系目的地交货，所以截至12月31日，本公司只欠贵公司3 024 100元。”

2）新华商贸回函内容如下：“我公司于2024年12月31日预付600吨新闻纸货款3 000 000元，至今尚未收到所购货物，所以截至2024年12月31日，我公司并未欠贵公司390 000元。”

（3）回函寄至被审计单位财务部，由财务部会计人员转交给审计项目组，回函结果显示函证信息相符。

（4）两次发函，均未收到回函。

（5）无法执行函证，但可执行替代审计程序（检查日后收款、检查原始凭证等）。例如，应收账款的债务人森工集团无法获得其通信地址及联系方式。

（6）无法执行函证，又无法执行替代审计程序。

13. 2025年1月6日函证银行存款。关于开户行函证结果的情形设定可以考虑设计以下几种情况：

（1）函证结果相符。

（2）建行存在固定资产抵押借款，抵押物为办公楼、机器设备（造纸机）。

（3）工行定期存款已质押（为股东借款提供担保）。

14. 第二章“二、被审计单位会计资料及其他相关资料”中“（七）其他相关资料”的交易提示，可视作经询问获取的管理层对会计处理的解释。

（四）关于审计结论的情形设定

结合教学情况，指导教师可指导学生分组或依次轮流模拟以下几种情况，判断审计意见类型：

1. 2025年3月31日注册会计师完成审计工作，获取了充分、适当的审计证据，足以对已审的财务报表发表审计意见。

（1）对于发现的所有应予调整和披露的事项，被审计单位均同意调整或披露。

（2）对于发现的应予调整和披露的事项，被审计单位部分或全部未接受调整建议。

评估未更正错报影响是否重要及重要程度。

2. 审计范围（局部）受限（例如，应收账款无法函证、存货无法监盘，且不能执行替代审计程序等）。

评估审计范围受限是否严重及严重程度。

六、审计模拟实训操作指引

对于初次接触本模拟资料的实训者来说，如何模拟或许是个难题。在这里，作者提供一种快速入门的思路，谨供参考。

首先，阅读。建议本模拟实训的操作者，在开始实训前先阅读目录，掌握本书的结构，再阅读第一章审计模拟实训指导，从中了解如何考虑各种情形以及相应地要做哪些准备，如何操作。接下来阅读第二章“一、被审计单位基本资料”，从中了解模拟的被审计单位的内外部环境资料。然后阅读第二章“二、被审计单位会计资料及其他相关资料”中“（七）其他相关资料”的交易提示，从中了解被审计单位的主要业务。

其次，准备。在阅读并了解相关情况的基础上，做“人”和“物”的准备，如人员分工、各项资产（库存现金、存货、固定资产）的实物准备；根据教学需要，设定各种审计情形，实施审计程序。当然做准备的时候，有些内容需要在下一步“操作”中结合第二章“二、被审计单位的会计资料及其他相关资料”中的资料，如应收账款函证的回函内容。

最后，操作。阅读第三章审计工作底稿，结合教学实际，选择相应的审计工作底稿模板。按照审计流程，考虑各种设定的审计情形，实施审计程序，编制审计工作底稿，进行职业判断，得出审计结论。这一过程中，需要有针对性地阅读（检查）第二章“二、被审计单位的会计资料及其他相关资料”中的报表、账簿、凭证、其他相关资料。

注意：不要机械地填写底稿。执行审计程序与编制审计工作底稿要同步进行。执行一项审计程序是为了验证相关的认定，在编制底稿前需要明确为什么要执行这样的程序。

需要说明三点：（1）“操作”与“准备”并不是截然分开的，操作的过程中仍然要融合准备的环节。当然，如果时间宽裕，也可以先通读全部资料，然后做充分的准备，最后操作。（2）限于篇幅，模拟的被审计单位许多信息略去了，但并不影响审计模拟实训操作，被审计单位的会计资料及其他相关资料中的发生额与余额表（包括 12 月和 1—12 月全年）承载了很多信息，可视作略去信息的替代。(3) 本书目录是实训内容的详尽指引，大家要充分利用。

此外，本模拟实训以养成审计思维方式和锻炼审计实践能力为目标，为了达到理想的模拟实训效果，请合理使用参考答案。可将参考答案作为实训操作思路的指引，切勿机械照抄。

第二章

Chapter 2 被审计单位资料

一、被审计单位基本资料

（一）公司基本情况简介

公司名称	长春平安纸业有限公司	公司法定代表人	张本义
地址	长春市高新区浦东路 0001 号	邮编	130000
电话	0431-89123888	联系人	李明有
电子信箱	pazy@pinganpaper. com	网址	www. pinganpaper. com

长春平安纸业有限公司（简称平安公司）成立于 2000 年 1 月，是由长春平安控股公司、光明公司以及江枫、王铎、林海岩出资设立的民营中型造纸企业。目前，公司注册资本为 4 000 万元，公司员工近 1 000 人，厂区占地面积 18 万平方米，厂房建筑面积 6 万平方米，有新闻纸和书写纸两条生产线，总资产 1.3 亿元。

公司经营范围是开发、制造和销售纸张；主要产品有新闻纸、书写纸，共三个等级 28 种规格。公司注册商标是“梦想”。

（二）公司股权结构及控制关系

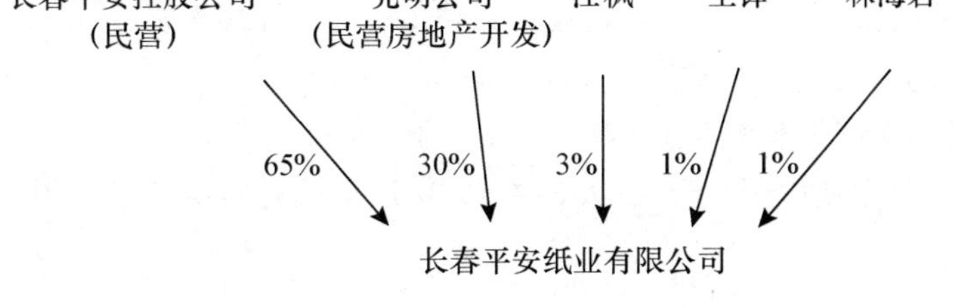

（三）公司治理结构

平安公司建立了以董事会为权力决策机构、经理层为执行机构，各司其职、各尽其责、相互协调、有效制衡的法人治理结构，能够有效保证公司生产经营各项工作的正常开展。

董事会共3人，董事长为梁宇。董事会能够以合理谨慎的态度，勤勉尽责，维护公司整体利益；各董事能够按时出席董事会，认真阅读会议文件，主动调查研究以获取做出决策所需的资料和情况，并对所议事项表达明确的意见；认真阅读公司的财务报告及媒体对公司的有关报道，及时了解并持续关注公司经营管理状况，并及时向股东会报告公司经营管理中存在的问题。

各位董事在控股股东处领取薪酬。

公司相对于各控股股东在业务、人员、资产、机构、财务等方面都是独立完整的。

（四）公司组织结构

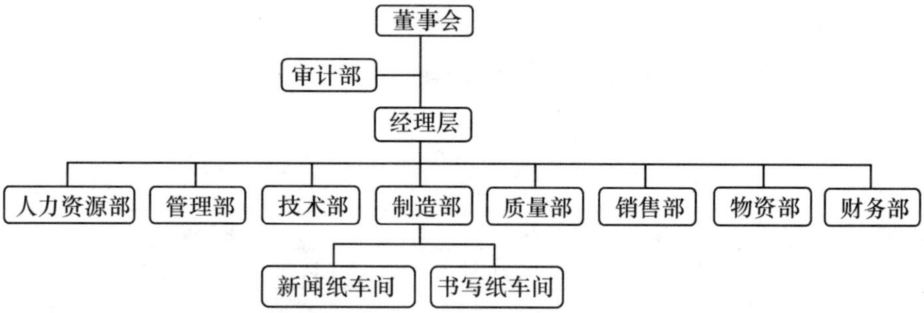

（五）高级管理人员和员工情况

1. 高级管理人员。

职位	姓名	分管
总经理	江　枫	全面、人力资源部
总工程师	王舒健	技术部、制造部、质量部
销售总监	张海波	销售部、物资部
财务总监	高　岭	财务部
总经理助理	杜小车	管理部

2. 在职员工的人数。

2024年年末在职员工人数为981人，2023年年末在职员工人数为971人。

3. 在职员工专业构成。

生产服务人员859人，技术人员55人，行政人员37人，营销人员25人，财务人员5人。

4. 在职人员教育程度。

研究生及以上学历2人，本科167人，大专358人，中专349人，其他105人。

5. 各部门员工人数。

高管 5 人，管理部 17 人，人力资源部 10 人，审计部 5 人，财务部 5 人，技术部 55 人，物资部 19 人，销售部 25 人，质量部 9 人，制造部 831 人（其中新闻纸车间管理人员 6 人，生产工人 408 人；书写纸车间管理人员 6 人，生产工人 411 人）。

6. 财务部岗位分工。

岗位	姓名
财务经理	赵书晗
会计主管	高云童
出纳	张佳宁
核算	张佩瑶
核算	杜思淼

（六）内部控制状况

1. 本着合理保证企业经营管理合法合规、资产安全、财务报告及相关信息真实完整，提高经营效率和效果，促进企业实现发展战略的目标，考虑了控制环境、风险评估、控制活动、信息与沟通和内部监督五个基本要素，公司建立了比较全面的内部控制体系。

2. 公司设立审计部，对公司内部控制的设计与执行进行监督，定期对内部控制的健全有效性进行评估，以确保内部控制的有效运行。

3. 公司建立了对高级管理人员的考评及激励机制。公司根据年度生产、销售、效益等指标完成情况，按照公司《员工绩效考核办法》对高级管理人员进行考评，建立了高级管理人员的薪酬与经营目标挂钩的激励机制。2024 年激励方案规定，如果 2024 年度经营目标实现，高管人员可以获得净利润 10%的奖励。

4. 企业文化。

经营理念：诚信为本，创新为魂，节能减排，循环发展。

企业愿景：打造现代化高效环保型造纸企业，带动绿色造纸产业。

5. 销售业务流程及相关控制措施。

销售业务流程	相关控制措施
销售计划管理	销售部制订年度销售计划与月度销售计划，并由销售总监审批后下达执行。 销售部定期对各产品销售计划与实际销售情况等进行分析，结合生产现状，及时调整销售计划并经审批。
客户开发与信用管理	销售部和财务部在充分市场调查的基础上确定目标市场，确定定价机制和信用方式，灵活运用销售折扣、销售折让和广告宣传等多种策略和营销方式，不断提高市场占有率。 销售部建立和更新维护客户信用动态档案，根据客户信用等级和企业信用政策，拟定客户赊销限额和时限，经销售经理、财务经理审批。
销售定价	产品定价或调价需经销售总监审核批准。 在执行基准定价的基础上，针对某些商品可以授予销售部一定的价格浮动权。销售部结合产品市场特点，将价格浮动权向下实行逐级递减分配，同时明确权限执行人。 销售折扣、销售折让等政策的制定由具有相应权限人员审核批准。销售折扣、销售折让授予的实际金额、数量、原因及对象应予以记录，并归档备查。

续表

销售业务流程	相关控制措施
订立销售合同	订立销售合同前，指定专门人员与客户进行谈判，关注客户信用状况，明确销售定价、结算方式、权利与义务条款等相关内容。 销售部负责销售合同的订立。 销售总监负责审批合同。审批重点关注销售合同草案中提出的销售价格、信用政策、发货及收款方式等。重要的销售合同应当征询法律专业人员的意见。
发货	销售部按照经审核的销售合同或客户订单开具销售通知单交仓储部门和财务部。 仓储部门按照销售通知单所列的发货品种和规格、发货数量、发货时间、发货方式、接货地点等组织发货，形成相应的发货单据，并连续编号。 以运输合同或条款等形式明确运输方式、商品短缺、毁损或变质的责任、到货验收方式、运输费用承担、保险等内容，货物交接环节应做好装卸和检验工作，确保货物的安全发运，由客户验收确认。客户验收确认单单独装订成册。 做好发货各环节的记录，填制相应的凭证，设置销售台账，实现全过程的销售登记制度。
收款	结合公司销售政策，选择恰当的结算方式，加快款项回收，提高资金的使用效率。 完善应收款项管理制度，落实责任、严格考核、实行奖惩。销售部负责应收款项的催收，催收记录（包括往来函电）应妥善保存。 收取的现金、银行本票、汇票等应及时缴存银行并登记入账；销售人员不可直接收取款项。
客户服务	设专人进行客户服务和跟踪。 做好客户回访工作，定期或不定期开展客户满意度调查；建立客户投诉制度，记录所有的客户投诉，并分析产生原因及解决措施。 加强销售退回控制。销售退回需经销售总监审批后方可执行；销售退回的商品应当参照物资采购入库管理。
会计系统控制	详细记录销售客户、销售合同、销售通知单、发运凭证、结算票据、款项收回等情况，确保会计记录、销售记录与仓储记录核对一致。 财务部依据相关单据（出库单、销售通知等）开具发票，并经独立复核。 财务部对销售原始凭证审核，并确认销售收入，登记入账。 财务部与相关部门月末核对当月销售数量的一致性。 建立应收账款清收核查制度，财务部负责办理资金结算并监督款项回收。 负责记录应收账款账目的会计人员定期与客户对账，并负责跟踪处理对账不符的金额。 对未按时还款的客户，采取申请诉前保全和起诉等方式及时清收欠款。 对于可能成为坏账的应收账款，按照规定计提坏账准备，并按照权限范围和审批程序进行审批。 对确定发生的坏账查明原因，明确责任，并经管理层会议审批后作出会计处理。 核销的坏账备查登记；已核销的坏账又收回时及时入账，防止形成账外资金。
销售业绩考核	财务经理每月按产品审核实际销售收入，并与预算数比较，对于差异超过5%的项目进行分析并编制分析报告，销售经理审阅该报告并调查原因，进行整改。

注：其他业务流程及相关控制略。

（七）开户银行资料

开户银行	账号	账户性质	核定现金库存限额
中国工商银行长春自由支行	2200 8812 0808 0019 999	基本账户	10 000元
	4200 2005 0200 9272 769	定期存款	
中国建设银行长春银海支行	2201 0222 2220 6777 777	一般账户	

（八）税务资料

1. 主管税务机关：国家税务总局长春市高新区税务局。

2. 税种、计税依据及税率：

增值税	销售产品、原材料销售收入	13%
企业所得税	应纳税所得额	15%
城市维护建设税	应缴纳流转税税额	7%
教育费附加	应缴纳流转税税额	3%
代扣代缴个人所得税	应税薪酬所得额	七级超额累进税率

（九）工商登记资料

注册资金：人民币四千万元。

主管工商机关：长春市市场监督管理局。

统一社会信用代码：912201021234567890。

（十）行业状况

公司所处的行业为轻工造纸业。作为与国民经济和社会事业发展关系密切的重要基础原材料产业，造纸产业具有资金技术密集、规模效益显著等大工业生产特征，与社会经济发展和人民生活息息相关。受供给侧结构性改革影响，造纸业由粗放式向集约式发展演进，行业集中度不断提升。在低碳经济和循环经济的发展趋势下，国家宏观调控政策鼓励节能降耗，污染物排放标准更严格，环保门槛提高，市场竞争更加激烈，对行业利润率水平的提高形成一定的制约。

“限塑令”政策的实施，推高纸制品市场需求，“禁废令”政策的实施，拉动纸制品上游纸浆的价格持续走高。

2024年行业相关产品及原料市场价格行情：

单位：元/吨

新闻纸	4 800～5 800	废纸浆	550～1 200
书写纸	4 800～6 000	木浆	4 000～5 000
草浆	2 100～2 800	助剂	700～1 000

2024年行业毛利率数据：

产品	行业平均毛利率	A企业毛利率	B企业毛利率	C企业毛利率
新闻纸	18.1%	18%	16%	18.5%
书写纸	13.5%	14%	13%	13.8%

（十一）公司经营状况

目前，公司造纸年生产能力10万吨。公司产品质量高，多年来建立了稳固的用户群，主要产品在国内市场占有率为18%，尚未开拓海外市场。公司始终坚持走循环经济道路，以废纸浆、草浆为主要原料开展生产经营，生产销售再造纸和可再造纸，发展生态纸业。公司加大环保技术投入，节能减排，提质降耗，控制产品成本。公司坚持科技兴企，增强自主创新能力，成功研制新产品，生产工艺水平大大提高，截至2023年年末公司已形成多项专有技术，大大提高了整体技术装备水平。

2023年1月公司被吉林省科学技术厅、吉林省财政厅、国家税务总局吉林省税务局认定为国家重点扶持的高新技术企业，自2023年度起适用15%的所得税税率，有效期三年。

2024年年初制定公司未来发展战略：在发展过程中着重提高企业的装备水平，加强管控，以市场为导向灵活经营，增强企业竞争能力，努力取得良好的经济效益，使企业不断发展壮大。坚持发展循环经济，发展生态纸业，进一步实现清洁生产，走可持续发展道路，把公司建设成为现代化高效环保型造纸企业。

公司2024年总体经营目标：计划完成造纸产量10万吨；消化库存，销售突破10万吨，实现营业收入4.9亿元以上，净利润达到3 000万元以上。

公司2024年经营措施：

（1）开拓南部市场，紧紧围绕市场需求，开发新产品，提高产品质量，优化产品结构，扩大市场占有率。

（2）抓好原辅料采购，既要充分利用招标、议标，比价采购，降低采购成本，又要积极捕捉原辅料市场变动信息，及时调整采购策略，灵活采购。

（3）加速销售资金回笼，加大营销人员绩效考核力度，确保资金安全，提高资金使用率。

（4）增产降耗、节能减排，进一步建立健全内部考核责任制，使增产降耗指标与员工考核紧密结合，充分调动员工积极性，努力降低生产成本。

（5）为了巩固市场，自2024年1月1日起，公司将产品交货方式由本公司仓库交货改为运至客户指定地点交客户签收。

2024年11月生产工艺改进成功，原料消耗降低，基本抵消了原料价格上涨对产品成本的影响。

根据长春平安控股公司的统一要求，自2024年1月1日起，公司启用新的YY业财共享系统，1月31日完成新旧信息系统之间的数据对接与初始化工作。

（十二）生产工艺流程

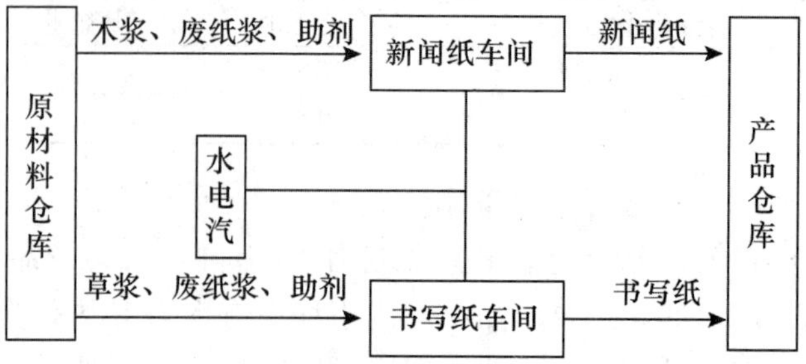

二、被审计单位会计资料及其他相关资料

（一）财务报表

1. 资产负债表。

资产负债表

会企 01 表

编制单位：长春平安纸业有限公司　　2024 年 12 月 31 日　　单位：元

资产	年末余额	年初余额	负债和所有者权益	年末余额	年初余额
流动资产：			流动负债：		
货币资金	28 006 366.19	7 621 177.53	短期借款	11 650 000.00	3 650 000.00
交易性金融资产			交易性金融负债		
衍生金融资产			衍生金融负债		
应收票据			应付票据		
应收账款	41 042 451.00	1 502 672.00	应付账款	5 107 583.70	465 961.41
应收款项融资			预收款项		
预付款项			合同负债		
其他应收款			应付职工薪酬	3 630 919.45	2 112 129.78
存货	33 947 254.88	55 436 590.66	应交税费	8 084 277.98	5 120 104.10
合同资产			其他应付款	17 225 534.32	9 836 759.00
持有待售资产			持有待售负债		
一年内到期的非流动资产			一年内到期的非流动负债		
其他流动资产			其他流动负债		
流动资产合计	102 996 072.07	64 560 440.19	流动负债合计	45 698 315.45	21 184 954.29
非流动资产：			非流动负债：		
债权投资			长期借款	12 000 000.00	17 000 000.00

续表

资产	年末余额	年初余额	负债和所有者权益	年末余额	年初余额
其他债权投资			应付债券		
长期应收款			其中：优先股		
长期股权投资			永续债		
其他权益工具投资			租赁负债		
其他非流动金融资产			长期应付款		
投资性房地产			预计负债		
固定资产	24 359 921.70	26 656 658.10	递延收益		
在建工程			递延所得税负债		
生产性生物资产			其他非流动负债		
油气资产			非流动负债合计	12 000 000.00	17 000 000.00
使用权资产			负债合计	57 698 315.45	38 184 954.29
无形资产	600 000.00	0.00	所有者权益：		
开发支出			实收资本	40 000 000.00	40 000 000.00
商誉			其他权益工具		
长期待摊费用			其中：优先股		
递延所得税资产			永续债		
其他非流动资产			资本公积	6 566 206.00	6 566 206.00
非流动资产合计	24 959 921.70	26 656 658.10	减：库存股		
			其他综合收益		
			专项储备		
			盈余公积	6 105 280.86	2 660 174.00
			未分配利润	17 586 191.46	3 805 764.00
			所有者权益合计	70 257 678.32	53 032 144.00
资产总计	127 955 993.77	91 217 098.29	负债和所有者权益总计	127 955 993.77	91 217 098.29

2. 利润表。

利润表

会企 02 表

编制单位：长春平安纸业有限公司　　2024 年度　　单位：元

项目	本年金额	上年金额
一、营业收入	496 416 000.00	426 125 000.00
减：营业成本	416 019 781.60	356 012 830.00
税金及附加	5 754 132.34	5 104 852.51
销售费用	1 794 315.83	1 881 510.00
管理费用	23 992 896.48	24 012 816.10
研发费用		
财务费用	881 387.12	1 801 055.00
其中：利息费用	887 190.67	1 809 970.00
利息收入	5 803.55	8 915.00
加：其他收益		
投资收益（损失以“—”号填列）		
其中：对联营企业和合营企业的投资收益		
净敞口套期收益（损失以“—”号填列）		
公允价值变动收益（损失以“—”号填列）		
信用减值损失（损失以“—”号填列）	—2 076 395.00	—3 210 293.00
资产减值损失（损失以“—”号填列）		
资产处置收益（损失以“—”号填列）		
二、营业利润（亏损以“—”号填列）	45 897 091.63	34 101 643.39
加：营业外收入		
减：营业外支出	5 000 000.00	3 000 000.00
三、利润总额（亏损总额以“—”号填列）	40 897 091.63	31 101 643.39
减：所得税费用	6 446 022.99	5 146 790.46
四、净利润（净亏损以“—”号填列）	34 451 068.64	25 954 852.93
（一）持续经营净利润（净亏损以“—”号填列）		
（二）终止经营净利润（净亏损以“—”号填列）		
五、其他综合收益的税后净额		
（一）不能重分类进损益的其他综合收益		
（二）将重分类进损益的其他综合收益		
六、综合收益总额	34 451 068.64	25 954 852.93
七、每股收益		
（一）基本每股收益		
（二）稀释每股收益		

3. 现金流量表（略）。

4. 所有者权益变动表。

所有者权益变动表

会企04表

编制单位：长春平安纸业有限公司　　　　2024年度　　　　单位：元

项目	本年金额										上年金额									
	实收资本	其他权益工具			资本公积	减：库存股	其他综合收益	盈余公积	未分配利润	所有者权益合计	实收资本	其他权益工具			资本公积	减：库存股	其他综合收益	盈余公积	未分配利润	所有者权益合计
		优先股	永续债	其他								优先股	永续债	其他						
一、上年年末余额	40 000 000.00				6 566 206.00			2 660 174.00	3 805 764.00	53 032 144.00	40 000 000.00				6 566 206.00			64 688.71	1 011 560.00	47 642 454.71
加：会计政策变更																				
前期差错更正																				
其他																				
二、本年年初余额	40 000 000.00				6 566 206.00			2 660 174.00	3 805 764.00	53 032 144.00	40 000 000.00				6 566 206.00			64 688.71	1 011 560.00	47 642 454.71
三、本年增减变动金额（减少以“—”号填列）																				
（一）综合收益总额									34 451 158.64	34 451 158.64									25 954 852.93	25 954 852.93
（二）所有者投入和减少资本																				
1. 所有者投入的普通股																				
2. 其他权益工具持有者投入资本																				

续表

项目	本年金额										上年金额									
	实收资本	其他权益工具			资本公积	减：库存股	其他综合收益	盈余公积	未分配利润	所有者权益合计	实收资本	其他权益工具			资本公积	减：库存股	其他综合收益	盈余公积	未分配利润	所有者权益合计
		优先股	永续债	其他								优先股	永续债	其他						
3.股份支付计入所有者权益的金额																				
4.其他																				
（三）利润分配																				
1.提取盈余公积								3 445 106.86	−3 445 106.86	0.00								2 595 485.29	−2 595 485.29	0.00
2.对所有者的分配									−17 225 534.32	−17 225 534.32									−20 565 163.64	−20 565 163.64
3.其他																				
（四）所有者权益内部结转																				
1.资本公积转增资本																				
2.盈余公积转增资本																				
3.盈余公积弥补亏损																				
4.设定受益计划变动额结转留存收益																				
5.其他																				
四、本年年末余额	40 000 000.00				6 566 206.00			6 105 280.86	17 586 281.46	70 257 768.32	40 000 000.00				6 566 206.00			2 660 174.00	3 805 764.00	53 032 144.00

5. 财务报表附注。

长春平安纸业有限公司2024年财务报表附注（部分）

（金额单位：元）

一、公司基本情况（略）

二、会计政策与会计估计（部分）

1. 会计准则

本公司所编制的财务报表符合企业会计准则的要求，真实完整地反映了公司的财务状况、经营成果、所有者权益变动和现金流量等有关信息。

2. 记账本位币

公司记账本位币和编制财务报表所采用的货币均为人民币。

3. 会计计量所运用的计量基础

编制财务报表时，均以历史成本为计价原则。资产如果发生减值，则按照相关规定计提相应的减值准备。

4. 应收款项的坏账准备

公司对应收款项按整个存续期内预期信用损失的金额计量其损失准备。

公司对单项金额重大（人民币100万元以上）的应收款项单独进行减值测试，如发生减值按照个别认定法计提坏账准备。

其余的应收款项按账龄分析组合计提坏账准备，有关计提比例如下：

账龄分析法

账龄	应收账款计提比例（%）	其他应收款计提比例（%）
1年以内（含1年）	5	5
1～2年	10	10
2～3年	20	20
3年以上	100	100

5. 存货

（1）存货盘存制度：永续盘存制。

（2）存货的计价方法：库存商品采用全月一次加权平均法确定其实际成本；原材料采用计划成本核算。

（3）存货跌价准备的计提方法：存货按单个存货项目的成本高于其可变现净值的差额提取存货跌价准备。

（4）低值易耗品的摊销方法：五五摊销法。

6. 固定资产

固定资产从达到预定可使用状态的次月起，采用年限平均法在使用寿命内计提折旧。各类固定资产的使用寿命、预计净残值和年折旧率（略）。

7. 所得税

采用纳税影响会计法的资产负债表债务法，以会计利润为基础，针对发生的交易或事项会计处理与税务处理的差异进行调整后，确定应纳所得税。

三、税项（略）

四、重要报表项目的注释

…………

4. 固定资产

注 1：本期无抵押的固定资产。

注 2：本期无经营租出固定资产。

…………

15. 长期借款

项目	期末数	期初数
抵押借款	无	无
保证借款	无	无
信用借款	12 000 000.00	7 000 000.00

…………

（提示：可以从本章“二、被审计单位会计资料及其他相关资料”中“（七）其他相关资料”的“发生额及余额表”中获取这部分略掉的相关信息，且假定没有其他应披露而未披露的事项与信息。）

（二）总账

库存现金总账

科目：库存现金（1001）　　页号：1-1　本币名称：人民币

2024年		凭证号数	摘要	借方	贷方	方向	余额
月	日						
			期初余额			借	8 800.80
12			本月合计	18 000.00	20 533.80	借	6 267.00
12			本年累计	3 596 528.00	3 599 640.80		
			结转下年			借	6 267.00

银行存款总账

科目：银行存款（1002）　　页号：1-1　本币名称：人民币

2024年		凭证号数	摘要	借方	贷方	方向	余额
月	日						
			期初余额			借	32 220 493.37
12			本月合计	49 154 703.55	53 377 195.43	借	27 998 001.49
12			本年累计	95 986 570.85	75 600 367.09		
			结转下年			借	27 998 001.49

其他货币资金总账

科目：其他货币资金（1003）　　页号：1-1　本币名称：人民币

2024年 月	日	凭证号数	摘要	借方	贷方	方向	余额
			期初余额			借	0.00
12			本月合计	17 000.00	14 902.30	借	2 097.70
12			本年累计	17 000.00	14 902.30		
			结转下年			借	2 097.70

应收账款总账

科目：应收账款（1122）　　页号：1-1　本币名称：人民币

2024年 月	日	凭证号数	摘要	借方	贷方	方向	余额
			期初余额			借	1 674 680.00
12			本月合计	64 486 800.00	22 958 900.00	借	43 202 580.00
12			本年累计	76 640 040.00	35 023 866.00		
			结转下年			借	43 202 580.00

坏账准备总账

科目：坏账准备（1231）　　页号：1-1　本币名称：人民币

2024年 月	日	凭证号数	摘要	借方	贷方	方向	余额
			期初余额			贷	83 734.00
12			本月合计		2 076 395.00	贷	2 160 129.00
12			本年累计		2 076 395.00		
			结转下年			贷	2 160 129.00

材料采购总账

科目：材料采购（1401）　　页号：1-1　本币名称：人民币

2024年 月	日	凭证号数	摘要	借方	贷方	方向	余额
			期初余额			借	5 267 545.00
12			本月合计	13 154 710.00	18 422 255.00	平	
12			本年累计	145 127 427.83	156 758 142.83		
			结转下年			平	

原材料总账

科目：原材料（1403）　　页号：1-1　本币名称：人民币

2024年 月	日	凭证号数	摘要	借方	贷方	方向	余额
			期初余额			借	10 000 200.00
12			本月合计	16 494 280.00	15 747 700.00	借	10 746 780.00
12			本年累计	135 562 320.00	142 428 060.00		
			结转下年			借	10 746 780.00

材料成本差异总账

页号：1-1
科目：材料成本差异（1404） 本币名称：人民币

2024年 月	日	凭证号数	摘要	借方	贷方	方向	余额
			期初余额			借	873 072.00
12			本月合计	1 927 975.00	1 708 593.88	借	1 092 453.12
12			本年累计	21 195 822.83	20 718 907.15		
			结转下年			借	1 092 453.12

库存商品总账

页号：1-1
科目：库存商品（1405） 本币名称：人民币

2024年 月	日	凭证号数	摘要	借方	贷方	方向	余额
			期初余额			借	14 420 390.00
12			本月合计	45 619 354.09	45 518 535.58	借	14 521 208.51
12			本年累计	414 263 594.09	414 122 815.58		
			结转下年			借	14 521 208.51

低值易耗品总账

页号：1-1
科目：低值易耗品（1411） 本币名称：人民币

2024年 月	日	凭证号数	摘要	借方	贷方	方向	余额
			期初余额			借	91 050.00
			结转下年			借	91 050.00

固定资产总账

页号：1-1
科目：固定资产（1601） 本币名称：人民币

2024年 月	日	凭证号数	摘要	借方	贷方	方向	余额
			期初余额			借	31 826 680.00
			结转下年			借	31 826 680.00

累计折旧总账

页号：1-1
科目：累计折旧（1602） 本币名称：人民币

2024年 月	日	凭证号数	摘要	借方	贷方	方向	余额
			期初余额			贷	7 275 363.60
12			本月合计		191 394.70	贷	7 466 758.30
12			本年累计		2 296 736.40		
			结转下年			贷	7 466 758.30

无形资产总账

科目：无形资产（1701）　　页号：1-1　本币名称：人民币

2024年 月	日	凭证号数	摘要	借方	贷方	方向	余额
			期初余额			借	600 000.00
12			本月合计	0.00	0.00	借	600 000.00
12			本年累计	600 000.00	0.00		
			结转下年			借	600 000.00

短期借款总账

科目：短期借款（2001）　　页号：1-1　本币名称：人民币

2024年 月	日	凭证号数	摘要	借方	贷方	方向	余额
			期初余额			贷	1 650 000.00
12			本月合计		10 000 000.00	贷	11 650 000.00
12			本年累计	8 000 000.00	16 000 000.00		
			结转下年			贷	11 650 000.00

应付账款总账

科目：应付账款（2202）　　页号：1-1　本币名称：人民币

2024年 月	日	凭证号数	摘要	借方	贷方	方向	余额
			期初余额			贷	700 200.43
12			本月合计	3 045 270.07	7 452 653.34	贷	5 107 583.70
12			本年累计	124 200 782.10	128 842 404.39		
			结转下年			贷	5 107 583.70

应付职工薪酬总账

科目：应付职工薪酬（2211）　　页号：1-1　本币名称：人民币

2024年 月	日	凭证号数	摘要	借方	贷方	方向	余额
			期初余额			贷	3 488 129.70
12			本月合计	6 708 293.73	6 851 083.48	贷	3 630 919.45
12			本年累计	44 541 001.55	46 059 791.22		
			结转下年			贷	3 630 919.45

应交税费总账

科目：应交税费（2221）　　页号：1-1　本币名称：人民币

2024年 月	日	凭证号数	摘要	借方	贷方	方向	余额
			期初余额			借	4 615 090.44
12			本月合计	11 091 079.50	14 560 267.04	借	8 084 277.98
12			本年累计	116 668 849.84	119 633 023.72		
			结转下年			借	8 084 277.98

应付利息总账

页号：1-1
本币名称：人民币

科目：应付利息（2231）

2024年		凭证号数	摘要	借方	贷方	方向	余额
月	日						
			期初余额			平	
12			本月合计	114 125.00	114 125.00	平	
12			本年累计	935 250.00	935 250.00		
			结转下年			平	

应付股利总账

页号：1-1
本币名称：人民币

科目：应付股利（2232）

2024年		凭证号数	摘要	借方	贷方	方向	余额
月	日						
			期初余额			平	
12			本月合计		17 225 534.32	贷	17 225 534.32
12			本年累计	9 836 759.00	17 225 534.32		
			结转下年			贷	17 225 534.32

长期借款总账

页号：1-1
本币名称：人民币

科目：长期借款（2501）

2024年		凭证号数	摘要	借方	贷方	方向	余额
月	日						
			期初余额			贷	12 000 000.00
			结转下年			贷	12 000 000.00

实收资本总账

页号：1-1
本币名称：人民币

科目：实收资本（4001）

2024年		凭证号数	摘要	借方	贷方	方向	余额
月	日						
			期初余额			贷	40 000 000.00
			结转下年			贷	40 000 000.00

资本公积总账

科目：资本公积（4002）　　页号：1-1　本币名称：人民币

2024年 月	日	凭证号数	摘要	借方	贷方	方向	余额
			期初余额			贷	6 566 206.00
			结转下年			贷	6 566 206.00

盈余公积总账

科目：盈余公积（4101）　　页号：1-1　本币名称：人民币

2024年 月	日	凭证号数	摘要	借方	贷方	方向	余额
			期初余额			贷	2 660 174.00
12			本月合计		3 445 106.86	贷	6 105 280.86
12			本年累计		3 445 106.86		
			结转下年			贷	6 105 280.86

本年利润总账

科目：本年利润（4103）　　页号：1-1　本币名称：人民币

2024年 月	日	凭证号数	摘要	借方	贷方	方向	余额
			期初余额			贷	25 515 997.48
12			本月合计	88 235 997.48	62 720 000.00	平	
12			本年累计	496 416 000.00	496 416 000.00		
			结转下年			平	

利润分配总账

科目：利润分配（4104）　　页号：1-1　本币名称：人民币

2024年 月	日	凭证号数	摘要	借方	贷方	方向	余额
			期初余额			贷	3 805 764.00
12			本月合计	41 341 282.36	55 121 709.82	贷	17 586 191.46
12			本年累计	41 341 282.36	55 121 709.82		
			结转下年			贷	17 586 191.46

生产成本总账

页号：1-1
本币名称：人民币

科目：生产成本（5001）

2024年 月	日	凭证号数	摘要	借方	贷方	方向	余额
			期初余额			借	11 377 748.48
12			本月合计	41 737 368.86	45 619 354.09	借	7 495 763.25
12			本年累计	410 653 019.12	414 263 594.09		
			结转下年			借	7 495 763.25

制造费用总账

页号：1-1
本币名称：人民币

科目：制造费用（5101）

2024年 月	日	凭证号数	摘要	借方	贷方	方向	余额
			期初余额			平	
12			本月合计	21 740 083.00	21 740 083.00	平	
12			本年累计	218 543 409.41	218 543 409.41		
			结转下年			平	

主营业务收入总账

页号：1-1
本币名称：人民币

科目：主营业务收入（6001）

2024年 月	日	凭证号数	摘要	借方	贷方	方向	余额
			期初余额			平	
12			本月合计	60 660 000.00	60 660 000.00	平	
12			本年累计	494 356 000.00	494 356 000.00		
			结转下年			平	

其他业务收入总账

页号：1-1
本币名称：人民币

科目：其他业务收入（6051）

2024年 月	日	凭证号数	摘要	借方	贷方	方向	余额
			期初余额			平	
12			本月合计	2 060 000.00	2 060 000.00	平	
12			本年累计	2 060 000.00	2 060 000.00		
			结转下年			平	

主营业务成本总账

页号：1-1
本币名称：人民币

科目：主营业务成本（6401）

2024年 月	日	凭证号数	摘要	借方	贷方	方向	余额
			期初余额			平	
12			本月合计	45 518 535.58	45 518 535.58	平	
12			本年累计	414 122 815.58	414 122 815.58		
			结转下年			平	

其他业务成本总账

页号：1-1
本币名称：人民币

科目：其他业务成本（6402）

2024年 月	日	凭证号数	摘要	借方	贷方	方向	余额
			期初余额			平	
12			本月合计	1 896 966.02	1 896 966.02	平	
12			本年累计	1 896 966.02	1 896 966.02		
			结转下年			平	

税金及附加总账

页号：1-1
本币名称：人民币

科目：税金及附加（6403）

2024年 月	日	凭证号数	摘要	借方	贷方	方向	余额
			期初余额			平	
12			本月合计	400 294.89	400 294.89	平	
12			本年累计	5 754 132.34	5 754 132.34		
			结转下年			平	

销售费用总账

页号：1-1
本币名称：人民币

科目：销售费用（6601）

2024年 月	日	凭证号数	摘要	借方	贷方	方向	余额
			期初余额			平	
12			本月合计	341 422.83	341 422.83	平	
12			本年累计	1 794 315.83	1 794 315.83		
			结转下年			平	

管理费用总账

页号：1-1
本币名称：人民币

科目：管理费用（6602）

2024年 月	日	凭证号数	摘要	借方	贷方	方向	余额
			期初余额			平	
12			本月合计	1 499 793.16	1 499 793.16	平	
12			本年累计	23 992 896.48	23 992 896.48		
			结转下年			平	

财务费用总账

页号：1-1
本币名称：人民币

科目：财务费用（6603）

2024年 月	日	凭证号数	摘要	借方	贷方	方向	余额
			期初余额			平	
12			本月合计	108 321.45	108 321.45	平	
12			本年累计	881 387.12	881 387.12		
			结转下年			平	

信用减值损失总账

页号：1-1
本币名称：人民币

科目：信用减值损失（6701）

2024年 月	日	凭证号数	摘要	借方	贷方	方向	余额
			期初余额			平	
12			本月合计	2 076 395.00	2 076 395.00	平	
12			本年累计	2 076 395.00	2 076 395.00		
			结转下年			平	

所得税费用总账

页号：1-1
本币名称：人民币

科目：所得税费用（6801）

2024年 月	日	凭证号数	摘要	借方	贷方	方向	余额
			期初余额			平	
12			本月合计	1 943 199.91	1 943 199.91	平	
12			本年累计	6 446 022.99	6 446 022.99		
			结转下年			平	

（三）库存现金、银行存款和其他货币资金日记账

库存现金日记账

页号：1-1

科目：库存现金（1001）　　月份：2024.12　　本币名称：人民币

2024年		凭证号数	摘要	对方科目	借方	贷方	方向	余额
月	日							
12	01		月初余额				借	8 800.80
12	02	记-0001	提现	100201	2 000.00		借	10 800.80
12	02		本日合计		2 000.00	0.00	借	10 800.80
12	04	记-0010	支付通信费用	66020105		1 183.80	借	9 617.00
12	04	记-0011	支付职工培训费用	221109		5 200.00	借	4 417.00
12	04		本日合计		0.00	6 383.80	借	4 417.00
12	05	记-0017	支付韩笑梅差旅费	6601		3 652.00	借	765.00
12	05		本日合计		0.00	3 652.00	借	765.00
12	11	记-0039	提现	100201	5 000.00		借	5 765.00
12	11	记-0040	支付苏镇涛差旅费	6601		4 246.00	借	1 519.00
12	11		本日合计		5 000.00	4 246.00	借	1 519.00
12	16	记-0063	提现	100201	6 000.00		借	7 519.00
12	16	记-0064	支付曲连波等差旅费	6601		5 263.00	借	2 256.00
12	16		本日合计		6 000.00	5 263.00	借	2 256.00
12	17	记-0066	支付邮购图书费用	221109		389.00	借	1 867.00

续表

2024年		凭证号数	摘要	对方科目	借方	贷方	方向	余额
月	日							
12	17		本日合计		0.00	389.00	借	1 867.00
12	19	记-0067	支付停车费用	660207		600.00	借	1 267.00
12	19		本日合计		0.00	600.00	借	1 267.00
12	21	记-0069	提现	100201	5 000.00		借	6 267.00
12	21		本日合计		5 000.00		借	6 267.00
12			本月合计		18 000.00	20 533.80	借	6 267.00
12			本年累计		3 596 528.00	3 599 640.80		
			结转下年				借	6 267.00

银行存款日记账

页号：1-1

科目：银行存款/工商银行（100201）　　月份：2024.12　　本币名称：人民币

2024年		凭证号数	摘要	结算号	对方科目	借方	贷方	方向	余额
月	日								
			月初余额					借	31 920 493.37
12	02	记-0001	提现	现金支票-00124583	1001		2 000.00	借	31 918 493.37
12	02	记-0002	报销宣传费	转账支票-00066436	6601		1 580.00	借	31 916 913.37
12	02	记-0003	支付前欠材料款	电汇	220201		170 000.00	借	31 746 913.37
12	02	记-0004	支付前欠材料款	电汇	220203		18 370.95	借	31 728 542.42
12	02	记-0005	支付前欠材料款	转账支票-00066437	220206		156 800.00	借	31 571 742.42
12	02		本日合计			0.00	348 750.95	借	31 571 742.42
12	03	记-0006	代垫运费	转账支票-00066438	112202		3 200.00	借	31 568 542.42
12	03	记-0009	报销招待费	现金支票-00124584	660203		12 000.00	借	31 556 542.42
12	03		本日合计			0.00	15 200.00	借	31 556 542.42
12	05	记-0012	收回前欠货款	委托收款	112208	552 300.00		借	32 108 842.42
12	05	记-0013	收回前欠货款	委托收款	112207	447 700.00		借	32 556 542.42
12	05		本日合计			1 000 000.00	0.00	借	32 556 542.42
12	06	记-0018	收回前欠货款	委托收款	112205	300 000.00		借	32 856 542.42
12	06	记-0019	支付前欠材料款	电汇	220202		48 830.94	借	32 807 711.48
12	06	记-0020	支付上月职工住房公积金	转账支票-00066439	221102		818 010.58	借	31 989 700.90
12	06		本日合计			300 000.00	866 841.52	借	31 989 700.90
12	07	记-0023	转入支付宝余额	电汇	100301		8 000.00	借	31 981 700.90
12	07		本日合计			0.00	8 000.00	借	31 981 700.90
12	08	记-0024	缴纳上月增值税	转账支票-00066440	222102,222105, 222106,222107		2 686 082.90	借	29 295 618.00

续表

2024年		凭证号数	摘要	结算号	对方科目	借方	贷方	方向	余额
月	日								
12	08	记-0024	缴纳上月税费	转账支票-00066441	222102,222105,222106,222107		251 396.60	借	29 044 221.40
12	08	记-0026	建行存款转存工行	转账支票-00550188	100202	9 800 000.00		借	38 844 221.40
12	08		本日合计			9 800 000.00	2 937 479.50	借	38 844 221.40
12	09	记-0028	收回前欠货款	电汇	112202	1 500 000.00		借	40 344 221.40
12	09	记-0029	支付广告费	转账支票-00066442	6601		240 927.17	借	40 103 294.23
12	09		本日合计			1 500 000.00	240 927.17	借	40 103 294.23
12	10	记-0034	购办公用品(计算器)	电汇	66020103		1 280.00	借	40 102 014.23
12	10		本日合计			0.00	1 280.00	借	40 102 014.23
12	11	记-0035	采购木浆支付货款及运费	转账支票-00066443	140103,22210101		5 434 137.00	借	34 667 877.23
12	11	记-0037	采购劳保用品进项税	转账支票-00066444	51010104,5101020		10 011.80	借	34 657 865.43
12	11	记-0039	提现	现金支票-00124585	1001		5 000.00	借	34 652 865.43
12	11		本日合计			0.00	5 449 148.80	借	34 652 865.43
12	12	记-0042	支付广告费	转账支票-00066445	6601		12 100.00	借	34 640 765.43
12	12	记-0043	销售新闻纸款已收	转账支票-00990011	600101,22210105	2 825 000.00		借	37 465 765.43
12	12	记-0045	采购草浆款已付	转账支票-00066446	140101,22210101		1 412 500.00	借	36 053 265.43
12	12	记-0046	支付邮递费	转账支票-00066447	66020103,6601,51010110,51010210		8 006.00	借	36 045 259.43
12	12	记-0047	支付前欠材料款	转账支票-00066448	220205		55 880.00	借	35 989 379.43
12	12	记-0048	支款付前欠材料	电汇	220201		7 890.87	借	35 981 488.56
12	12		本日合计			2 825 000.00	1 496 376.87	借	35 981 488.56
12	14	记-0051	购买电脑耗材付款	转账支票-00066449	66020103,5101011		10 000.00	借	35 971 488.56
12	14	记-0053	报销会议费	转账支票-00066450	66020103		10 000.00	借	35 961 488.56
12	14		本日合计			0.00	20 000.00	借	35 961 488.56
12	15	记-0055	购办公用品	转账支票-00066451	66020103		3 700.00	借	35 957 788.56

续表

2024年		凭证号数	摘要	结算号	对方科目	借方	贷方	方向	余额
月	日								
12	15		本日合计			0.00	3 700.00	借	35 957 788.56
12	16	记-0057	销售木浆款已收	电汇	605103,22210105	565 000.00		借	36 522 788.56
12	16	记-0058	收回君达前欠货款	电汇	112202	300 000.00		借	36 822 788.56
12	16	记-0063	提现	现金支票-00124586	1001		6 000.00	借	36 816 788.56
12	16		本日合计			865 000.00	6 000.00	借	36 816 788.56
12	17	记-0065	收回众协商贸货款	电汇	112205	2 000 000.00		借	38 816 788.56
12	17		本日合计			2 000 000.00	0.00	借	38 816 788.56
12	21	记-0069	提现	现金支票-00124587	1001		5 000.00	借	38 811 788.56
12	21	记-0070	收到大唐实业预付款	转账支票-11389901	112209	70 000.00		借	38 881 788.56
12	21		本日合计			70 000.00	5 000.00	借	38 881 788.56
12	22	记-0072	采购草浆款未付	电汇	140101,22210101		565 000.00	借	38 316 788.56
12	22	记-0073	支付新闻纸车间设备维修费	转账支票-00066452	51010106,2221010		141 066.94	借	38 175 721.62
12	22	记-0074	支付书写纸车间设备维修费	转账支票-00066453	51010206,2221010		329 892.20	借	37 845 829.42
12	22		本日合计			0.00	1 035 959.14	借	37 845 829.42
12	23	记-0075	采购包装箱款已付	转账支票-00066454	6601		75 582.00	借	37 770 247.42
12	23		本日合计			0.00	75 582.00	借	37 770 247.42
12	25	记-0076	收回麦派前欠货款	转账支票-22040219	112207	4 500 000.00		借	42 270 247.42
12	25	记-0077	收回亚金科技前欠款	转账支票-22001123	112206	4 000 000.00		借	46 270 247.42
12	25		本日合计			8 500 000.00	0.00	借	46 270 247.42
12	26	记-0079	支付公司、车间水费	委托收款	66020106,5101010		9 886 082.00	借	36 384 165.42
12	26		本日合计			0.00	9 886 082.00	借	36 384 165.42
12	28	记-0080	支付公司、车间电费	委托收款	66020106,5101010		11 567 923.00	借	24 816 242.42
12	28	记-0081	支付车间蒸汽费	转账支票-00066455	51010105,5101020		2 002 473.00	借	22 813 769.42
12	28	记-0082	支付吉恩化工前欠材料款	转账支票-00066456	220204		504 056.07	借	22 309 713.35

续表

2024年		凭证号数	摘要	结算号	对方科目	借方	贷方	方向	余额
月	日								
12	28	记-0083	缴纳保险费	转账支票-00066457	660206		4 527.03	借	22 305 186.32
12	28		本日合计			0.00	14 078 979.10	借	22 305 186.32
12	29	记-0088	支付公司、车间电话费	转账支票-00066458	66020105,5101011		4 663.20	借	22 300 523.12
12	29	记-0089	支付汽油费	转账支票-00066459	66020102		2 016.00	借	22 298 507.12
12	29	记-0090	支付财产保险费	转账支票-00066460	660206		10 000.00	借	22 288 507.12
12	29		本日合计			0.00	16 679.20	借	22 288 507.12
12	30	记-0096	发放职工薪酬	电子转账-081201	221101		3 106 243.79	借	19 182 263.33
12	30		本日合计			0.00	3 106 243.79	借	19 182 263.33
12	31	记-0099	转入支付宝余额	电汇	100301		9 000.00	借	19 173 263.33
12	31	记-0101	支付运费	转账支票-00066461	220207		83 441.24	借	19 089 822.09
12	31	记-0102	收到活期存款利息	银行划转		5 803.55		借	19 095 625.64
12	31	记-0103	缴纳五险一金	电汇	221103,221104,221105,221106,221107		1 772 399.15	借	17 323 226.49
12	31	记-0104	预收新华商贸新闻纸款	电汇	600101,22210105	3 000 000.00		借	20 323 226.49
12	31	记-0107	收回吉利印刷前欠款	转账支票-90910021	112203	4 000 000.00		借	24 323 226.49
12	31	记-0113	收回同文出版前欠款	转账支票-53002810	112204	1 400 000.00		借	25 723 226.49
12	31	记-0114	收回麦派实业前欠款	转账支票-00219010	112207	3 888 900.00		借	29 612 126.49
12	31	记-0120	预付吉恩化工采购材料款	转账支票-00066462	220204		2 000 000.00	借	27 612 126.49
12	31		本日合计			12 294 703.55	3 864 840.39	借	27 612 126.49
12			本月合计			39 154 703.55	43 463 070.43	借	27 612 126.49
12			本年累计			85 086 570.85	64 886 242.09		
			结转下年					借	27 612 126.49

银行存款日记账

科目:银行存款/建设银行(100202)　　月份:2024.12　　页号:1-1
本币名称:人民币

2024年		凭证号数	摘要	结算号	对方科目	借方	贷方	方向	余额
月	日								
			月初余额					借	100 000.00
12	08	记-0025	取得短期借款		2001	10 000 000.00		借	10 100 000.00
12	08	记-0026	建行存款转存工行	转账支票-00550188	100201		9 800 000.00	借	300 000.00
12	08		本日合计			10 000 000.00	9 800 000.00	借	300 000.00
12	31	记-0117	支付12月借款利息	银行划转	223101,223102		114 125.00	借	185 875.00
12	31		本日合计				114 125.00	借	185 875.00
12			本月合计			10 000 000.00	9 914 125.00	借	185 875.00
12			本年累计			10 700 000.00	10 714 125.00		
			结转下年					借	185 875.00

银行存款日记账

科目：银行存款/工行定期（100203）　　月份：2024.12　　页号：1-1
本币名称：人民币

2024年		凭证号数	摘要	结算号	对方科目	借方	贷方	方向	余额
月	日								
			月初余额					借	200 000.00
12			本月合计			0.00	0.00	借	200 000.00
12			本年累计			0.00	0.00		
			结转下年					借	200 000.00

其他货币资金日记账

页号：1-1

科目：其他货币资金/支付宝（100301）　　月份：2024.12　　本币名称：人民币

2024年 月	日	凭证号数	摘要	对方科目	借方	贷方	方向	余额
12	01		月初余额				借	0.00
12	07	记-0023	转入支付宝余额	100201	8 000.00		借	8 000.00
12	07		本日合计		8 000.00	0.00	借	8 000.00
12	09	记-0030	支付报刊费用	66020103		1 550.00	借	6 450.00
12	09		本日合计		0.00	1 550.00	借	6 450.00
12	10	记-0031	支付维修费	51010106		1 310.80	借	5 139.20
12	10		本日合计		0.00	1 310.80	借	5 139.20
12	11	记-0038	支付软件服务费	66020103		3 180.00	借	1 959.20
12	11		本日合计		0.00	3 180.00	借	1 959.20
12	31	记-0099	转入支付宝余额	100201	9 000.00		借	10 959.20
12	31		本日合计		9 000.00	0.00	借	10 959.20
12	31	记-0100	购进办公用品	51010107，5101020，660201，6601		8 861.50	借	2 097.70
12	31		本日合计		0.00	8 861.50	借	2 097.70
12			本月合计		17 000.00	14 902.30	借	2 097.70
12			本年累计		17 000.00	14 902.30		
			结转下年				借	2 097.70

（四）明细账

注：本期没有发生额的明细账略。

应收账款明细账

科目：应收账款/金隆包装（112201）　　月份：2024.12　　页号：1-1　本币名称：人民币

2024年		凭证号数	摘要	借方	贷方	方向	余额
月	日						
			期初余额			借	220 000.00
12	07	记-0021	销售书写纸未收款	1 130 000.00		借	1 350 000.00
12			本月合计	1 130 000.00	0.00	借	1 350 000.00
12			本年累计	2 330 000.00	1 100 000.00		
			结转下年			借	1 350 000.00

应收账款明细账

科目：应收账款/君达纸业（112202）　　月份：2024.12　　页号：1-1　本币名称：人民币

2024年		凭证号数	摘要	借方	贷方	方向	余额
月	日						
			期初余额			借	56 130.00
12	03	记-0006	销售书写纸未收款	4 116 400.00		借	4 172 530.00
12	09	记-0028	收回前欠货款		1 500 000.00	借	2 672 530.00
12	16	记-0058	收回前欠货款		300 000.00	借	2 372 530.00
12	16	记-0062	销售草浆未收款	632 800.00		借	3 005 330.00
12			本月合计	4 749 200.00	1 800 000.00	借	3 005 330.00
12			本年累计	5 977 200.00	3 039 646.00		
			结转下年			借	3 005 330.00

应收账款明细账

页号：1-1
本币名称：人民币

科目：应收账款/吉利印刷（112203）　　月份：2024.12

2024年		凭证号数	摘要	借方	贷方	方向	余额
月	日						
			期初余额			借	23 870.00
12	15	记-0054	销售书写纸未收货款	10 373 400.00		借	10 397 270.00
12	31	记-0107	收回前欠货款		4 000 000.00	借	6 397 270.00
12			本月合计	10 373 400.00	4 000 000.00	借	6 397 270.00
12			本年累计	12 173 400.00	5 900 000.00		
			结转下年			借	6 397 270.00

应收账款明细账

页号：1-1
本币名称：人民币

科目：应收账款/同文出版（112204）　　月份：2024.12

2024年		凭证号数	摘要	借方	贷方	方向	余额
月	日						
			期初余额			借	40 000.00
12	16	记-0061	销售书写纸款未收	4 700 800.00		借	4 740 800.00
12	31	记-0113	收回前欠货款		1 400 000.00	借	3 340 800.00
12			本月合计	4 700 800.00	1 400 000.00	借	3 340 800.00
12			本年累计	8 655 800.00	5 455 000.00		
			结转下年			借	3 340 800.00

应收账款明细账

页号：1-1

科目：应收账款/众协商贸（112205） 月份：2024.12 本币名称：人民币

2024年 月	日	凭证号数	摘要	借方	贷方	方向	余额
			期初余额			借	334 680.00
12	06	记-0018	收回前欠货款		300 000.00	借	34 680.00
12	12	记-0041	销售书写纸未收款	2 825 000.00		借	2 859 680.00
12	17	记-0065	收回前欠货款		2 000 000.00	借	859 680.00
12			本月合计	2 825 000.00	2 300 000.00	借	859 680.00
12			本年累计	4 007 000.00	3 182 080.00		
			结转下年			借	859 680.00

应收账款明细账

页号：1-1

科目：应收账款/亚金科技（112206） 月份：2024.12 本币名称：人民币

2024年 月	日	凭证号数	摘要	借方	贷方	方向	余额
			期初余额			借	0.00
12	03	记-0008	销售书写纸未收款	2 938 000.00		借	2 938 000.00
12	20	记-0068	销售新闻纸书写纸未收款	10 350 800.00		借	13 288 800.00
12	25	记-0077	收回前欠货款		4 000 000.00	借	9 288 800.00
12			本月合计	13 288 800.00	4 000 000.00	借	9 288 800.00
12			本年累计	14 474 440.00	5 185 640.00		
			结转下年			借	9 288 800.00

应收账款明细账

科目：应收账款/麦派实业（112207） 月份：2024.12 页号：1-1 本币名称：人民币

2024年 月	日	凭证号数	摘要	借方	贷方	方向	余额
			期初余额			借	447 700.00
12	05	记-0013	收回前欠货款		447 700.00	借	0.00
12	05	记-0014	销售新闻纸未收款	4 520 000.00		借	4 520 000.00
12	07	记-0022	销售新闻纸未收款	3 955 000.00		借	8 475 000.00
12	22	记-0071	销售书写纸未收款	2 938 000.00		借	11 413 000.00
12	25	记-0076	收回前欠货款		4 500 000.00	借	6 913 000.00
12	31	记-0106	销售新闻纸未收款	6 215 000.00		借	13 128 000.00
12	31	记-0114	收回前欠货款		3 888 900.00	借	9 239 100.00
12			本月合计	17 628 000.00	8 836 600.00	借	9 239 100.00
12			本年累计	18 383 000.00	10 091 600.00		
			结转下年			借	9 239 100.00

应收账款明细账

科目：应收账款/嘉豪纸业（112208） 月份：2024.12 页号：1-1 本币名称：人民币

2024年 月	日	凭证号数	摘要	借方	贷方	方向	余额
			期初余额			借	552 300.00
12	05	记-0012	收回前欠货款		552 300.00	借	0.00
12	26	记-0078	销售书写纸未收款	4 700 800.00		借	4 700 800.00
12			本月合计	4 700 800.00	552 300.00	借	4 700 800.00
12			本年累计	5 548 400.00	999 900.00		
			结转下年			借	4 700 800.00

应收账款明细账

科目：应收账款 / 大唐实业（112209）　　月份：2024.12　　页号：1-1
本币名称：人民币

2024年 月	日	凭证号数	摘要	借方	贷方	方向	余额
12	21	记-0070	收到预付货款		70 000.00	贷	70 000.00
12			本月合计		70 000.00	贷	70 000.00
12			本年累计		70 000.00		
			结转下年			贷	70 000.00

应收账款明细账

科目：应收账款/森工集团（112210）　　月份：2024.12　　页号：1-1
本币名称：人民币

2024年 月	日	凭证号数	摘要	借方	贷方	方向	余额
			期初余额			借	0.00
12	31	记-0105	销售书写纸未收款	4 700 800.00		借	4 700 800.00
12			本月合计	4 700 800.00	0.00	借	4 700 800.00
12			本年累计	4 700 800.00	0.00		
			结转下年			借	4 700 800.00

应收账款明细账

页号：1-1
科目：应收账款/新华商贸（112211）　　月份：2024.12　　本币名称：人民币

2024年 月	日	凭证号数	摘要	借方	贷方	方向	余额
			期初余额			借	0.00
12	31	记-0104	收销售新闻纸预订款	390 000.00		借	390 000.00
12			本月合计	390 000.00	0.00	借	390 000.00
12			本年累计	390 000.00	0.00		
			结转下年			借	390 000.00

坏账准备明细账

页号：1-1
科目：坏账准备 / 应收账款（123101）　　月份：2024.12　　本币名称：人民币

2024年 月	日	凭证号数	摘要	借方	贷方	方向	余额
			期初余额			贷	83 734.00
12	31	记-0115	计提坏账准备		2 076 395.00	贷	2 160 129.00
12			本月合计		2 076 395.00	贷	2 160 129.00
12			本年累计		2 076 395.00		
			结转下年			贷	2 160 129.00

材料采购明细账

页号：1-1
本币名称：人民币
数量单位：吨

科目：材料采购 / 草浆（140101）　　月份：2024.12

2024年		凭证号数	摘要	单价	借方		贷方		方向	余额		
月	日				数量	金额	数量	金额		数量	单价	金额
			期初余额						借	1 165	2 430.000 00	2 830 950.00
12	05	记-0015	采购草浆木浆货款未付	2 500.000 00	500	1 250 000.00			借	1 665		4 080 950.00
12	05	记-0016	采购运费款项未付			9 300.00			借	1 665		4 090 250.00
12	12	记-0045	采购草浆货款已付	2 500.000 00	500	1 250 000.00			借	2 165		5 340 250.00
12	22	记-0072	采购草浆货款已付	2 500.000 00	200	500 000.00			借	2 365		5 840 250.00
12	29	记-0084	材料验收入库并结转差异	2 469.450 32			2 365	5 840 250.00	平			
12			本月合计		1 200	3 009 300.00	2 365	5 840 250.00	平			
12			本年累计		24 743	69 275 357.83	27 015	74 796 317.83				
			结转下年						平			

材料采购明细账

页号：1-1
本币名称：人民币
数量单位：吨

科目：材料采购 / 废纸浆（140102）　　月份：2024.12

2024年		凭证号数	摘要	单价	借方		贷方		方向	余额		
月	日				数量	金额	数量	金额		数量	单价	金额
			期初余额						借	3 357	715.000 00	2 400 255.00
12	10	记-0032	采购废纸浆货款未付	660.000 00	500	330 000.00			借	3 857		2 730 255.00
12	10	记-0033	采购运费款项未付			8 370.00			借	3 857		2 738 625.00
12	13	记-0049	采购废纸浆货款未付	650.000 00	500	325 000.00			借	4 357		3 063 625.00
12	13	记-0050	采购运费款项未付			4 650.00			借	4 357		3 068 275.00
12	15	记-0056	采购废纸浆货款未付	680.000 00	400	272 000.00			借	4 757		3 340 275.00
12	16	记-0059	采购废纸浆货款未付	700.000 00	800	560 000.00			借	5 557		3 900 275.00
12	16	记-0060	采购运费尚未支付			1 860.00			借	5 557		3 902 135.00
12	29	记-0085	材料验收入库并结转差异	702.201 73			5 557	3 902 135.00	平			
12			本月合计		2 200	1 501 880.00	5 557	3 902 135.00	平			
12			本年累计		45 110	32 182 530.00	49 517	35 333 535.00				
			结转下年						平			

材料采购明细账

页号：1-1
本币名称：人民币
数量单位：吨

科目：材料采购 / 木浆（140103）　　月份：2024.12

2024年		凭证号数	摘要	单价	借方		贷方		方向	余额		
月	日				数量	金额	数量	金额		数量	单价	金额
12	05	记-0015	采购木浆款未付	4 700.000 00	500	2 350 000.00			借	500	4 700.000 00	2 350 000.00
12	05	记-0016	采购运费款未付			9 300.00			借	500		2 359 300.00
12	11	记-0035	采购木浆款已付	4 800.000 00	1 000	4 800 000.00			借	1 500		7 159 300.00
12	11	记-0035	采购木浆运费			9 300.00			借	1 500		7 168 600.00
12	29	记-0086	木浆材料验收入库并结转差异				1 500	7 168 600.00	平			
12			本月合计		1 500	7 168 600.00	1 500	7 168 600.00	平			
12			本年累计		8 321	37 249 210.00	8 950	40 023 100.00				
			结转下年						平			

材料采购明细账

页号：1-1
本币名称：人民币
数量单位：吨

科目：材料采购 / 助剂（140104）　　月份：2024.12

2024年		凭证号数	摘要	单价	借方		贷方		方向	余额		
月	日				数量	金额	数量	金额		数量	单价	金额
			期初余额						借	46	790.000 00	36 340.00
12	03	记-0007	采购助剂货款未付	762.335 00	400	304 930.00			借	446		341 270.00
12	08	记-0027	采购助剂货款未付	780.000 00	500	390 000.00			借	946		731 270.00
12	11	记-0036	采购助剂货款未付	770.000 00	500	385 000.00			借	1 446		1 116 270.00
12	14	记-0052	采购助剂货款未付	790.000 00	500	395 000.00			借	1 946		1 511 270.00
12	29	记-0087	材料验收入库并结转差异	776.603 29			1 946	1 511 270.00	平			
12			本月合计		1 900	1 474 930.00	1 946	1 511 270.00	平			
12			本年累计		8 160	6 420 330.00	8 394	6 605 190.00				
			结转下年						平			

原材料明细账

页号：1-1
本币名称：人民币
数量单位：吨

科目：原材料 / 草浆（140301）　　月份：2024.12

2024年 月	日	凭证号数	摘要	单价	借方 数量	借方 金额	贷方 数量	贷方 金额	方向	余额 数量	余额 单价	余额 金额
			期初余额						借	1 870	2 300.000 00	4 301 000.00
12	29	记-0084	材料验收入库并结转差异	2 300.000 00	2 365	5 439 500.00			借	4 235		9 740 500.00
12	30	记-0097	生产、销售领用原材料	2 300.000 00			2 000	4 600 000.00	借	2 235		5 140 500.00
12			本月合计		2 365	5 439 500.00	2 000	4 600 000.00	借	2 235	2 300.000 00	5 140 500.00
12			本年累计		27 015	62 134 500.00	26 680	61 364 000.00				
			结转下年						借	2 235	2 300.000 00	5 140 500.00

原材料明细账

页号：1-1
本币名称：人民币
数量单位：吨

科目：原材料 / 废纸浆（140302）　　月份：2024.12

2024年 月	日	凭证号数	摘要	单价	借方 数量	借方 金额	贷方 数量	贷方 金额	方向	余额 数量	余额 单价	余额 金额
			期初余额						借	4 480	600.000 00	2 688 000.00
12	29	记-0085	材料验收入库并结转差异	600.000 00	5 557	3 334 200.00			借	10 037		6 022 200.00
12	30	记-0097	生产、销售领用原材料	600.000 00			6 090	3 654 000.00	借	3 947		2 368 200.00
12			本月合计		5 557	3 334 200.00	6 090	3 654 000.00	借	3 947	600.000 00	2 368 200.00
12			本年累计		49 517	29 710 200.00	59 650	35 790 000.00				
			结转下年						借	3 947	600.000 00	2 368 200.00

原材料明细账

页号：1-1
本币名称：人民币
数量单位：吨

科目：原材料 / 木浆（140303）　　月份：2024.12

2024年		凭证号数	摘要	单价	借方		贷方		方向	余额		
月	日				数量	金额	数量	金额		数量	单价	金额
			期初余额						借	710	4 200.000 00	2 982 000.00
12	29	记-0086	材料验收入库并结转差异	4 200.000 00	1 500	6 300 000.00			借	2 210		9 282 000.00
12	30	记-0097	生产、销售领用原材料	4 200.000 00			1 560	6 552 000.00	借	650		2 730 000.00
12			本月合计		1 500	6 300 000.00	1 560	6 552 000.00	借	650	4 200.000 00	2 730 000.00
12			本年累计		8 950	37 590 000.00	9 420	39 564 000.00				
			结转下年						借	650	4 200.000 00	2 730 000.00

原材料明细账

页号：1-1
本币名称：人民币
数量单位：吨

科目：原材料 / 助剂（140304）　　月份：2024.12

2024年		凭证号数	摘要	单价	借方		贷方		方向	余额		
月	日				数量	金额	数量	金额		数量	单价	金额
			期初余额						借	40	730.000 00	29 200.00
12	29	记-0087	材料验收入库并结转差异	730.000 00	1 946	1 420 580.00			借	1 986		1 449 780.00
12	30	记-0097	生产、销售领用原材料	730.000 00			1 290	941 700.00	借	696		508 080.00
12			本月合计		1 946	1 420 580.00	1 290	941 700.00	借	696	730.000 00	508 080.00
12			本年累计		8 394	6 127 620.00	7 822	5 710 060.00				
			结转下年						借	696	730.000 00	508 080.00

材料成本差异明细账

科目：材料成本差异 / 草浆（140401）　　月份：2024.12　　页号：1-1　本币名称：人民币

2024年		凭证号数	摘要	借方	贷方	方向	余额
月	日						
			期初余额			借	335 478.00
12	29	记-0084	材料验收入库并结转差异	400 750.00		借	736 228.00
12	30	记-0098	结转材料成本差异		347 687.37	借	388 540.63
12			本月合计	400 750.00	347 687.37	借	388 540.63
12			本年累计	12 661 817.83	12 810 095.20		
			结转下年			借	388 540.63

材料成本差异明细账

科目：材料成本差异 / 废纸浆（140402）　　月份：2024.12　　页号：1-1　本币名称：人民币

2024年		凭证号数	摘要	借方	贷方	方向	余额
月	日						
			期初余额			借	350 528.00
12	29	记-0085	材料验收入库并结转差异	567 935.00		借	918 463.00
12	30	记-0098	结转材料成本差异		557 282.02	借	361 180.98
12			本月合计	567 935.00	557 282.02	借	361 180.98
12			本年累计	5 623 335.00	5 339 130.02		
			结转下年			借	361 180.98

材料成本差异明细账

科目：材料成本差异 / 木浆（140403）　　月份：2024.12　　页号：1-1　本币名称：人民币

2024年		凭证号数	摘要	借方	贷方	方向	余额
月	日						
			期初余额			借	178,920.00
12	29	记-0086	材料验收入库并结转差异	868 600.00		借	1 047 520.00
12	30	记-0098	结转材料成本差异		739 425.88	借	308 094.12
12			本月合计	868 600.00	739 425.88	借	308 094.12
12			本年累计	2 433 100.00	2 125 929.88		
			结转下年			借	308 094.12

材料成本差异明细账

和目：材料成本差异 / 助剂（140404）　　月份：2024.12　　页号：1-1　本币名称：人民币

2024年		凭证号数	摘要	借方	贷方	方向	余额
月	日						
			期初余额			借	8 146.00
12	29	记-0087	材料验收入库并结转差异	90 690.00		借	98 836.00
12	30	记-0098	结转材料成本差异		64 198.61	借	34 637.39
12			本月合计	90 690.00	64 198.61	借	34 637.39
12			本年累计	477 570.00	443 752.05		
			结转下年			借	34 637.39

库存商品明细账

页号：1-1
本币名称：人民币

月份：2024.12

科目：库存商品 / 新闻纸（140501）

2024年		凭证号数	摘要	单价	借方		贷方		方向	余额		
月	日				数量	金额	数量	金额		数量	单价	金额
			期初余额						借	1 702.883 42	4 103.563 35	6 987 890.00
12	31	记-0111	新闻纸完工入库	4 120.210 56	5 300	21 837 115.97			借	7 002.883 42	4 116.162 48	28 825 005.97
12	31	记-0116	结转新闻纸销售成本	4 116.162 48			5 500	22 638 893.63	借	1 502.883 42	4 116.162 48	6 186 112.34
12			本月合计		5 300	21 837 115.97	5 500	22 638 893.63	借	1 502.883 42	4 116.162 48	6 186 112.34
12			本年累计		46 400	190 625 195.97	46 500	191 164 893.63				
			结转下年						借	1 502.883 42	4 116.162 48	6 186 112.34

库存商品明细账

页号：1-1
本币名称：人民币
数量单位：吨

月份：2024.12

科目：库存商品 / 书写纸（140502）

2024年		凭证号数	摘要	单价	借方		贷方		方向	余额		
月	日				数量	金额	数量	金额		数量	单价	金额
			期初余额						借	1 621.509 31	4 583.692 46	7 432 500.00
12	31	记-0112	书写纸完工入库	4 573.50733	5 200	23 782 238.12			借	6 821.509 31	4 575.928 39	31 214 738.12
12	31	记-0116	结转书写纸销售成本	4 575.928 39			5 000	22 879 641.95	借	1 821.509 31	4 575.928 39	8 335 096.17
12			本月合计		5 200	23 782 238.12	5 000	22 879 641.95	借	1 821.509 31	4 575.928 39	8 335 096.17
12			本年累计		48 760	223 638 398.12	48 980	222 957 921.95				
			结转下年						借	1 821.509 31	4 575.928 39	8 335 096.17

累计折旧明细账

科目：累计折旧 / 房屋及建筑物（160201）　月份：2024.12　页号：1-1　本币名称：人民币

2024年 月	日	凭证号数	摘要	借方	贷方	方向	余额
			期初余额			贷	1 789 281.60
12	29	记-0091	计提固定资产折旧		37 276.70	贷	1 826 558.30
12			本月合计		37 276.70	贷	1 826 558.30
12			本年累计		447 320.40		
			结转下年			贷	1 826 558.30

累计折旧明细账

科目：累计折旧 / 机器设备（160202）　月份：2024.12　页号：1-1　本币名称：人民币

2024年 月	日	凭证号数	摘要	借方	贷方	方向	余额
			期初余额			贷	4 110 912.00
12	29	记-0091	计提固定资产折旧		105 408.00	贷	4 216 320.00
12			本月合计		105 408.00	贷	4 216 320.00
12			本年累计		1 264 896.00		
			结转下年			贷	4 216 320.00

累计折旧明细账

科目：累计折旧 / 办公设备（160203）　月份：2024.12　页号：1-1　本币名称：人民币

2024年 月	日	凭证号数	摘要	借方	贷方	方向	余额
			期初余额			贷	775 170.00
12	29	记-0091	计提固定资产折旧		28 710.00	贷	803 880.00
12			本月合计		28 710.00	贷	803 880.00
12			本年累计		344 520.00		
			结转下年			贷	803 880.00

累计折旧明细账

科目：累计折旧 / 交通设备（160204） 月份：2024.12 页号：1-1 本币名称：人民币

2024年		凭证号数	摘要	借方	贷方	方向	余额
月	日						
			期初余额			贷	600 000.00
12	29	记-0091	计提固定资产折旧		20 000.00	贷	620 000.00
12			本月合计		20 000.00	贷	620 000.00
12			本年累计		240 000.00		
			结转下年			贷	620 000.00

短期借款明细账

月份：2024.12 页号：1-1

本币名称：人民币

科目：短期借款（2001）

2024年		凭证号数	摘要	借方	贷方	方向	余额
月	日						
			期初余额			贷	1 650 000.00
12	08	记-0025	取得短期借款		10 000 000.00	贷	11 650 000.00
12			本月合计		10 000 000.00	贷	11 650 000.00
12			本年累计	8 000 000.00	16 000 000.00		
			结转下年			贷	11 650 000.00

应付账款明细账

科目：应付账款/捷诺化工（220201） 月份：2024.12 页号：1-1 本币名称：人民币

2024年		凭证号数	摘要	借方	贷方	方向	余额
月	日						
			期初余额			贷	177 890.87
12	02	记-0003	支付前欠货款	170 000.00		贷	7 890.87
12	08	记-0027	采购助剂货款未付		440 700.00	贷	448 590.87
12	12	记-0048	支付前欠货款	7 890.87			440 700.00
12			本月合计	177 890.87	440 700.00	贷	440 700.00
12			本年累计	32 502 177.87	32 842 877.00		
			结转下年			贷	440 700.00

应付账款明细账

科目：应付账款/美拉纸浆（220202）　　月份：2024.12　　页号：1-1
本币名称：人民币

2024 年		凭证号数	摘要	借方	贷方	方向	余额
月	日						
			期初余额			贷	48 830.94
12	05	记-0015	采购草浆木浆货款未付		4 068 000.00		4 116 830.94
12	06	记-0019	支付前欠货款	48 830.94		贷	4 068 000.00
12	13	记-0049	采购废纸浆货款未付		367 250.00	贷	4 435 250.00
12			本月合计	48 830.94	4 435 250.00	贷	4 435 250.00
12			本年累计	26 369 430.94	30 705 850.00		
			结转下年			贷	4 435 250.00

应付账款明细账

科目：应付账款/诚信商贸（220203）　　月份：2024.12　　页号：1-1
本币名称：人民币

2024 年		凭证号数	摘要	借方	贷方	方向	余额
月	日						
			期初余额			贷	18 370.95
12	03	记-0004	支付前欠货款	18 370.95		贷	0.00
12	03	记-0007	采购助剂货款未付		344 533.70	贷	344 533.70
12			本月合计	18 370.95	344 533.70	贷	344 533.70
12			本年累计	18 388 371.78	18 696 304.65		
			结转下年			贷	344 533.70

应付账款明细账

页号：1-1

科目：应付账款/吉恩化工（220204）　　月份：2024.12　　本币名称：人民币

2024年		凭证号数	摘要	借方	贷方	方向	余额
月	日						
			期初余额			贷	196 696.07
12	15	记-0056	采购废纸浆货款未付		307 360.00	贷	504 056.07
12	28	记-0082	支付前欠材料款	504 056.07		平	0.00
12	31	记-0120	预付采购材料款	2 000 000.00		借	2 000 000.00
12			本月合计	2 504 056.07	307 360.00	借	2 000 000.00
12			本年累计	19 620 166.07	17 417 360.00		
			结转下年			借	2 000 000.00

应付账款明细账

页号：1-1

科目：应付账款/汇锐胶业（220205）　　月份：2024.12　　本币名称：人民币

2024年		凭证号数	摘要	借方	贷方	方向	余额
月	日						
			期初余额			贷	55 880.00
12	11	记-0036	采购助剂货款未付		435 050.00	贷	490 930.00
12	12	记-0047	支付前欠材料款	55 880.00		贷	435 050.00
12	14	记-0052	采购助剂货款未付		446 350.00	贷	881 400.00
12			本月合计	55 880.00	881 400.00	贷	881 400.00
12			本年累计	9 340 280.00	10 214 800.00		
			结转下年			借	881 400.00

应付账款明细账

科目：应付账款/辉鹏纸业（220206）　　月份：2024.12　　页号：1-1
本币名称：人民币

2024年		凭证号数	摘要	借方	贷方	方向	余额
月	日						
			期初余额			贷	156 800.00
12	02	记-0005	支付前欠材料款	156 800.00		平	0.00
12	10	记-0032	采购废纸浆货款未付		372 900.00	贷	372 900.00
12	16	记-0059	采购废纸浆货款未付		632 800.00	贷	1 005 700.00
12			本月合计	156 800.00	1 005 700.00	贷	1 005 700.00
12			本年累计	11 386 803.00	12 392 503.00		
			结转下年			借	1 005 700.00

应付账款明细账

科目：应付账款/准通物流(220207)　　月份：2024.12　　页号：1-1
本币名称：人民币

2024年		凭证号数	摘要	借方	贷方	方向	余额
月	日						
			期初余额				45 731.60
12	05	记-0016	采购运费款项未付		20 274.00	贷	66 005.60
12	10	记-0033	采购运费款项未付		9 123.30	贷	75 128.90
12	12	记-0044	采购运费款项未付		1 216.44	贷	76 345.34
12	13	记-0050	采购运费款项未付		5 068.50	贷	81 413.84
12	16	记-0060	采购运费款项未付		2 027.40	贷	83 441.24
12	31	记-0101	支付运费	83 441.24		平	0.00
12			本月合计	83 441.24	37 709.64	平	0.00
12			本年累计	6 593 552.44	6 572 709.74		
			结转下年			平	0.00

应付职工薪酬明细账

页号：1-1

科目：应付职工薪酬（2211） 月份：2024.12 本币名称：人民币

2024年		凭证号数	摘要	借方	贷方	方向	余额
月	日						
			期初余额			贷	3 488 129.70
12	04	记-0011	支付职工培训费	5 200.00		贷	3 482 929.70
12	06	记-0020	支付上月职工住房公积金	818 010.58		贷	2 664 919.12
12	17	记-0066	报销图书费	389.00		贷	2 664 530.12
12	30	记-0092	计提职工薪酬		4 112 295.00	贷	6 776 825.12
12	30	记-0093	计提住房公积金		411 229.50	贷	7 188 054.62
12	30	记-0093	计提医疗保险		287 860.65	贷	7 475 915.27
12	30	记-0093	计提失业保险		82 245.90	贷	7 558 161.17
12	30	记-0093	计提养老保险		822 459.00	贷	8 380 620.17
12	30	记-0093	计提工伤保险		12 336.89	贷	8 392 957.06
12	30	记-0093	计提生育保险		32 898.36	贷	8 425 855.42
12	30	记-0094	计提工会经费		82 245.90	贷	8 508 101.32
12	30	记-0095	计提职工教育经费		61 684.43	贷	8 569 785.75
12	30	记-0096	发放职工薪酬	4 112 295.00		贷	4 457 490.75
12	30	记-0096	发放职工薪酬		411 229.50	贷	4 868 720.25
12	30	记-0096	发放职工薪酬		82 245.90	贷	4 950 966.15
12	30	记-0096	发放职工薪酬		41 122.95	贷	4 992 089.10
12	30	记-0096	发放职工薪酬		411 229.50	贷	5 403 318.60
12	31	记-0103	缴纳五险一金	370 106.55		贷	5 033 212.05
12	31	记-0103	缴纳五险一金	123 368.85		贷	4 909 843.20
12	31	记-0103	缴纳五险一金	1 233 688.50		贷	3 676 154.70
12	31	记-0103	缴纳五险一金	12 336.89		贷	3 663 817.81
12	31	记-0103	缴纳五险一金	32 898.36		贷	3 630 919.45
12			本月合计	6 708 293.73	6 851 083.48	贷	3 630 919.45
12			本年累计	44 541 001.55	46 059 791.22		
			结转下年			贷	3 630 919.45

应交税费明细账

页号：1-1

科目：应交税费/应交增值税（222101）　　月份：2024.12　　本币名称：人民币

2024 年		凭证号数	摘要	借方			贷方			方向	余额
月	日			进项税额	已交税金	转出未交增值税	销项税额	进项税额转出	转出多交增值税		
12	03	记-0006	销售书写纸计提销项税				473 200.00			贷	473 200.00
12	03	记-0007	采购助剂进项税	39 603.70						贷	433 596.30
12	03	记-0008	销售书写纸计提销项税				338 000.00			贷	771 596.30
12	05	记-0014	销售新闻纸计提销项税				520 000.00			贷	1 291 596.30
12	05	记-0015	采购草浆木浆进项税	468 000.00						贷	823 596.30
12	05	记-0016	采购运费进项税	1 674.00						贷	821 922.30
12	05	记-0017	铁路旅客运输进项税	103.38						贷	821 818.92
12	07	记-0021	销售木浆计提销项税				130 000.00			贷	951 818.92
12	07	记-0022	销售新闻纸计提销项税				455 000.00			贷	1 406 818.92
12	08	记-0027	采购助剂进项税	50 700.00						贷	1 356 118.92
12	10	记-0031	维修费进项税	150.80						贷	1 355 968.12
12	10	记-0032	采购废纸浆进项税	42 900.00						贷	1 313 068.12
12	10	记-0033	采购运费进项税	753.30						贷	1 312 314.82
12	11	记-0035	采购木浆进项税	624 837.00						贷	687 477.82
12	11	记-0036	采购助剂进项税	50 050.00						贷	637 427.82
12	11	记-0037	采购劳保用品进项税	1 151.80						贷	636 276.02
12	11	记-0038	软件服务费进项税	180.00						贷	636 096.02
12	11	记-0040	铁路旅客运输进项税	61.60						贷	636 034.42
12	12	记-0041	销售新闻纸计提销项税				325 000.00			贷	961 034.42
12	12	记-0043	销售新闻纸计提销项税				325 000.00			贷	1 286 034.42
12	12	记-0044	销售运费进项税	100.44						贷	1 285 933.98
12	12	记-0045	采购草浆进项税	162 500.00						贷	1 123 433.98
12	13	记-0049	采购废纸浆进项税	42 250.00						贷	1 081 183.98
12	13	记-0050	采购废纸浆运费进项税	418.50						贷	1 080 765.48
12	14	记-0052	采购助剂进项税	51 350.00						贷	1 029 415.48
12	15	记-0054	销售新闻纸书写纸计提销项税				1 193 400.00			贷	2 222 815.48
12	15	记-0056	采购废纸浆进项税	35 360.00						贷	2 187 455.48
12	16	记-0057	销售木浆计提销项税				65 000.00			贷	2 252 455.48
12	16	记-0059	采购废纸浆进项税	72 800.00						贷	2 179 655.48
12	16	记-0060	采购废纸浆运费进项税	167.40						贷	2 179 488.08
12	16	记-0061	销售书写纸计提销项税				540 800.00			贷	2 720 288.08
12	16	记-0062	销售草浆计提销项税				72 800.00			贷	2 793 088.08
12	16	记-0064	铁路旅客运输进项税	184.79						贷	2 792 903.29
12	20	记-0068	销售新闻纸书写纸计提销项税				1 190 800.00			贷	3 983 703.29
12	22	记-0071	销售书写纸计提销项税				338 000.00			贷	4 321 703.29
12	22	记-0072	采购草浆进项税	65 000.00						贷	4 256 703.29
12	22	记-0073	新闻纸车间设备维修费进项税	16 228.94						贷	4 240 474.35
12	22	记-0074	书写纸车间设备维修费进项税	37 952.20						贷	4 202 522.15
12	22	记-0075	包装箱进项税	8 695.27						贷	4 193 826.88
12	26	记-0078	销售书写纸计提销项税				540 800.00			贷	4 734 626.88
12	26	记-0079	支付水费进项税	816 282.00						贷	3 918 344.88
12	28	记-0080	支付电费进项税	1 330 823.00						贷	2 587 521.88
12	28	记-0081	蒸汽费进项税	230 373.00						贷	2 357 148.88
12	31	记-0104	销售新闻纸计提销项税				390 000.00			贷	2 747 148.88
12	31	记-0105	销售书写纸计提销项税				540 800.00			贷	3 287 948.88
12	31	记-0106	销售新闻纸计提销项税				715 000.00			贷	4 002 948.88
12	31	记-0119	转出未交增值税			4 002 948.88				平	
12			本月合计	4 150 651.12		4 002 948.88	8 153 600.00			平	
12			本年累计	21 385 104.44		43 148 975.56	64 534 080.00				
			结转下年							平	

应交税费明细账

科目：应交税费/未交增值税(222102)　　月份：2024.12　　页号：1-1　本币名称：人民币

2024年		凭证号数	摘要	借方	贷方	方向	余额
月	日						
			月初余额			贷	2 608 082.90
12	08	记-0024	缴纳上月增值税	2 686 082.90		借	78 000.00
12	31	记-0119	转出未交增值税		4 002 948.88	贷	3 924 948.88
12			本月合计	2 686 082.90	4 002 948.88	贷	3 924 948.88
12			本年累计	44 248 787.98	43 148 975.56		
			结转下年			贷	3 924 948.88

应交税费明细账

科目：应交税费 / 应交所得税（222104）　　月份：2024.12　　页号：1-1　本币名称：人民币

2024年		凭证号数	摘要	借方	贷方	方向	余额
月	日						
			期初余额			贷	1 755 610.94
12	31	记-0123	计提所得税		1 943 199.91	贷	3 698 810.85
12	31		本月合计		1 943 199.91	贷	3 698 810.85
12			本年累计	2 747 212.14	6 446 022.99		
			结转下年			贷	3 698 810.85

应交税费明细账

科目：应交税费/应交城市维护建设税(222105)　　月份：2024.12　　页号：1-1　本币名称：人民币

2024年		凭证号数	摘要	借方	贷方	方向	余额
月	日						
			期初余额			贷	122 290.00
12	08	记-0024	缴纳上月城建税	122 290.00		平	0.00
12	31	记-0118	计提城建税		280 206.42	贷	280 206.42
12			本月合计	122 290.00	280 206.42	贷	280 206.42
12			本年累计	2 762 511.87	3 020 428.29		
			结转下年			贷	280 206.42

应交税费明细账

科目：应交税费/教育费附加(222106)　　月份：2024.12　　页号：1-1
本币名称：人民币

2024年 月	日	凭证号数	摘要	借方	贷方	方向	余额
			期初余额			贷	52 410.00
12	08	记-0024	缴纳上月教育费附加	52 410.00		平	0.00
12	31	记-0118	计提教育费附加		120 088.47	贷	120 088.47
12			本月合计	52 410.00	120 088.47	贷	120 088.47
12			本年累计	1 176 790.80	1 294 469.27		
			结转下年			贷	120 088.47

应交税费明细账

科目：应交税费／应交个人所得税（222107）　　月份：2024.12　　页号：1-1
本币名称：人民币

2024年 月	日	凭证号数	摘要	借方	贷方	方向	余额
			期初余额			贷	76 696.60
12	08	记-0024	缴纳上月税费	76 696.60		平	
12	30	记-0096	发放职工薪酬		60 223.36	贷	60 223.36
12			本月合计	76 696.60	60 223.36	贷	60 223.36
12			本年累计	857 721.90	847 302.46		
			结转下年			贷	60 223.36

应付利息明细账

科目：应付利息／短期借款利息（223101）　　月份：2024.12　　页号：1-1
本币名称：人民币

2024年 月	日	凭证号数	摘要	借方	贷方	方向	余额
12	31	记-0108	计提短期借款利息		24 125.00	贷	24 125.00
12	31	记-0117	支付12月借款利息	24 125.00		平	
12			本月合计	24 125.00	24 125.00	平	
12			本年累计	142 750.00	142 750.00		
			结转下年			平	

应付利息明细账

科目：应付利息／长期借款利息（223102）　月份：2024.12　页号：1-1　本币名称：人民币

2024年 月	日	凭证号数	摘要	借方	贷方	方向	余额
12	31	记-0108	计提长期借款利息		90 000.00	贷	90 000.00
12	31	记-0117	支付12月借款利息	90 000.00		平	
12			本月合计	90 000.00	90 000.00	平	
12			本年累计	792 500.00	792 500.00		
			结转下年			平	

应付股利明细账

科目：应付股利／长春平安控股公司（223201）　月份：2024.12　页号：1-1　本币名称：人民币

2024年 月	日	凭证号数	摘要	借方	贷方	方向	余额
12	31	记-0126	分配利润		11 196 597.31	贷	11 196 597.31
12			本月合计		11 196 597.31	贷	11 196 597.31
12			本年累计	6 393 893.35	11 196 597.31		
			结转下年			贷	11 196 597.31

应付股利明细账

科目：应付股利／光明公司（223202）　月份：2024.12　页号：1-1　本币名称：人民币

2024年 月	日	凭证号数	摘要	借方	贷方	方向	余额
12	31	记-0126	分配利润		5 167 660.30	贷	5 167 660.30
12			本月合计		5 167 660.30	贷	5 167 660.30
12			本年累计	2 951 027.70	5 167 660.30		
			结转下年			贷	5 167 660.30

应付股利明细账

科目：应付股利／江枫（223203）　月份：2024.12　页号：1-1　本币名称：人民币

2024年 月	日	凭证号数	摘要	借方	贷方	方向	余额
12	31	记-0126	分配利润		516 766.03	贷	516 766.03
12			本月合计		516 766.03	贷	516 766.03
12			本年累计	295 102.77	516 766.03		
			结转下年			贷	516 766.03

应付股利明细账

科目：应付股利 / 王铎（223204）　　月份：2024.12　　页号：1-1
本币名称：人民币

2024年 月	日	凭证号数	摘要	借方	贷方	方向	余额
12	31	记-0126	分配利润		172 255.34	贷	172 255.34
12			本月合计		172 255.34	贷	172 255.34
12			本年累计	98 367.59	172 255.34		
			结转下年			贷	172 255.34

应付股利明细账

科目：应付股利 / 林海岩（223205）　　月份：2024.12　　页号：1-1
本币名称：人民币

2024年 月	日	凭证号数	摘要	借方	贷方	方向	余额
12	31	记-0126	分配利润		172 255.34	贷	172 255.34
12			本月合计		172 255.34	贷	172 255.34
12			本年累计	98 367.59	172 255.34		
			结转下年			贷	172 255.34

盈余公积明细账

科目：盈余公积 / 法定盈余公积（410101）　　月份：2024.12　　页号：1-1
本币名称：人民币

2024年 月	日	凭证号数	摘要	借方	贷方	方向	余额
			期初余额			贷	2 660 174.00
12	31	记-0126	分配利润		3 445 106.86	贷	6 105 280.86
12			本月合计		3 445 106.86	贷	6 105 280.86
12			本年累计		3 445 106.86		
			结转下年			贷	6 105 280.86

利润分配明细账

科目：利润分配 / 提取盈余公积（410401）　　月份：2024.12　　页号：1-1
本币名称：人民币

2024年 月	日	凭证号数	摘要	借方	贷方	方向	余额
12	31	记-0126	分配利润	3 445 106.86		借	3 445 106.86
12	31	记-0127	结转利润分配		3 445 106.86	平	
12			本月合计	3 445 106.86	3 445 106.86	平	
12			本年累计	3 445 106.86	3 445 106.86		
			结转下年			平	

利润分配明细账

页号：1-1
本币名称：人民币

科目：利润分配／应付利润（410402）　　月份：2024.12

2024年		凭证号数	摘要	借方	贷方	方向	余额
月	日						
12	31	记-0126	分配利润	17 225 534.32		借	17 225 534.32
12	31	记-0127	结转利润分配		17 225 534.32	平	
12			本月合计	17 225 534.32	17 225 534.32	平	
12			本年累计	17 225 534.32	17 225 534.32		
			结转下年			平	

利润分配明细账

页号：1-1
本币名称：人民币

科目：利润分配／未分配利润（410406）　　月份：2024.12

2024年		凭证号数	摘要	借方	贷方	方向	余额
月	日						
			期初余额			贷	3 805 764.00
12	31	记-0125	结转净利润		34 451 068.64	贷	38 256 832.64
12	31	记-0127	结转利润分配	20 670 641.18		贷	17 586 191.46
12			本月合计	20 670 641.18	34 451 068.64	贷	17 586 191.46
12			本年累计	20 670 641.18	34 451 068.64		
			结转下年			贷	17 586 191.46

生产成本——新闻纸多栏账

科目：生产成本/新闻纸（500101）　　月份：2024.12　　页号：1-1　本币名称：人民币

2024年 月	日	凭证号数	摘要	借方	贷方	方向	余额	借方 材料费	借方 薪酬费	借方 制造费用
			期初余额			借	5 019 099.08			
12	30	记-0092	计提职工薪酬	1 534 000.00		借	6 553 099.08		1 534 000.00	
12	30	记-0093	计提五险一金	615 134.00		借	7 168 233.08		615 134.00	
12	30	记-0094	计提工会经费	30 680.00		借	7 198 913.08		30 680.00	
12	30	记-0095	计提职工教育经费	23 010.00		借	7 221 923.08		23 010.00	
12	30	记-0097	生产领用原材料	6 358 500.00		借	13 580 423.08	6 358 500.00		
12	30	记-0098	结转材料成本差异	623 562.82		借	14 203 985.90	623 562.82		
12	31	记-0109	结转制造费用-新闻纸车间	11 020 752.00		借	25 224 737.90			11 020 752.00
12	31	记-0111	新闻纸完工入库		21 837 115.97	借	3 387 621.93			
12			本月合计	20 205 638.82	21 837 115.97	借	3 387 621.93	6 982 062.82	2 202 824.00	11 020 752.00
12			本年累计	189 259 585.24	190 625 195.97					

生产成本——书写纸多栏账

科目：生产成本/书写纸（500102）　　月份：2024.12　　页号：1-1　本币名称：人民币

2024年 月	日	凭证号数	摘要	借方	贷方	方向	余额	借方 材料费	借方 薪酬费	借方 制造费用
			期初余额			借	6 358 649.40			
12	30	记-0092	计提职工薪酬	1 556 500.00		借	7 915 149.40		1 556 500.00	
12	30	记-0093	计提五险一金	624 156.50		借	8 539 305.90		624 156.50	
12	30	记-0094	计提工会经费	31 130.00		借	8 570 435.90		31 130.00	
12	30	记-0095	计提职工教育经费	23 347.50		借	8 593 783.40		23 347.50	
12	30	记-0097	生产领用原材料	7 669 200.00		借	16 262 983.40	7 669 200.00		
12	30	记-0098	结转材料成本差异	908 065.04		借	17 171 048.44	908 065.04		
12	31	记-0110	结转制造费用-书写纸车间	10 719 331.00		借	27 890 379.44			10 719 331.00
12	31	记-0112	书写纸完工入库		23 782 238.12	借	4 108 141.32			
12			本月合计	21 531 730.04	23 782 238.12	借	4 108 141.32	8 577 265.04	2 235 134.00	10 719 331.00
12			本年累计	221 393 433.88	223 638 398.12					

制造费用——新闻纸车间多栏账

月份：2024.12

科目：制造费用/新闻纸车间（510102）

页号：1-1
本币名称：人民币

2024年 月	日	凭证号数	摘要	借方	贷方	方向	余额	借方 管理人员薪酬	差旅费	折旧费	劳动保护费	水电汽费	维修费	其他费用	五险一金	工会经费	职工教育经费
12	10	记-0031	支付维修费	1 160.00		借	1 160.00						1 160.00				
12	11	记-0037	报销采购劳保用品费用	4 140.00		借	5 300.00				4 140.00						
12	14	记-0051	购买电脑耗材	2 000.00		借	7 300.00							2 000.00			
12	22	记-0073	报销设备维修费用	124 838.00		借	132 138.00						124 838.00				
12	26	记-0079	支付水费	4 784 000.00		借	4 916 138.00					4 784 000.00					
12	28	记-0080	支付电费	5 067 000.00		借	9 983 138.00					5 067 000.00					
12	28	记-0081	支付蒸汽费用	919 800.00		借	10 902 938.00					919 800.00					
12	29	记-0088	报销电话费用	853.20		借	10 903 791.20							853.20			
12	29	记-0091	计提固定资产折旧	74 882.00		借	10 978 673.20			74 882.00							
12	30	记-0092	计提职工薪酬	28 700.00		借	11 007 373.20	28 700.00									
12	30	记-0093	计提五险一金	11 508.70		借	11 018 881.90								11 508.70		
12	30	记-0094	计提工会经费	574.00		借	11 019 455.90									574.00	
12	30	记-0095	计提职工教育经费	430.50		借	11 019 886.40										430.50
12	31	记-0100	分配办公用品费用	865.60		借	11 020 752.00							865.60			
12	31	记-0109	结转制造费用-新闻纸车间		11 020 752.00	平											
12			本月合计	11 020 752.00	11 020 752.00	平		28 700.00		74 882.00	4,140.00	10 770 800.00	125 998.00	3 718.80	11 508.70	574.00	430.50
12			本年累计	110 917 674.14	110 917 674.14												

制造费用——书写纸车间多栏账

月份：2024.12

科目：制造费用/书写纸车间（510102）

页号：1-1
本币名称：人民币

2024年 月	日	凭证号数	摘要	借方	贷方	方向	余额	借方 管理人员薪酬	差旅费	折旧费	劳动保护费	水电汽费	维修费	其他费用	五险一金	工会经费	职工教育经费
12	11	记-0037	报销采购劳保用品费用	4 170.00		借	4 170.00				4 170.00						
12	14	记-0051	购买电脑耗材	2 000.00		借	6 170.00							2 000.00			
12	22	记-0074	报销设备维修费用	291 940.00		借	298 110.00						291 940.00				
12	26	记-0079	支付水费	4 283 000.00		借	4 581 110.00					4 283 000.00					
12	28	记-0080	支付电费	5 165 000.00		借	9 746 110.00					5 165 000.00					
12	28	记-0081	支付蒸汽费用	852 300.00		借	10 598 410.00					852 300.00					
12	29	记-0088	报销电话费用	810.00		借	10 599 220.00							810.00			
12	29	记-0091	计提固定资产折旧	77 126.00		借	10 676 346.00			77 126.00							
12	30	记-0092	计提职工薪酬	29 300.00		借	10 705 646.00	29 300.00									
12	30	记-0093	计提五险一金	11 749.30		借	10 717 395.30								11 749.30		
12	30	记-0094	计提工会经费	586.00		借	10 717 981.30									586.00	
12	30	记-0095	计提职工教育经费	439.50		借	10 718 420.80										439.50
12	31	记-0100	分配办公用品费用	910.20		借	10 719 331.00							910.20			
12	31	记-0110	结转制造费用-书写纸车间		10 719 331.00	平											
12			本月合计	10 719 331.00	10 719 331.00	平		29 300.00		77 126.00	4 170.00	10 300 300.00	291 940.00	3 720.20	11 749.30	586.00	439.50
12			本年累计	107 625 735.27	107 625 735.27												

主营业务收入明细账

科目：主营业务收入／新闻纸（600101）　　月份：2024.12　　页号：1-1
本币名称：人民币

2024年 月	日	凭证号数	摘要	借方	贷方	方向	余额
12	05	记-0014	销售新闻纸货款未收		4 000 000.00	贷	4 000 000.00
12	07	记-0022	销售新闻纸货款未收		3 500 000.00	贷	7 500 000.00
12	12	记-0041	销售新闻纸货款未收		2 500 000.00	贷	10 000 000.00
12	12	记-0043	销售新闻纸货款已收		2 500 000.00	贷	12 500 000.00
12	15	记-0054	销售新闻纸书写纸货款未收		4 500 000.00	贷	17 000 000.00
12	20	记-0068	销售新闻纸书写纸货款未收		5 000 000.00	贷	22 000 000.00
12	31	记-0104	收到销售新闻纸预订款		3 000 000.00	贷	25 000 000.00
12	31	记-0106	销售新闻纸货款未收		5 500 000.00	贷	30 500 000.00
12	31	记-0121	结转损益	30 500 000.00		平	
12			本月合计	30 500 000.00	30 500 000.00	平	
12			本年累计	235 500 000.00	235 500 000.00		
			结转下年			平	

主营业务收入明细账

科目：主营业务收入／书写纸（600102）　　月份：2024.12　　页号：1-1
本币名称：人民币

2024年 月	日	凭证号数	摘要	借方	贷方	方向	余额
12	03	记-0006	销售书写纸货款未收		3 640 000.00	贷	3 640 000.00
12	03	记-0008	销售书写纸货款未收		2 600 000.00	贷	6 240 000.00
12	15	记-0054	销售新闻纸书写纸货款未收		4 680 000.00	贷	10 920 000.00
12	16	记-0061	销售书写纸货款未收		4 160 000.00	贷	15 080 000.00
12	20	记-0068	销售新闻纸书写纸货款未收		4 160 000.00	贷	19 240 000.00
12	22	记-0071	销售书写纸货款未收		2 600 000.00	贷	21 840 000.00
12	26	记-0078	销售书写纸货款未收		4 160 000.00	贷	26 000 000.00
12	31	记-0105	销售书写纸货款未收		4 160 000.00	贷	30 160 000.00
12	31	记-0121	结转损益	30 160 000.00		平	
12			本月合计	30 160 000.00	30 160 000.00	平	
12			本年累计	258 856 000.00	258 856 000.00		
			结转下年			平	

其他业务收入明细账

科目：其他业务收入 / 草浆（605101）　月份：2024.12　页号：1-1　本币名称：人民币

2024年 月	日	凭证号数	摘要	借方	贷方	方向	余额
12	16	记-0062	销售草浆货款未收		560 000.00	贷	560 000.00
12	31	记-0121	结转损益	560 000.00		平	
12			本月合计	560 000.00	560 000.00	平	
12			本年累计	560 000.00	560 000.00		
			结转下年			平	

其他业务收入明细账

科目：其他业务收入 / 木浆（605103）　月份：2024.12　页号：1-1　本币名称：人民币

2024年 月	日	凭证号数	摘要	借方	贷方	方向	余额
12	07	记-0021	销售木浆货款未收		1 000 000.00	贷	1 000 000.00
12	16	记-0057	销售木浆货款已收		500 000.00	贷	1 500 000.00
12	31	记-0121	结转损益	1 500 000.00		平	
12			本月合计	1 500 000.00	1 500 000.00	平	
12			本年累计	1 500 000.00	1 500 000.00		
			结转下年			平	

主营业务成本明细账

科目：主营业务成本 / 新闻纸（640101）　月份：2024.12　页号：1-1　本币名称：人民币

2024年 月	日	凭证号数	摘要	借方	贷方	方向	余额
12	31	记-0116	结转新闻纸销售成本	22 638 893.63		借	22 638 893.63
12	31	记-0122	结转损益		22 638 893.63	平	
12			本月合计	22 638 893.63	22 638 893.63	平	
12			本年累计	191 164 893.63	191 164 893.63	平	
			结转下年			平	

主营业务成本明细账

科目：主营业务成本 / 书写纸（640102）　　月份：2024.12　　页号：1-1
本币名称：人民币

2024年 月	日	凭证号数	摘要	借方	贷方	方向	余额
12	31	记-0116	结转书写纸销售成本	22 879 641.95		借	22 879 641.95
12	31	记-0122	结转损益		22 879 641.95	平	
12			本月合计	22 879 641.95	22 879 641.95	平	
12			本年累计	222 957 921.95	222 957 921.95		
			结转下年			平	

其他业务成本明细账

科目：其他业务成本 / 草浆（640201）　　月份：2024.12　　页号：1-1
本币名称：人民币

2024年 月	日	凭证号数	摘要	借方	贷方	方向	余额
12	30	记-0097	销售领用原材料	460 000.00		借	460 000.00
12	30	记-0098	结转材料成本差异	34 768.74		借	494 768.74
12	31	记-0122	结转损益		494 768.74	平	
12			本月合计	494 768.74	494 768.74	平	
12			本年累计	494 768.74	494 768.74		
			结转下年			平	

其他业务成本明细账

科目：其他业务成本/木浆(640203)　　月份：2024.12　　页号：1-1
本币名称：人民币

2024年 月	日	凭证号数	摘要	借方	贷方	方向	余额
12	30	记-0097	销售领用原材料	1 260 000.00		借	1 260 000.00
12	30	记-0098	结转材料成本差异	142 197.28		借	1 402 197.28
12	31	记-0122	结转损益		1 402 197.28	平	
12			本月合计	1 402 197.28	1 402 197.28	平	
12			本年累计	1 402 197.28	1 402 197.28		
			结转下年			平	

税金及附加明细账

科目：税金及附加(6403)　　月份：2024.12　　页号：1-1　本币名称：人民币

2024年 月	日	凭证号数	摘要	借方	贷方	方向	余额
12	31	记-0118	计提城建税及教育费附加	400 294.89		借	400 294.89
12	31	记-0122	结转损益		400 294.89	平	
12			本月合计	400 294.89	400 294.89	平	
12			本年累计	5 754 132.34	5 754 132.34		
			结转下年			平	

销售费用明细账

科目：销售费用(6601)　　月份：2024.12　　页号：1-1　本币名称：人民币

2024年 月	日	凭证号数	摘要	借方	贷方	方向	余额
12	02	记-0002	报销宣传费用	1 580.00		借	1 580.00
12	05	记-0017	支付韩笑梅差旅费	3 548.62		借	5 128.62
12	09	记-0029	报销广告费用	240 927.17		借	246 055.79
12	11	记-0040	支付苏镇涛差旅费	4 184.40		借	250 240.19
12	12	记-0042	报销广告费用	12 100.00		借	262 340.19
12	12	记-0044	销售运费款项未付	1 116.00		借	263 456.19
12	12	记-0046	支付邮费	4 506.00		借	267 962.19
12	16	记-0064	支付曲连波等差旅费	5 078.21		借	273 040.40
12	23	记-0075	支付包装箱采购款	66 886.73		借	339 927.13
12	31	记-0100	分配办公用品费用	1 495.70		借	341 422.83
12	31	记-0122	结转损益		341 422.83	平	
12			本月合计	341 422.83	341 422.83	平	
12			本年累计	1 794 315.83	1 794 315.83		
			结转下年			平	

管理费用多栏账

科目：管理费用(6602)　　月份：2024.12　　页号：1-1　本币名称：人民币

2024年 月	日	凭证号数	摘要	借方	贷方	方向	余额	借方 公司经费	工会经费	业务招待费	五险一金	税金	财产保险费	其他费用	研发费用
12	03	记-0009	报销招待费用	12 000.00		借	12 000.00			12 000.00					
12	04	记-0010	支付通信费用	1 183.80		借	13 183.80	1 183.80							
12	09	记-0030	支付报刊费用	1 550.00		借	14 733.80	1 550.00							
12	10	记-0034	报销办公费用	1 280.00		借	16 013.80	1 280.00							
12	11	记-0037	报销采购劳保用品费用	550.00		借	16 563.80								550.00
12	11	记-0038	支付软件服务费	3 000.00		借	19 563.80	3 000.00							
12	12	记-0046	支付邮费	3 500.00		借	23 063.80	3 500.00							
12	14	记-0051	购买电脑耗材	6 000.00		借	29 063.80	6 000.00							
12	14	记-0053	报销会议费	10 000.00		借	39 063.80	10 000.00							
12	15	记-0055	报销文化用品费用	3 700.00		借	42 763.80	3 700.00							
12	19	记-0067	支付停车费用	600.00		借	43 363.80							600.00	
12	26	记-0079	支付水费	2 800.00		借	46 163.80	2 800.00							
12	28	记-0080	支付电费	5 100.00		借	51 263.80	5 100.00							
12	28	记-0083	缴纳保险费	4 527.03		借	55 790.83						4 527.03		
12	29	记-0088	报销电话费用	3 000.00		借	58 790.83	3 000.00							
12	29	记-0089	支付汽油费	2 016.00		借	60 806.83	2 016.00							
12	29	记-0090	支付保险费用	10 000.00		借	70 806.83						10 000.00		
12	29	记-0091	计提固定资产折旧	39 386.70		借	110 193.53	39 386.70							
12	30	记-0092	计提职工薪酬	963 795.00		借	1 073 988.53	963 795.00							
12	30	记-0093	计提五险一金	386 481.80		借	1 460 470.33				386 481.80				
12	30	记-0094	计提工会经费	19 275.90		借	1 479 746.23		19,275.90						
12	30	记-0095	计提职工教育经费	14 456.93		借	1 494 203.16	14 456.93							
12	31	记-0100	分配办公用品费用	5 590.00		借	1 499 793.16	5 590.00							
12	31	记-0122	结转损益		1 499 793.16	平									
12			本月合计	1 499 793.16	1 499 793.16	平		1 066 358.43	19,275.90	12 000.00	386 481.80		14 527.03	600.00	550.00
12			本年累计	23 992 896.48	23 992 896.48										

管理费用——公司经费多栏账

科目：管理费用/公司经费(660201)　　月份：2024.12　　页号：1-1　本币名称：人民币

2024年		凭证号数	摘要	借方	贷方	方向	余额	借方							
月	日							管理人员薪酬	差旅交通费	办公费	折旧费	通讯费	水电费	职工教育经费	无形资产摊销
12	04	记-0010	支付通信费用	1 183.80		借	1 183.80					1 183.80			
12	09	记-0030	支付报刊费用	1 550.00		借	2 733.80			1 550.00					
12	10	记-0034	报销办公费用	1 280.00		借	4 013.80			1 280.00					
12	11	记-0038	支付软件服务费	3 000.00		借	7 013.80			3 000.00					
12	12	记-0046	支付邮费	3 500.00		借	10 513.80			3 500.00					
12	14	记-0051	购买电脑耗材	6 000.00		借	16 513.80			6 000.00					
12	14	记-0053	报销会议费	10 000.00		借	26 513.80			10 000.00					
12	15	记-0055	报销文化用品费用	3 700.00		借	30 213.80			3 700.00					
12	26	记-0079	支付水费	2 800.00		借	33 013.80						2 800.00		
12	28	记-0080	支付电费	5 100.00		借	38 113.80						5 100.00		
12	29	记-0088	报销电话费用	3 000.00		借	41 113.80					3 000.00			
12	29	记-0089	支付汽油费	2 016.00		借	43 129.80		2 016.00						
12	29	记-0091	计提固定资产折旧	39 386.70		借	82 516.50				39 386.70				
12	30	记-0092	计提职工薪酬	963 795.00		借	1 046 311.50	963 795.00							
12	30	记-0095	计提职工教育经费	14 456.93		借	1 060 768.43							14 456.93	
12	31	记-0100	分配办公用品费用	5 590.00		借	1 066 358.43			5 590.00					
12	31	记-0122	结转损益		1 066 358.43	平									
12			本月合计	1 066 358.43	1 066 358.43	平		963 795.00	2 016.00	34 620.00	39 386.70	4 183.80	7 900.00	14 456.93	
12			本年累计	12 746 284.65	12 746 284.65										

财务费用明细账

科目：财务费用（6603）

页号：1-1
本币名称：人民币

2024年		凭证号数	摘要	借方	贷方	方向	余额	借方		
月	日							利息费用	利息收入	手续费
12	31	记-0102	收到活期存款利息	-5 803.55		贷	5 803.55		-5 803.55	
12	31	记-0108	计提贷款利息			借	108 321.45	114 125.00		
12	31	记-0122	结转损益		108 321.45	平				
			本月合计	108 321.45	108 321.45	平				
			本年累计	881 387.12	108 321.45					
			结转下年			平				

信用减值损失明细账

科目：信用减值损失 / 坏账准备（670101）　　月份：2024.12

页号：1-1
本币名称：人民币

2024年		凭证号数	摘要	借方	贷方	方向	余额
月	日						
12	31	记-0115	计提坏账准备	2 076 395.00		借	2 076 395.00
12	31	记-0122	结转损益		2 076 395.00	平	
12			本月合计	2 076 395.00	2 076 395.00	平	
12			本年累计	2 076 395.00	2 076 395.00		
			结转下年			平	

所得税费用明细账

科目：所得税费用(6801)　　月份：2024.12

页号：1-1
本币名称：人民币

2024年		凭证号数	摘要	借方	贷方	方向	余额
月	日						
12	31	记-0123	计提所得税	1 943 199.91		借	1 943 199.91
12	31	记-0124	结转所得税		1 943 199.91	平	
12			本月合计	1 943 199.91	1 943 199.91	平	
12			本年累计	6 446 022.99	6 446 022.99		
			结转下年			平	

（五）2024 年 12 月记账凭证及原始凭证（含未入账的原始凭证）

- 已入账记账凭证及原始凭证

1.

记 账 凭 证　赵书晗

记 字 0001　　制单日期：2024.12.02　　附单据数：1

摘 要	科目名称	借方金额	贷方金额
提现	库存现金	200000	
提现	银行存款/工商银行		200000
票号 2 -00124583 日期 2024.12.02　数量 单价	合 计	200000	200000

备注　项 目　　部 门　　个 人
　　　客 户　　业务员

记账 张佩瑶　　审核 高云童　　出纳 张佳宁　　制单 杜思淼

附件：

中国工商银行
现金支票存根

II IV 00124583

附加信息：

出票日期：2024年12月2日

收款人：长春平安纸业有限公司
金额：2 000.00
用途：备用

单位主管：　　　会计：

2.

记 账 凭 证 赵书晗

记 字 0002 制单日期：2024.12.02 附单据数：2

摘 要	科目名称	借方金额	贷方金额
报销宣传费用	销售费用	158000	
报销宣传费用	银行存款/工商银行		158000
票号 3 -00066436 日期 2024.12.02 数量 单价	合 计	158000	158000
备注 项 目 客 户	部 门 业务员	个 人	

记账 张佩瑶 审核 高云童 出纳 张佳宁 制单 杜思淼

附件：

中国工商银行
转账支票存根

V II 00066436

附加信息：

出票日期：2024年12月2日

收款人：长春欧亚商业有限公司
金额：1 580.00
用途：购买促销礼品U盘

单位主管： 会计：

吉林增值税电子普通发票

机器编号：001533800328

发票代码：022002010011
发票号码：31834157
开票日期：2024年12月2日
校验码：05126 12832 90230 95582

购买方	名　　称：长春平安纸业有限公司 纳税人识别号：912201021234567890 地址、电话：长春市高新区浦东路0001号043189123888 开户行及账号：工行长春自由支行2200881208080019999	密码区	1*52197>72//99A-7866-5>23*511*52219>7->D6>890>R1*55<5*P796_27*+--83/9>>780>583>56*>1068<7<95*53>-*2560/*-228/〈66*06〉502<285-93N9*26>31*38>57>+-72*57

项目名称	规格型号	单位	数量	单价	金额	税率	税额
*计算机外部设备*U盘	128G	个	15	93.215 33	1 398.23	13%	181.77
合计					￥ 1 398.23		￥ 181.77
价税合计（大写）	⊗壹仟伍佰捌拾元整				（小写）￥ 1 580.00		

销售方	名　　称：长春欧亚商业有限公司 纳税人识别号：912201021818818819 地址、电话：长春市高新区青荫路256号043187832171 开户行及账号：九台农商行青荫路支行420088120708001432	备注	

收款人：　　复核：　　开票人：李顺利

3.

记 账 凭 证 赵书晗

记 字 0003　　制单日期：2024.12.02　　附单据数：1

摘要	科目名称	借方金额	贷方金额
支付前欠材料款	应付账款/捷诺化工	17000000	
支付前欠材料款	银行存款/工商银行		17000000
票号 1 - 日期 2024.12.02 数量 单价	合计	17000000	17000000

备注　项目　　部门　　个人
　　　客户　　业务员

记账 张佩瑶　审核 高云童　出纳 张佳宁　制单 杜思淼

附件：

中国工商银行电汇凭证(回　单)1

☑普通 □加急　　委托日期　2024年 12月 2日

汇款人	全称	长春平安纸业有限公司	收款人	全称	上海市捷诺化工有限公司
	账号	2200881208080019999		账号	1200000008089871123
	汇出地点	吉林 省 长春 市/县		汇入地点	省 上海市 /县
汇出行名称		工行长春自由支行	汇入行名称		建行上海浦东支行
金额	人民币：(大写)	壹拾柒万元整	亿千百十万千百十元角分		¥17000000
中国工商银行长春自由支行 业务专用章 汇出行签章			支付密码		
			附加信息及用途：货款　复核　记账		

此联汇出行给汇款人的回单

4.

记 账 凭 证　赵书晗

记 字 0004　　制单日期：2024.12.02　　附单据数：1

摘要	科目名称	借方金额	贷方金额
支付前欠材料款	应付账款/诚信商贸	1837095	
支付前欠材料款	银行存款/工商银行		1837095
票号 1 - 日期 2024.12.02　数量　单价	合计	1837095	1837095
备注	项目　客户　部门　业务员　个人		

记账 张佩瑶　审核 高云童　出纳 张佳宁　制单 杜思淼

附件：

中国工商银行电汇凭证(回　　单)1

☑普通 ☐加急　　委托日期　2024年 12月 2日

汇款人	全称	长春平安纸业有限公司	收款人	全称	鞍山市诚信商贸有限公司
	账号	22008812080800 19999		账号	27000012298710999
	汇出地点	吉林 省 长春 市/县		汇入地点	辽宁省鞍山 市 /县
汇出行名称		工行长春自由支行	汇入行名称		工行鞍山鞍钢支行

金额	人民币：(大写)	亿	千	百	十	万	千	百	十	元	角	分
	壹万捌仟叁佰柒拾元玖角伍分				¥	1	8	3	7	0	9	5

中国工商银行长春自由支行 业务专用章 汇出行签章	支付密码	
	附加信息及用途： 货款 复核　　记账	

此联汇出行给汇款人的回单

5.

记 账 凭 证　赵书晗

记　字 0005　　制单日期：2024.12.02　　附单据数：1

摘要	科目名称	借方金额	贷方金额
支付前欠材料款	应付账款/辉鹏纸业	15680000	
支付前欠材料款	银行存款/工商银行		15680000
票号 3 -00066437 日期 2024.12.02	数量 单价	合 计 15680000	15680000

备注	项 目 客 户	部 门 业务员	个 人

记账　张佩瑶　　审核　高云童　　出纳　张佳宁　　制单　杜思淼

附件：

中国工商银行
转账支票存根

V II 00066437

附加信息：

出票日期：2024年12月2日

收款人:沈阳市辉鹏纸业有限公司	
金额：156 800.00	
用途：偿还货款	

单位主管：　　　　会计：

6.

记 账 凭 证 赵书晗

记　字 0006　　　　制单日期：2024.12.03　　　　附单据数：3

摘 要	科目名称	借方金额	贷方金额
销售书写纸货款未收	应收账款/君达纸业	411640000	
销售书写纸货款未收	主营业务收入/书写纸		364000000
销售书写纸货款未收	应交税费/应交增值税/销项税额		47320000
销售书写纸货款未收	银行存款/工商银行		320000
票号 3 -0006643 日期 2024.12.03 数量 单价	合 计	411640000	411640000
备注 项 目 部 门 个 人 客 户 业务员			

记账 张佩瑶　　审核 高云童　　出纳 张佳宁　　制单 杜思淼

附件：

吉林增值税电子专用发票

全国统一发票监制章 国家税务总局 吉林省税务局

机器编号：661619927617

发票代码：022002085113
发票号码：00727327
开票日期：2024年12月3日
校 验 码：22657 14842 87150 91202

购买方	名　　称：济南市君达纸业股份有限公司 纳税人识别号：370100376900865135 地 址、电 话：济南市朝阳区和平大街1588号053188888888 开户行及账号：工行济南和平支行0101087188920871009	密码区	008811*522197>72-78-5>256>3600+-22 *2><27//73493>6*+>1068<7953>*2/*-0 60/+228*502<-26>4*40*>>/7>/8402<31 352+-438>547>>>9472547*78* 1687</35

项目名称	规格型号	单位	数量	单价	金额	税率	税额
*纸制品*书写纸		吨	700	5 200.000 00	3 640 000.00	13%	473 200.00
合计					¥3 640 000.00		¥473 200.00
价税合计（大写）	⊗肆佰壹拾壹万叁仟贰佰元整					（小写）	¥4 113 200.00

销售方	名　　称：长春平安纸业有限公司 纳税人识别号：91220102123456789０ 地 址、电 话：长春市高新区浦东路0001号043189123888 开户行及账号：工行长春自由支行2200881208080019999	备注	

收款人：　　复核：　　开票人：李大光

中国工商银行
转账支票存根

V II 00066438

附加信息：

出票日期：2024年12月3日

收款人:长春市铁路局
金额：3 200.00
用途：代垫运费

单位主管：　　会计：

产成品出库单

用途：销售　　　　2024年12月3日　　　　No:1003002　仓库：产品库

类别	编号	名称及规格	计量单位	数量	单位成本	总成本	附注
产成品	P2010S02	书写纸	吨	700	4 573.507 33	3 201 455.13	君达纸业公司
合计						3 201 455.13	

②财务记账联

制表：孙大伟　　保管：舒北　　会计：张佩瑶　　经手人：杨继先

7.

记账凭证　赵书晗

记　字 0007　　制单日期：2024.12.03　　附单据数：2

摘要	科目名称	借方金额	贷方金额
采购助剂货款未付	材料采购/助剂	30493000	
采购助剂货款未付	应交税费/应交增值税/进项税额	3960370	
采购助剂货款未付	应付账款/诚信商贸		34453370
票号 - 日期　数量 400.00000吨 单价 762.32500	合计	34453370	34453370

备注　项目　　部门　　个人
　　　客户　　业务员

记账 张佩瑶　　审核 高云童　　出纳　　制单 杜思淼

附件：

辽宁增值税电子专用发票

全国统一发票监制章 国家税务总局 辽宁省税务局

机器编号：110513806365

发票代码：021002036913
发票号码：70920622
开票日期：2024年12月3日
校 验 码：05101 14038 40257 31637

购买方	名　　称：长春平安纸业有限公司 纳税人识别号：912201021234567890 地 址、电 话：长春市高新区浦东路0001号043189123888 开户行及账号：工行长春自由支行2200881208080019999	密码区	*5195>72-*99A-/826-5>23511*5/197>72-78+*- 5>D6>8>/175<324D5/799*_783/9>/7856K*>1068< 7<953>*2/*-228**502<28//*22+-5-1/*H/-52 <3N9*26>4*40*>><318>5>>947-+-2637*7510

项目名称	规格型号	单位	数量	单价	金额	税率	税额
*化学试剂助剂*助剂		吨	400	760.000 00	304 000.00	13%	39 520.00
合计					￥ 304 000.00		￥39 520.00
价税合计（大写）	⊗叁拾肆万叁仟伍佰贰拾元整						（小写）￥ 343 520.00

销售方	名　　称：鞍山市诚信商贸有限公司 纳税人识别号：91210302900087601H 地 址、电 话：鞍山市南岗区鞍钢路234号041288652364 开户行及账号：工行辽宁鞍钢支行27000012298710999	备注	

收款人：　　　　复核：　　　　开票人：李光

辽宁增值税电子专用发票

全国统一发票监制章 国家税务总局 辽宁省税务局

机器编号：390619927617

发票代码：021002035313
发票号码：00927623
开票日期：2024年12月3日
校 验 码：05133 12832 90267 91680

购买方	名　　称：长春平安纸业有限公司 纳税人识别号：912201021234567890 地 址、电 话：长春市高新区浦东路0001号043189123888 开户行及账号：工行长春自由支行2200881208080019999	密码区	*525195>7299A-/826-5>23511*5/197>72-78- 5>D6>890>/175<324D5/799*7864_/23783/9>/7>5D518/ 56*>1068>>><7<953>*2/*-228502<285- 3N9*26>4*40*>><31438>547>>>9472637*7510

项目名称	规格型号	单位	数量	单价	金额	税率	税额
*运输服务*铁路货物运输服务		吨	400	2.325 00	930.00	9%	83.70
合计					￥ 930.00		￥ 83.70
价税合计（大写）	⊗壹仟零壹拾叁元柒角						（小写）￥ 1 013.70

销售方	名　　称：鞍山市铁路局 纳税人识别号：9121085211856818M 地 址、电 话：鞍山市大风区充满路 2339 号041287802070 开户行及账号：工行辽宁青年支行620085620708031433	备注	起运地：鞍山 到达地：长春 车种车号：货车H5840号 货物：助剂 400吨

收款人：　　　　复核：　　　　开票人：李光

8.

记 账 凭 证

赵书晗

记 字 0008　　制单日期：2024.12.03　　附单据数：2

摘 要	科目名称	借方金额	贷方金额
销售书写纸货款未收	应收账款/亚金科技	293800000	
销售书写纸货款未收	主营业务收入/书写纸		260000000
销售书写纸货款未收	应交税费/应交增值税/销项税额		33800000
票号 - 日期　　数量 单价	合 计	293800000	293800000
备注	项 目　部 门　个 人 客 户　业务员		

记账 张佩瑶　　审核 高云童　　出纳　　制单 杜思淼

附件：

吉林增值税电子专用发票

全国统一发票监制章 国家税务总局 吉林省税务局

发票代码：022002085113
发票号码：00727328
开票日期：2024年12月3日
校 验 码：05126 12832 90230 95582

机器编号：661619927617

购买方	名 称：通化市亚金科技股份有限公司 纳税人识别号：2204027808091417CV 地 址、电 话：通化市光明路1212号043587897894 开户行及账号：工行通化支行0022800988000000529	密码区	11*522197>72-78-5>235+-223<>0031 3>6*>1068<7953>*2/*-0387*11+-11 2389+-*228//+-502<-26>4*40*>><31 438>547>>>947+--2547*78* 65+*240

项目名称	规格型号	单位	数量	单价	金额	税率	税额
*纸制品*书写纸		吨	500	5 200.000 00	2 600 000.00	13%	338 000.00
合计					¥2 600 000.00		¥338 000.00
价税合计（大写）	⊗贰佰玖拾叁万捌仟元整						（小写）¥2 938 000.00

销售方	名 称：长春平安纸业有限公司 纳税人识别号：912201021234567890 地 址、电 话：长春市高新区浦东路0001号043189123888 开户行及账号：工行长春自由支行220088120808001999	备注	

收款人：　　复核：　　开票人：李大光

产成品出库单

用途：销售　　2024年12月3日　　No:1003003　仓库：产品库

类别	编号	名称及规格	计量单位	数量	单位成本	总成本	附注
产成品	P2010S02	书写纸	吨	500	4 573.507 33	2 286 753.67	亚金科技
合计						2 286 753.67	

②财务记账联

制表：孙大伟　保管：舒北　会计：　张佩瑶　经手人：杨光

9.

记账凭证

赵书晗

记　字 0009　　制单日期：2024.12.03　　附单据数：2

摘要	科目名称	借方金额	贷方金额
报销招待费用	管理费用/业务招待费	1200000	
报销招待费用	银行存款/工商银行		1200000
票号 2　-00124584 日期 2024.12.03　数量 单价	合计	1200000	1200000

备注　项　目　　部　门　　个　人
　　　客　户　　业务员

记账　张佩瑶　审核　高云童　出纳　张佳宁　制单　杜思淼

附件：

中国工商银行
现金支票存根

II IV 00124584

附加信息：

出票日期：2024年12月3日

收款人:	长春平安纸业有限公司
金额：	12 000.00
用途：	支付招待费

单位主管：　　　　会计：

费用报销单

2024年12月3日　　　　附单据1张

项目	金额（元）	公司主管领导	财务负责人	部门负责人
招待费（餐费）	12 000.00	杜小车	赵书晗	李国强
		报销人		
合计	12 000.00	王可		
金额（大写）	壹万贰仟元整			

吉林增值税电子普通发票

机器编号：961510827633

发票代码：022002010311
发票号码：01020303
开票日期：2024年12月3日
校 验 码：04187 15835 10265 11613

购买方		密码区
名　　称：长春平安纸业有限公司 纳税人识别号：912201021234567890 地 址、电 话：长春市高新区浦东路0001号043189123888 开户行及账号：工行长春自由支行2200881208080019999		11*52/97>729+--9A-766-5>23+--51*5219>72- 75>D6>890>R155<32D5+799*786/283/980>583>5 6*>10/*68<7<953>*2/*-22+--502<28*//5- N9*26>4*40*>><314+--*38>57>>>94*//757*7*

项目名称	规格型号	单位	数量	单价	金额	税率	税额
*生活服务*餐饮服务			1	67.521 37	11 320.75	6%	679.25
合计					￥ 11 320.75		￥ 679.25
价税合计（大写）	⊗壹万贰仟元整						（小写）￥ 12 000.00

销售方	备注
名　　称：老昌春饼餐饮有限公司 纳税人识别号：912201021888555555 地 址、电 话：长春市高新区浦东路1256号043187855888 开户行及账号：工行吉林青荫路支行620088120700001111	

收款人：　　　　复核：　　　　开票人：王冠雪

10.

记 账 凭 证

赵书晗

记　字　0010　　制单日期：2024.12.04　　附单据数：1

摘要	科目名称	借方金额	贷方金额
支付通信费用	管理费用/公司经费/通讯费	118380	
支付通信费用	库存现金		118380
票号 - 日期　　数量 单价	合计	118380	118380

备注　项目　　部门　　个人
客户　　业务员

记账　张佩瑶　　审核　高云童　　出纳　张佳宁　　制单　杜思淼

附件：

吉林增值税电子普通发票

发票代码：022002010411
发票号码：01388851
开票日期：2024年12月4日
校验码：28186 86542 90810 95000

机器编号：666980227015

购买方	名称：长春平安纸业有限公司 纳税人识别号：912201021234567890 地址、电话：长春市高新区浦东路0001号043189123888 开户行及账号：工行长春自由支行2200881208080019999			密码区	*52+--97>7299A-7866-5>23511*522197>72-78-5>D6>890>R155<32D5*P799*786_/23783/9>>7+-/80>583>56*>1068<7<953>*2/*-228502<285-3N9*26>4*40*>><31438>547>>>9472547*561+-*		
项目名称	规格型号	单位	数量	单价	金额	税率	税额
*电信服务*通信服务费					1 183.80	*	*
合计					￥1 183.80		
价税合计（大写）	⊗壹仟壹佰捌拾叁元捌角						（小写）￥1 183.80
销售方	名称：中国联合网络通信有限公司长春分公司 纳税人识别号：91220101726932018C 地址、电话：长春市朝阳区人民大街2599号043181234567 开户行及账号：工行吉林人民广场支行4200220329200138000			备注			

收款人：　　复核：　　开票人：A368947

11.

记 账 凭 证

赵书晗

记 字 0011　　制单日期：2024.12.04　　附单据数：1

摘要	科目名称	借方金额	贷方金额
支付职工培训费用	应付职工薪酬/职工教育经费	520000	
支付职工培训费用	库存现金		520000
票号 - 日期　　数量 单价	合 计	520000	520000

备注　项 目　　部 门　　个 人
　　　客 户　　业务员

记账 张佩瑶　　审核 高云童　　出纳 张佳宁　　制单 杜思淼

附件：

中央单位行政事业性收费统一收据

Unified Invoice of Central Unit for Administrative and Public Service Charge

中央 财政部监制

国财00103　　No.0910101012

缴款单位：长春平安纸业有限公司　　2024年12月4日

Payee　　Y M D

收费项目 Charge Item	收费标准 Standard of Charge	数量 Quantity	千	百	十	万	千	百	十	元	角	分
技术培训	2,600.00	2					5	2	0	0	0	0
金额合计（小写）Total Amount（In Figures）						¥	5	2	0	0	0	0
金额合计（大写）Total Amount（In Words）	人民币：伍仟贰佰元整											

第二联 收据 Second Receipt

收费单位（公章）：Receiver's Seal　　复核：Verified by　　收款人（盖章）：赵瑜 Payee Seal

12.

记 账 凭 证 赵书晗

记　字　0012　　　制单日期：2024.12.05　　　附单据数：1

摘 要	科目名称	借方金额	贷方金额
收回前欠货款	银行存款/工商银行	55230000	
收回前欠货款	应收账款/嘉豪纸业		55230000
票号 6 - 日期 2022.12.05　数量 单价	合 计	55230000	55230000

备注	项 目	部 门	个 人
	客 户	业务员	

记账　张佩瑶　　审核　高云童　　出纳　张佳宁　　制单　杜思淼

附件：

托收凭证（汇款依据或收账通知）　4

委托日期 2024年11月27日　　　付款期限 2024年12月5日

业务类型	委托收款（☐邮划☑电划）托收承付（☐邮划☐电划）					
付款人 全称	青岛市嘉豪纸业股份有限公司			收款人 全称	长春平安纸业有限公司	
付款人 账号	0097190098018378901			收款人 账号	2200881208080019999	
付款人 地址	山东省青岛市	开户行	工行青岛开发区支行	收款人 地址	吉林省长春市	开户行 工行长春自由支行
金额 人民币（大写）	伍拾伍万贰仟叁佰元整				亿千百十万千百十元角分	¥ 5 5 2 3 0 0 0 0
款项内容	货款	托收凭据名称		附寄单据张数	贰张	
商品发运情况	已发货		合同名称号码			
备注：验单付款	上列款项已划回收入你方账户内。 收款人开户银行签章 2024年12月5日				复核　记账	

中国工商银行长春自由支行 业务专用章

此联付款人开户银行凭以汇款或收款人开户银行作收款通知

13.

记账凭证

赵书晗

记 字 0013　　制单日期：2024.12.05　　附单据数：1

摘要	科目名称	借方金额	贷方金额
收回前欠货款	银行存款/工商银行	44770000	
收回前欠货款	应收账款/麦派实业		44770000
票号 6 - 日期 2024.12.05　数量 单价	合计	44770000	44770000
备注	项目 客户	部门 业务员	个人

记账 张佩瑶　　审核 高云童　　出纳 张佳宁　　制单 杜思淼

附件：

托收凭证（汇款依据或收账通知）　4

委托日期 2024年11月28日　　付款期限 2024年12月5日

业务类型	委托收款（☐邮划☑电划）托收承付（☐邮划☐电划）						
付款人	全称	麦派实业有限公司		收款人	全称	长春平安纸业有限公司	
	账号	0973000000986009912			账号	2200881208080019999	
	地址	山东省青岛市 开户行	农行青岛金星支行		地址	吉林省长春市 开户行	工行长春自由支行
金额	人民币（大写）	肆拾肆万柒仟柒佰元整				亿 千 百 十 万 千 百 十 元 角 分	¥ 4 4 7 7 0 0 0 0
款项内容	货款	托收凭据名称		附寄单据张数	贰张		
商品发运情况	已发货	合同名称号码					
备注：验单付款		上列款项已划回收入你方账户内。 收款人开户银行签章 中国工商银行长春自由支行 业务专用章 2024年12月5日			复核　记账		

此联付款人开户银行凭以汇款或收款人开户银行作收款通知

14.

记 账 凭 证

赵书晗

记 字 0014　　制单日期：2024.12.05　　附单据数：2

摘要	科目名称	借方金额	贷方金额
销售新闻纸货款未收	应收账款/麦派实业	452000000	
销售新闻纸货款未收	主营业务收入/新闻纸		400000000
销售新闻纸货款未收	应交税费/应交增值税/销项税额		52000000
票号 - 日期 数量 单价	合 计	452000000	452000000
备注	项 目 客 户 部 门 业务员 个 人		

记账 张佩瑶　　审核 高云童　　出纳　　制单 杜思淼

附件：

吉林增值税电子专用发票

全国统一发票监制章 国家税务总局 吉林省税务局

机器编号：661619927617

发票代码：022002010513
发票号码：00727329
开票日期：2024年12月5日
校 验 码：01158 12810 10289 01982

购买方	名 称：麦派实业有限公司 纳税人识别号：2202000388009104AM 地 址、电 话：青岛市即墨区五柳街8号053285683471 开户行及账号：农行青岛金星支行0973000000986009912	密码区	88+--11*52*//2197>72-78-5>235+--99 5+-03>6*>106-*++8<79+--53>*2/*-066 22+--8+*-502<-26>4+--*40*>><35-//1 2*//24-*38>547>>>947+--2547*7+--8*3

项目名称	规格型号	单位	数量	单价	金额	税率	税额
*纸制品*新闻纸		吨	800	5 000.000 00	4 000 000.00	13%	520 000.00
合计					￥4 000 000.00		￥520 000.00
价税合计（大写）	⊗肆佰伍拾贰万元整						（小写）￥4 520 000.00

销售方	名 称：长春平安纸业有限公司 纳税人识别号：912201021234567890 地 址、电 话：长春市高新区浦东路0001号043189123888 开户行及账号：工行长春自由支行2200881208080019999	备注	

收款人：　　复核：　　开票人：李大光

产成品出库单

用途：销售　　2024年12月5日　　No:1003004　仓库：产品库

类别	编号	名称及规格	计量单位	数量	单位成本	总成本	附注
产成品	P2010X01	新闻纸	吨	800	4 120.210 56	3 296 168.45	麦派实业
合计						3 296 168.45	

②财务记账联

制表：孙大伟　保管：舒北　会计：张佩瑶　经手人：覃绪旭

15.

记 账 凭 证

赵书晗

记　字 0015　　制单日期：2024.12.05　　附单据数：1

摘要	科目名称	借方金额	贷方金额
采购草浆木浆货款未付	材料采购/草浆	125000000	
采购草浆木浆货款未付	材料采购/木浆	235000000	
采购草浆木浆货款未付	应交税费/应交增值税/进项税额	46800000	
采购草浆木浆货款未付	应付账款/美拉纸浆		406800000
票号 - 日期　数量 500.00000吨 单价 2500.00000	合 计	406800000	406800000

备注			
项　目	部　门	个　人	
客　户	业务员		

记账 张佩瑶　审核 高云童　出纳　制单 杜思淼

附件：

山东增值税电子专用发票

机器编号：225513806310

发票代码：037002010313
发票号码：01927602
开票日期：2024年12月5日
校 验 码：01158 12813 10239 01982

购买方	名称：长春平安纸业有限公司 纳税人识别号：912201021234567890 地址、电话：长春市高新区浦东路0001号043189123888 开户行及账号：工行长春自由支行2200881208080019999	密码区	35+--611*5221+--97>72-78-5>23511 789//03>6*>10**68<79*/53>*2/*-0 22//*85//02<-26>4*40*>><31+--987 438>547>>>947*-//2547*78*09+-*00

项目名称	规格型号	单位	数量	单价	金额	税率	税额
*纸制品*草浆		吨	500	2 500.000 00	1 250 000.00	13%	162 500.00
*纸制品*木浆		吨	500	4 700.000 00	2 350 000.00	13%	305 500.00
合计					¥3 600 000.00		¥468 000.00
价税合计（大写）	⊗肆佰零陆万捌仟元整						（小写）¥4 068 000.00

销售方	名称：青岛市美拉纸浆有限公司 纳税人识别号：370200112798655680 地址、电话：青岛市经开区飞跃路130号053288653232 开户行及账号：工行青岛开发区支行0097190098620010090	备注	

收款人：　　复核：　　开票人：张新锐

16.

记账凭证

赵书晗

记 字 0016　　制单日期：2024.12.05　　附单据数：1

摘要	科目名称	借方金额	贷方金额
采购运费款项未付	材料采购/草浆	930000	
采购运费款项未付	材料采购/木浆	930000	
采购运费款项未付	应交税费/应交增值税/进项税额	167400	
采购运费款项未付	应付账款/准通物流		2027400
票号 - 日期　数量 单价	合计	2027400	2027400
备注	项目　部门　个人 客户　业务员		

记账 张佩瑶　　审核 高云童　　出纳　　制单 杜思淼

附件：

吉林增值税电子专用发票

全国统一发票监制章 国家税务总局 吉林省税务局

机器编号：661513806311

发票代码：022002018613
发票号码：00227600
开票日期：2024年12月5日
校 验 码：01158 12810 10289 01982

购买方	名　　称：长春平安纸业有限公司 纳税人识别号：912201021234567890 地 址、电 话：长春市高新区浦东路0001号043189123888 开户行及账号：工行长春自由支行2200881208080019999	密码区	//25195>7299-/826-5>23511*5/197>72-7558-*5>6>890>/175<3245/790*7864_/23751/9>/758/56*>1068<7<953>*2/218502<28>0832/39*26>1*40*>><31138>547>>>9472137*750/95

项目名称	规格型号	单位	数量	单价	金额	税率	税额
*运输服务*道路货物运输服务		吨	1000	18.600 00	18 600.00	9%	1 674.00
合计					￥ 18 600.00		￥1 674.00
价税合计（大写）	⊗贰万零贰佰柒拾肆元整					（小写）￥ 20 274.00	

销售方	名　　称：长春准通物流有限公司 纳税人识别号：912200009064891078 地 址、电 话：长春市高新区蔚山路1890号0431842528020 开户行及账号：建行长春光明支行620080620008031333	备注	

收款人：　　复核：　　开票人：王熙凤

17.

记 账 凭 证 赵书晗

记 字 0017　　制单日期：2024.12.05　　附单据数：1

摘要	科目名称	借方金额	贷方金额
支付韩笑梅差旅费	销售费用	354862	
铁路旅客运输进项税	应交税费/应交增值税/进项税额	10338	
支付韩笑梅差旅费	库存现金		365200
票号 - 日期　数量 单价	合 计	365200	365200
备注	项 目　部 门　个 人 客 户　业务员		

记账 张佩瑶　审核 高云童　出纳 张佳宁　制单 杜思淼

附件：

出差旅费报销表

吉财会账字50号

单位：销售科 2024年12月5日

月	日	时间	出发地	月	日	时间	到达地	机票费	车（船）费	卧铺费	夜行车补助		市内交通费		宿费			出差补助		其他	合计
											小时	金额	实支	包干	标准	实支	提成扣减	天数	金额		
11	28	12	长春	11	29	20	上海		626												626.00
12	3	10	上海	12	4	16	长春		626												626.00
																2 400					2 400.00
合计									1 252							2 400					3 652.00

出差任务	市场调研	报销金额人民币（大写）叁仟陆佰伍拾贰元零角零分	预借金额	
			报销金额	3 652.00
		单位领导 江枫　部门负责人 栗丽　出差人 韩笑梅	结余或超支	

会计主管：高云童　记账：张佩瑶　审核：　附单据叁张

G99800011　长春售

长 春　K518次　上 海

Changchun　Shanghai

2024年11月28日12:53开　12车　19号下铺

￥626.00元　空调软座快速卧

限乘当日当次车

在3日内到有效

8828800003112 V0100021

G12345603　上海售

上 海　K517次　长 春

Shanghai　Changchun

2024年12月03日10:55开　07车　04号下铺

￥626.00元　空调软座快速卧

限乘当日当次车

在3日内到有效

8828800003112 V7709014

上海增值税电子普通发票

（印章：全国统一发票监制章 国家税务总局 上海市税务局）

机器编号：447513806021

发票代码：031002010311
发票号码：1020399
开票日期：2024年12月3日
校 验 码：07117 11875 10263 13615

购买方	名　　称：长春平安纸业有限公司 纳税人识别号：912201021234567890 地 址、电 话：长春市高新区浦东路0001号043189123888 开户行及账号：工行长春自由支行2200881208080019999	密码区	*52/97>72*99A-786-5>23+--511*52+--19>72-785>D6>890>R155<32D5+799*786_2378/980>583>56*>10**68<7<953>*2/*-22+--80<285-3N9*26>4*40*>><314+--38>547>>>9257**

项目名称	规格型号	单位	数量	单价	金额	税率	税额
*住宿服务*住宿服务		天	6	377.358 33	2 264.15	6%	135.85
合计					￥ 2 264.15		￥ 135.85
价税合计（大写）	⊗贰仟肆佰元整					（小写）	￥ 2 400.00

销售方	名　　称：上海市喜来登酒店有限公司 纳税人识别号：91200102188855999M 地 址、电 话：上海市黄埔区深圳路1253号02167888888 开户行及账号：工行上海南京路支行620088120700002345	备注	

收款人：　　复核：　　开票人：王冠雪

18.

记 账 凭 证 赵书晗

记 字 0018　　制单日期：2024.12.06　　附单据数：1

摘要	科目名称	借方金额	贷方金额
收回前欠货款	银行存款/工商银行	30000000	
收回前欠货款	应收账款/众协商贸		30000000
票号 6 - 日期 2024.12.05　数量 单价	合 计	30000000	30000000
备注	项 目　　部 门　　个 人 客 户　　业务员		

记账 张佩瑶　　审核 高云童　　出纳 张佳宁　　制单 杜思淼

附件：

托收凭证（汇款依据或收账通知） 4

委托日期 2024年11月28日 付款期限 2024年12月5日

业务类型	委托收款（☐邮划☑电划）托收承付（☐邮划☐电划）						
付款人	全称	上海市众协商贸有限公司		收款人	全称	长春平安纸业有限公司	
	账号	0002220000113377901			账号	2200881208080019999	
	地址	上海市	开户行 交行上海分行闽行支行		地址	长春市	开户行 工行长春自由支行
金额	人民币（大写）	叁拾万元整					
款项内容	货款	托收凭据名称		附寄单据张数	贰张		
商品发运情况	已发货		合同名称号码				
备注：验单付款		上列款项已划回收入你方账户内。收款人开户银行签章 2024年 12 月 5 日		复核 记账			

亿	千	百	十	万	千	百	十	元	角	分
		¥	3	0	0	0	0	0	0	0

中国工商银行长春自由支行 业务专用章

此联付款人开户银行凭以汇款或收款人开户银行作收款通知

19.

记 账 凭 证 赵书晗

记 字 0019 制单日期：2024.12.06 附单据数：1

摘要	科目名称	借方金额	贷方金额
支付前欠材料款	应付账款/美拉纸浆	4883094	
支付前欠材料款	银行存款/工商银行		4883094
票号 1 - 日期 2024.12.06 数量 单价	合计	4883094	4883094
备注 项目 客户	部门 业务员	个人	

记账 张佩瑶 审核 高云童 出纳 张佳宁 制单 杜思淼

附件：

中国工商银行电汇凭证（回　单）1

☑普通 ☐加急　　委托日期　2024年 12月 6日

汇款人	全称	长春平安纸业有限公司	收款人	全称	青岛市美拉纸浆有限公司
	账号	2200881208080019999		账号	0097190098620010090
	汇出地点	吉林 省 长春 市/县		汇入地点	山东省 青岛市 /县
汇出行名称		工行长春自由支行	汇入行名称		工行青岛开发区支行
金额	人民币：（大写）	肆万捌仟捌佰叁拾元玖角肆分	亿千百十万千百十元角分		¥48830.94
中国工商银行长春自由支行 业务专用章		汇出行签章	支付密码		
			附加信息及用途：货款		复核　　记账

此联汇出行给汇款人的回单

20.

记 账 凭 证　赵书晗

记 字 0020　　制单日期：2024.12.06　　附单据数：2

摘要	科目名称	借方金额	贷方金额
支付上月职工住房公积金	应付职工薪酬/住房公积金	81801058	
支付上月职工住房公积金	银行存款/工商银行		81801058
票号 3 －00066439 日期 2024.12.06　数量 单价	合 计	81801058	81801058
备注	项 目 客 户	部 门 业务员	个 人

记账 张佩瑶　　审核 高云童　　出纳 张佳宁　　制单 杜思淼

附件：

中国工商银行
转账支票存根

V II 00066439

附加信息：

出票日期：2024年12月6日

收款人:长春市住房公积金管理中心	
金额：818 010.58	
用途：缴存住房公积金	

单位主管：　　　　会计：

长春市住房公积金汇（补）缴书　　No.0079876

2024年 12月 6日　　附清册 25 张

单位名称		长春平安纸业有限公司				汇缴☑　2024年12月份	
住房公积金账号		413000101				补缴□　人　月份	
汇款金额 人民币（大写）		捌拾壹万捌仟零壹拾元伍角捌分				百十万千百十元角分 ¥81801058	
上月汇缴		本月增加数		本月减少数		本月汇缴	
人数	金额	人数	金额	人数	金额	人数	金额
981	818 010.58	0	0.00	0	0.00	981	818 010.58
付款方式	转账☑	付款行		付款账号		支票号码	
	现金□	工行长春自由支行		2200881208080019999		V II 00066439	

第三联登记专柜盖章后交单位记账

21.

记 账 凭 证 赵书晗

记 字 0021　　制单日期：2024.12.07　　附单据数：1

摘要	科目名称	借方金额	贷方金额
销售木浆货款未收	应收账款/金隆包装	113000000	
销售木浆货款未收	其他业务收入/木浆		100000000
销售木浆货款未收	应交税费/应交增值税/销项税额		13000000
票号 - 日期　数量 单价	合 计	113000000	113000000
备注	项目　部门　个人 客户　业务员		

记账 张佩瑶　审核 高云童　出纳　制单 杜思淼

附件：

吉林增值税电子专用发票

发票代码：022002085113
发票号码：00727330
开票日期：2024年12月7日
校验码：07117 11875 10263 13615

机器编号：661619927617

购买方	名称：哈尔滨金隆包装有限公司 纳税人识别号：2300000336641273GH 地址、电话：哈尔滨市世纪大街1233号045177777777 开户行及账号：工行哈尔滨世纪支行0007028523681780804	密码区	2311*522197>712-78-5>235*+1223 359000+>6*>1068<7953>*2538/*-0 22+8502<-26>4*40*>>8889<31881 214+-38>547>>>9472547*78*1300

项目名称	规格型号	单位	数量	单价	金额	税率	税额
*纸制品*木浆		吨	200	5 000.000 00	1 000 000.00	13%	130 000.00
合计					¥1 000 000.00		¥ 130 000.00
价税合计（大写）	⊗壹佰壹拾叁万元整					（小写）	¥1 130 000.00

销售方	名称：长春平安纸业有限公司 纳税人识别号：912201021234567890 地址、电话：长春市高新区浦东路0001号043189123888 开户行及账号：工行长春自由支行2200881208080019999	备注	

收款人：　复核：　开票人：李大光

22.

记账凭证

赵书晗

记 字 0022 制单日期：2024.12.07 附单据数：2

摘要	科目名称	借方金额	贷方金额
销售新闻纸货款未收	应收账款/麦派实业	395500000	
销售新闻纸货款未收	主营业务收入/新闻纸		350000000
销售新闻纸货款未收	应交税费/应交增值税/销项税额		45500000
票号 - 日期 数量 单价	合计	395500000	395500000

备注 项目 部门 个人

客户 业务员

记账 张佩瑶 审核 高云童 出纳 制单 杜思淼

附件：

吉林增值税电子专用发票

全国统一发票监制章 国家税务总局 吉林省税务局

机器编号：661619927617

发票代码：022002085113

发票号码：00727331

开票日期：2024年12月7日

校验码：08117 17835 10163 13615

购买方	名称：麦派实业有限公司 纳税人识别号：2202000388009104AM 地址、电话：青岛市即墨区五柳街8号053285683471 开户行及账号：农行青岛金星支行0973000000986009912			密码区	23+--11*522197>2272-7*8-225>23533 12+--23>226*>1068<7953>*2/*-00001 228**/502<-22226>4*40920*>>22<31 88+--438>52247>>>9472547*78* 099		
项目名称	规格型号	单位	数量	单价	金额	税率	税额
*纸制品*新闻纸		吨	700	5 000.000 00	3 500 000.00	13%	455 000.00
合计					¥3 500 000.00		¥ 455 000.00
价税合计（大写）	⊗ 叁佰玖拾伍万伍仟元整					（小写）¥3 955 000.00	
销售方	名称：长春平安纸业有限公司 纳税人识别号：912201021234567890 地址、电话：长春市高新区浦东路0001号043189123888 开户行及账号：工行长春自由支行2200881208080019999			备注			

收款人： 复核： 开票人：李大光

产成品出库单

用途：**销售**　　2024年12月7日　　No:1003005 仓库：产品库

类别	编号	名称及规格	计量单位	数量	单位成本	总成本	附注
产成品	P2010X01	新闻纸	吨	700	4 120.210 56	2 884 147.39	麦派实业
合计						2 884 147.39	

②财务记账联

制表：孙大伟　保管：刘家辉　会计：张佩瑶　经手人：贾楠楠

23.

记账凭证

赵书晗

记 字 0023　　制单日期：2024.12.07　　附单据数：1

摘要	科目名称	借方金额	贷方金额
转入支付宝余额	其他货币资金/支付宝	800000	
转入支付宝余额	银行存款/工商银行		800000
票号 2 日期 2024.12.07	数量 单价 合计	800000	800000

备注　项目　部门　个人
　　　客户　业务员

记账 张佩瑶　审核 高云童　出纳 张佳宁　制单 杜思淼

附件：

中国工商银行电汇凭证(回　单)1

☑普通 ☐加急　　委托日期　2024年 12月 7日

汇款人	全称	长春平安纸业有限公司	收款人	全称	支付宝（中国）网络技术有限公司
	账号	2200881208080019999		账号	2155684200000580690
	汇出地点	吉林 省　长春 市／县		汇入地点	浙江省　　杭州市 ／县
汇出行名称		工行长春自由支行	汇入行名称		浙江网商银行
金额	人民币：（大写）	捌仟元整	亿 千 百 十 万 千 百 十 元 角 分		8 0 0 0 0 0
中国工商银行长春自由支行 业务专用章		汇出行签章	支付密码		
			附加信息及用途：支付宝余额		复核　　记账

此联汇出行给汇款人的回单

24.

记 账 凭 证　赵书晗

记　字　0024　　制单日期：2024.12.08　　附单据数：2

摘　要	科目名称	借方金额	贷方金额
缴纳上月税费	应交税费/未交增值税	268608290	
缴纳上月税费	应交税费/应交城市维护建设税	12229000	
缴纳上月税费	应交税费/应交教育费附加	5241000	
缴纳上月税费	应交税费/应交个人所得税	7669660	
缴纳上月税费	银行存款/工商银行		293747950
票号 3　-00066440 日期 2024.12.08　数量 单价	合 计		
备注 项　目　　部　门　　个　人 客　户　　业务员			

记账　张佩瑶　　审核　高云童　　出纳　张佳宁　　制单　杜思淼

附件：

中国工商银行电子缴税付款凭证

转账日期：2024年12月8日　　凭证字号：20241208093768716

纳税人全称及纳税人识别号：长春平安纸业有限公司912201021234567890

付款人全称：长春平安纸业有限公司

付款人账号：2200881208080019999

付款人开户行：工行长春自由支行　　征收机关名称：国家税务总局长春市高新区税务局

小写（合计）金额：￥2 937 479.50　　收缴国库（银行）名称：高新区支库

大写（合计）金额：人民币贰佰玖拾叁万柒仟肆佰柒拾玖元伍角零分　　缴纳书交易流水号：1100020100308119

税票号码：2100070020300002961

税（费）种名称	所属日期	实缴金额
增值税	20241101-20241130	2 686 082.90
城建税	20241101-20241130	122 290.00
教育费附加	20241101-20241130	52 410.00
个人所得税	20241101-20241130	76 696.60

（印章：中国工商银行长春自由支行 业务专用章）

第一次打印　　打印时间：2024年12月8日13时42分

第二联 作付款回单（无银行收讫章无效）　　复核　　记账

中国工商银行
转账支票存根

V II 00066440

附加信息：

出票日期：2024年12月8日

收款人:国家税务总局长春市高新区税务局
金额：2 937 479.50
用途：缴纳税费

单位主管：　　会计：

25.

记账凭证

赵书晗

记 字 0025　　制单日期：2024.12.08　　附单据数：2

摘要	科目名称	借方金额	贷方金额
取得短期借款	银行存款/建设银行	1000000000	
取得短期借款	短期借款		1000000000
票号 日期 2024.12.08　数量 单价	合计	1000000000	1000000000

备注　项目　部门　个人
　　　客户　业务员

记账 张佩瑶　审核 高云童　出纳 张佳宁　制单 杜思淼

附件：

流动资金借款申请书

2024年12月8日

企业名称	长春平安纸业有限公司	法人代表	张本义	企业性质	制造业
地址	长春市高新区浦东路0001号	财务负责人	赵书晗	联系电话	0431-89123888
经营范围	新闻书写纸张	主管部门			
借款期限	自2024年12月8日起至2025年8月7日			申请金额	10 000 000.00
主要用途及效益说明：					
本厂近半年来，生产状况良好，产品销售情况有所好转，但由于收回货款困难，特申请流动资金贷款。					
申请单位财务章：（长春平安纸业有限公司 财务专用章） 财务负责人：赵书晗 经办人：张佳宁			信贷员意见： 同意 信贷部门负责人：李俊 银行主管领导：张伟		

建设银行（短息贷款）借款凭证（回单）

单位编号：4255　　2024年12月8日　　银行编号：

此联系核定放款回单代借款单位往来户收款通知

收款单位	名称	长春平安纸业有限公司	付款单位	名称	建行长春银海支行	
	往来账户号	2201022222206777777		往来账户号	8082220000000000001	
	开户银行	建行长春银海支行		开户银行	建行长春银海支行	
还款期限（最后还款日）		2025年8月7日	利率	3%	起息日期	2024年12月8日
借款申请金额		人民币壹仟万元整			千百十万千百十元角分	1000000000
借款原因及用途		生产周转	银行核定金额		千百十万千百十元角分	1000000000
备注：			期限	计划还款日期	计划还款金额	
			八个月	2025年8月7日	10 000 000.00	
			上述借款业已同意贷给并转入你单位往来账户，借款到期时应按时归还。此致 （银行盖章）　2024年12月8日			

中国建设银行长春银海支行 业务专用章

26.

记账凭证

赵书晗

记 字 0026　　制单日期：2024.12.08　　附单据数：2

摘要	科目名称	借方金额	贷方金额
建行存款转存工行	银行存款/工商银行	980000000	
建行存款转存工行	银行存款/建设银行		980000000
票号 3 －00550188 日期 2024.12.08　数量　单价	合计	980000000	980000000
备注 项目　客户	部门　业务员	个人	

记账 张佩瑶　　审核 高云童　　出纳 张佳宁　　制单 杜思淼

附件：

中国建设银行
转账支票存根

IV II 00550188

附加信息：

出票日期：2024年12月8日

收款人:长春平安纸业有限公司	
金额：9 800 000.00	
用途：转存工行	

单位主管：　　　　会计：

中国工商银行　　进账单（收账通知）　　3

2024年12月8日

出票人	全称	长春平安纸业有限公司	收款人	全称	长春平安纸业有限公司
	账号	2201022222206777777		账号	2200881208080019999
	开户银行	建行长春银海支行		开户银行	工行长春自由支行
金额	人民币（大写）	玖佰捌拾万元整		千百十万千百十元角分	¥980000000
票据种类	支票	票据张数	壹		
票据号码	IV II 00550188			中国工商银行长春自由支行 业务专用章	
复核：　记账：				收款人开户银行签章	

此联是开户银行交给收款人的收账通知

27.

记 账 凭 证

赵书晗

记 字 0027　　制单日期：2024.12.08　　附单据数：1

摘要	科目名称	借方金额	贷方金额
采购助剂货款未付	材料采购/助剂	39000000	
采购助剂货款未付	应交税费/应交增值税/进项税额	5070000	
采购助剂货款未付	应付账款/捷诺化工		44070000
票号 - 日期　　数量 500.00000吨 单价 780.00000	合 计	44070000	44070000
备注	项目　部门　个人 客户　业务员		

记账 张佩瑶　　审核 高云童　　出纳　　制单 杜思淼

附件：

上海增值税电子专用发票

发票代码：031002090113
发票号码：81927902
开票日期：2024年12月8日
校 验 码：08117 17835 10163 13615

机器编号：447513806590

购买方	名　　称：长春平安纸业有限公司 纳税人识别号：912201021234567890 地 址、电 话：长春市高新区浦东路0001号043189123888 开户行及账号：工行长春自由支行2200881208080019999	密码区	67+--11*522+--197>72-78-5>23*/775 3K*56+-68>6*>10+-68<79*53>*2/*-0 2+-628*5*//02<-26>4*4R*0*>><31+- 56+--438>547>>>947++/25--47*78*11

项目名称	规格型号	单位	数量	单价	金额	税率	税额
*化学试剂助剂*助剂		吨	500	780.000 00	390 000.00	13%	50 700.00
合计					¥ 390 000.00		¥ 50 700.00
价税合计（大写）	⊗肆拾肆万零柒佰元整					（小写）¥ 440 700.00	

销售方	名　　称：上海市捷诺化工有限公司 纳税人识别号：1200089708630091FS 地 址、电 话：上海市浦东区环城路762号02184567346 开户行及账号：建行上海浦东支行1200000008089871123	备注	

收款人：　　复核：　　开票人：李鹏

28.

记 账 凭 证　赵书晗

记　字 0028　　　　制单日期：2024.12.09　　　　附单据数：1

摘 要	科目名称	借方金额	贷方金额
收回前欠货款	银行存款/工商银行	150000000	
收回前欠货款	应收账款/君达纸业		150000000
票号 日期　　数量 单价	合 计	150000000	150000000
备注	项 目　　部 门　　个 人 客 户　　业务员		

记账　张佩瑶　　审核　高云童　　出纳　张佳宁　　制单　杜思淼

附件：

中国工商银行　客户收款通知单

交易日期：2024-12-08　　交易机构：10118　　交易流水号：129788001

收款人名称：长春平安纸业有限公司

收款人账号：2200881208080019999

收款人开户银行：工行长春自由支行

付款人名称：济南市君达纸业股份有限公司

付款人账号：0101087188920871009

付款人开户银行：工行济南市分行和平支行

金额（小写）：1 500 000.00

金额（大写）：壹佰伍拾万元整　　业务种类：无折转客户账

客户申请号：273390551

用途：货款

银行摘要：OBSS002733905518GIRO0000000000

备注：

此联为客户回单：自助设备打印，注意避免重复　　自助打印次数：1　　银行盖章

（印章：中国工商银行长春自由支行 业务专用章（自助设备专用））

打印时间：2024-12-08 15：38：27

29.

记 账 凭 证

赵书晗

记 字 0029　　制单日期：2024.12.09　　附单据数：2

摘要	科目名称	借方金额	贷方金额
报销广告费用	销售费用	24092717	
报销广告费用	银行存款/工商银行		24092717
票号 3 -00066442 日期 2024.12.09　数量 单价	合 计	24092717	24092717
备注	项 目　部 门　个 人 客 户　业务员		

记账 张佩瑶　审核 高云童　出纳 张佳宁　制单 杜思淼

附件：

中国工商银行
转账支票存根

V II 00066442

附加信息：

出票日期：2024年12月9日

收款人：长春市天鸟广告有限公司
金额：240 927.17
用途：支付广告费

单位主管：　　会计：

吉林增值税电子普通发票

（印章：全国统一发票监制章 国家税务总局 吉林省税务局）

机器编号：601516806527

发票代码：022002065911
发票号码：08120307
开票日期：2024年12月9日
校 验 码：22157 14842 87950 91242

购买方	名　　称：长春平安纸业有限公司 纳税人识别号：912201021234567890 地 址、电 话：长春市高新区浦东路0001号043189123888 开户行及账号：工行长春自由支行2200881208080019999	密码区	11*522197>7299A-7866-5>23511*522197>72- 75>D6>890>R155<324D5*P799*7864///501_/23 783/9>>780>583>56*>1068<7<953>*2/*-228+- -502<285-*26>*0*>><31W*38>547>>>9**257*

项目名称	规格型号	单位	数量	单价	金额	税率	税额
*广告服务*影视广告发布服务		个	1	227289.780 00	227 289.78	6%	13 637.39
合计					¥ 227 289.78		¥ 13 637.39
价税合计（大写）	⊗ 贰拾肆万零玖佰贰拾柒元壹角柒分				（小写）¥ 240 927.17		

销售方	名　　称：长春市天鸟广告有限公司 纳税人识别号：91220102111188811V5 地 址、电 话：长春市朝阳区花园路1220号043188832888 开户行及账号：农行福祉大路支行420088123708000002	备注	

收款人：　　复核：　　开票人：李渊

30.

记 账 凭 证

赵书晗

记 字 0030　　　　制单日期：2024.12.09　　　　附单据数：1

摘要	科目名称	借方金额	贷方金额
支付报刊费用	管理费用/公司经费/办公费	155000	
支付报刊费用	其他货币资金/支付宝		155000
票号 - 日期　　数量 单价	合 计	155000	155000

备注　项　目　　　部　门　　　个　人

　　　客　户　　　业务员

记账 张佩瑶　　审核 高云童　　出纳 张佳宁　　制单 杜思淼

附件：

吉林增值税电子普通发票

全国统一发票监制章 国家税务总局 吉林省税务局

机器编号：061815806402

发票代码：022002015011
发票号码：07180322
开票日期：2024年12月9日
校 验 码：20157 10802 07950 01202

购买方		密码区	
购买方	名　　称：长春平安纸业有限公司 纳税人识别号：912201021234567890 地 址、电 话：长春市高新区浦东路0001号043189123888 开户行及账号：工行长春自由支行2200881208080019999	密码区	11*522197>7299A-7866-5>23511*522197>72-78- 5>D6>890>R155<324D5*P799*7864_/23783/9>>7+- /80>583>56*>1068<7<953>*2/*-228502<285- 3N9*26>4*40*>><31438>547>>>9472547*561+-*

项目名称	规格型号	单位	数量	单价	金额	税率	税额
*印刷品*报刊发行		个	10	155.000 00	1 550.00	*	*
合计					¥ 1 550.00		*
价税合计（大写）	⊗ 壹仟伍佰伍拾元整						（小写）¥ 1 550.00

销售方		备注	
销售方	名　　称：长春市中关村邮电局 纳税人识别号：912201092112828122 地 址、电 话：长春市高新区华新路1228号043181132811 开户行及账号：工行吉林净月支行420008023008088008	备注	

收款人：　　　　复核：　　　　开票人：　李渊

账单详情

长春市中关村邮电局

1 550.00

交易成功

订单金额：1 550.00

付款方式：余额

商品说明：报刊

创建时间：2024-12-10 11：19

订单号：2024121022001474861409608150

商家订单号　商家可扫码退款或查询交易

2024121011190502910899227275N

账单分类：邮政服务

31.

记 账 凭 证 赵书晗

记　字 0031　　制单日期：2024.12.10　　附单据数：1

摘 要	科目名称		借方金额	贷方金额
支付维修费	制造费用/新闻纸车间/维修费		116000	
维修费进项税	应交税费/应交增值税/进项税额		15080	
支付维修费	其他货币资金/支付宝			131080
票号 - 日期	数量 单价	合 计	131080	131080
备注	项 目 客 户	部 门 业务员	个 人	

记账 张佩瑶　审核 高云童　出纳 张佳宁　制单 杜思淼

附件：

吉林增值税电子普通发票

全国统一发票监制章
国家税务总局
吉林省税务局

机器编号：860013506362

发票代码：022002011111
发票号码：00180337
开票日期：2024年12月10日
校 验 码：020157 10808 07858 08808

购买方	名　　　称：长春平安纸业有限公司 纳税人识别号：912201021234567890 地 址、电 话：长春市高新区浦东路0001号043189123888 开户行及账号：工行长春自由支行2200881208080019999	密码区	5197>7299A-866-5>511*597>72-7//02<285-26>4**85>D6>890>R155<3D5*P7883/9>>780>5//02<285-3N9*26>83>56*>1068<7<953>*2/*-228//02<285-*26>4**>><318>57>>>927*708+-

项目名称	规格型号	单位	数量	单价	金额	税率	税额
*专项化学用品*化学陶瓷*氧化铝陶瓷脱水元件	A158K290	个	2	580.000 00	1 160.00	13%	150.80
合计					￥1 160.00		￥ 150.80
价税合计（大写）	⊗壹仟叁佰壹拾元捌角						（小写）￥ 1 310.80

销售方	名　　　称：长春市中原陶瓷有限公司 纳税人识别号：912201112112338332 地 址、电 话：长春市北湖区龙新路1828号043181535815 开户行及账号：工行吉林北湖支行420008023008088008	备注	

收款人：　　　　复核：　　　　开票人：胡琴

账单详情

长春市中原陶瓷有限公司

1 310.80

交易成功

订单金额：1 310.80

付款方式：余额

商品说明：氧化铝陶瓷脱水元件

创建时间：2024-12-10 16：39

订单号：2024121038000071851409209355

商家订单号　商家可扫码退款或查询交易

2024121016390502530839225271M

账单分类：专项化学用品

32.

记账凭证

赵书晗

记 字 0032　　制单日期：2024.12.10　　附单据数：1

摘要	科目名称	借方金额	贷方金额
采购废纸浆货款未付	材料采购/废纸浆	33000000	
采购废纸浆货款未付	应交税费/应交增值税/进项税额	4290000	
采购废纸浆货款未付	应付账款/辉鹏纸业		37290000
票号 - 日期　数量 500.00000吨 单价 660.00000	合计	37290000	37290000
备注	项目　部门　个人 客户　业务员		

记账 张佩瑶　审核 高云童　出纳　制单 杜思淼

附件：

辽宁增值税电子专用发票

发票代码：021002061013
发票号码：00907600
开票日期：2024年12月10日
校验码：01118 12812 10299 91989

机器编号：25605138063

购买方	名称：长春平安纸业有限公司 纳税人识别号：912201021234567890 地址、电话：长春市高新区浦东路0001号043189123888 开户行及账号：工行长春自由支行2200881208080019999	密码区	387*597>72-78-5>2350//02<285+-2547** 6//N9*2**29803>6*>1068<7953>*2*-022+-- 8502<-26>4*40*>//02<285+-35*//12+- Y49*26>4**<3121//*1124+--38>547>>>9+--

项目名称	规格型号	单位	数量	单价	金额	税率	税额
*纸制品*废纸浆		吨	500	660.000 00	330 000.00	13%	42 900.00
合计					￥ 330 000.00		￥ 42 900.00
价税合计（大写）	⊗叁拾柒万贰仟玖佰元整				（小写）￥ 372 900.00		

销售方	名称：沈阳市辉鹏纸业有限公司 纳税人识别号：210102009806189155 地址、电话：沈阳市铁东区绥化街1680号02483423451 开户行及账号：农行沈阳西广支行2100001209100078110	备注	

收款人：　复核：　开票人：李树森

33.

记 账 凭 证

赵书晗

记　字 0033　　　　制单日期：2024.12.10　　　　附单据数：1

摘要	科目名称	借方金额	贷方金额
采购运费款项未付	材料采购/废纸浆	837000	
采购运费款项未付	应交税费/应交增值税/进项税额	75330	
采购运费款项未付	应付账款/准通物流		912330
票号 - 日期　　数量 　　　　单价	合计	912330	912330
备注	项目　　部门　　个人 客户　　业务员		

记账　张佩瑶　　　审核　高云童　　　出纳　　　制单　杜思淼

附件：

吉林增值税电子专用发票

全国统一发票监制章　国家税务总局　吉林省税务局

发票代码：022002018613
发票号码：00227628
开票日期：2024年12月10日
校 验 码：01118 12812 10299 91989

机器编号：661513806311

购买方	名　　称：长春平安纸业有限公司 纳税人识别号：912201021234567890 地 址、电 话：长春市高新区浦东路0001号043189123888 开户行及账号：工行长春自由支行2200881208080019999	密码区	06//2515>7299-/826-5>231*5/197>72-758- *5>6>890>/175<35/790*786_/271/9>/58/56* >18<7<953>*2/02<28>0932/39*26>1>><311*- -38>56*//47>32>>92+--137*7510+-/95

项目名称	规格型号	单位	数量	单价	金额	税率	税额
*运输服务*道路货物运输服务		吨	500	16.740 00	8 370.00	9%	753.30
合计					￥ 8 370.00		￥ 753.30
价税合计（大写）	⊗玖仟壹佰贰拾叁元叁角						（小写）￥ 9 123.30

销售方	名　　称：长春准通物流有限公司 纳税人识别号：912200009064891078 地 址、电 话：长春市高新区蔚山路1890号0431842528020 开户行及账号：建行长春光明支行6200806200080313333	备注	起运地：沈阳 到达地：长春 车种车号：挂车吉AR0126 货物：废纸浆500吨

收款人：　　　　复核：　　　　开票人：王熙凤

34.

记账凭证

赵书晗

记 字 0034　　制单日期：2024.12.10　　附单据数：2

摘要	科目名称	借方金额	贷方金额
报销办公费用	管理费用/公司经费/办公费	128000	
报销办公费用	银行存款/工商银行		128000
票号 3 -00066443 日期 2024.12.10　数量 单价	合计	128000	128000

备注　项目　　部门　　个人
客户　　业务员

记账 张佩瑶　　审核 高云童　　出纳 张佳宁　　制单 杜思淼

附件：

吉林增值税电子普通发票

发票代码：022002011311
发票号码：00028907
开票日期：2024年12月10日
校验码：05128 12034 90271 24532

机器编号：001515206368

购买方	名称：长春平安纸业有限公司 纳税人识别号：912201021234567890 地址、电话：长春市高新区浦东路0001号043189123888 开户行及账号：工行长春自由支行2200881208080019999	密码区	11*522197>7299A-7866-5>23511*522197>72-- 5>D6>890>R155<324D5*P799*7864_/23783/9>>7 80>583>56*>1068<7<953>*2/*-228502<285- 3N9*26>4*40*>><31438>547>>>9+--72547*7

项目名称	规格型号	单位	数量	单价	金额	税率	税额
*数学计算器具*西门子计算器		个	5	111.600 00	558.00	13%	72.54
*音视频设备*汉王激光笔		个	5	114.948 00	574.74	13%	74.72
合计					￥1 132.74		￥147.26
价税合计（大写）	⊗壹仟贰佰捌拾元整					（小写）￥1 280.00	

销售方	名称：吉林苏宁电器长春分公司 纳税人识别号：912201021881111189 地址、电话：长春市朝阳区重庆路2560号043188932188 开户行及账号：兴业行人民广场支行620088220008001332	备注	

收款人：　　复核：　　开票人：李一

全国统一发票监制章 国家税务总局 吉林省税务局

中国工商银行
转账支票存根

V II　00066443

附加信息：

出票日期：2024年12月10日

收款人：吉林苏宁电器长春分公司	
金额：1 280.00	
用途：购买办公用品	

单位主管：　　　　会计：

35.

记 账 凭 证　赵书晗

记　字 0035　　制单日期：2024.12.11　　附单据数：3

摘　要	科目名称	借方金额	贷方金额
采购木浆货款已付	材料采购/木浆	480930000	
采购木浆货款已付	应交税费/应交增值税/进项税额	62483700	
采购木浆货款已付	银行存款/工商银行		543413700
票号 1 - 日期 2024.12.11　数量 单价	合　计	543413700	543413700

备注	项　目 客　户	部　门 业务员	个　人

记账　张佩瑶　　审核　高云童　　出纳　张佳宁　　制单　杜思淼

附件：

重庆增值税电子专用发票

（印章：全国统一发票监制章　国家税务总局　重庆市税务局）

机器编号：732513806581

发票代码：050002010113
发票号码：31834157
开票日期：2024年12月11日
校 验 码：05928 12056 10231 28509

购买方	名　　称：长春平安纸业有限公司 纳税人识别号：912201021234567890 地 址、电 话：长春市高新区浦东路0001号043189123888 开户行及账号：工行长春自由支行2200881208080019999	密码区	11*522197>7299A-7866-5>23511*522197>72-78- 5>D6>890>R155<324D5*P799*7864_/23783/9>>780> 583>56*>1068<7<953>*2/*-228502<285- 3N9*26>4*40*>><31438>547>>>9072547*50*

项目名称	规格型号	单位	数量	单价	金额	税率	税额
*纸制品*木浆		吨	1 000	4 800.000 00	4 800 000.00	13%	624 000.00
合计					¥4 800 000.00		¥ 624 000.00
价税合计（大写）	⊗伍佰肆拾贰万肆仟元整						（小写）¥5 424 000.00

销售方	名　　称：重庆市塔斯纸浆股份公司 纳税人识别号：914700009810916111 地 址、电 话：重庆市沙坪区春阳路158号02382389999 开户行及账号：建行重庆吉祥支行4700887708120016810	备注	

收款人：　　　　复核：　　　　开票人：李一

吉林增值税电子专用发票

机器编号：661513806311

发票代码：022002018613
发票号码：00227638
开票日期：2024年12月11日
校 验 码：05718 12356 10286 91900

购买方	名　　称：长春平安纸业有限公司 纳税人识别号：912201021234567890 地 址、电 话：长春市高新区浦东路0001号043189123888 开户行及账号：工行长春自由支行2200881208080019999	密码区	//25195>7299-/826-5>23511*5/197>72-8002-*5>6>890>/175<3245/790*7864_/23751/9>/0/56*>1068<7<953>*2/218502<28>08932/39*26>1*40*>><31138>547>>>9472137*7510/87952**

项目名称	规格型号	单位	数量	单价	金额	税率	税额
*运输服务*道路货物运输服务		吨	1 000	9.300 00	9 300.00	9%	837.00
合计					￥ 9 300.00		￥ 837.00
价税合计（大写）	⊗壹万零壹佰叁拾柒元整					（小写）	￥ 10 137.00

销售方	名　　称：长春准通物流有限公司 纳税人识别号：912200009064891078 地 址、电 话：长春市高新区蔚山路1890号0431842528020 开户行及账号：建行长春光明支行620080620008031333	备注	起运地：重庆 到达地：长春 车种车号：挂车吉AR0591 货物：木浆1 000吨

收款人：　　　　复核：　　　　开票人：王熙凤

中国工商银行电汇凭证（回　单）1

☑普通 ☐加急　　委托日期 2024年 12月 11日

汇款人	全称	长春平安纸业有限公司	收款人	全称	重庆市塔斯纸浆股份有限公司
	账号	2200881208080019999		账号	4700887708120016810
	汇出地点	吉林 省 长春 市/县		汇入地点	省 重庆 市 /县
汇出行名称		工行长春自由支行	汇入行名称		建行重庆吉祥支行

金额	人民币：（大写）	亿	千	百	十	万	千	百	十	元	角	分
	伍佰肆拾叁万肆仟壹佰叁拾柒元整		￥	5	4	3	4	1	3	7	0	0

中国工商银行长春自由支行 业务专用章 汇出行签章	支付密码	
	附加信息及用途： 货款 复核　　　　记账	

此联汇出行给汇款人的回单

36.

记 账 凭 证

赵书晗

记　字 0036　　制单日期：2024.12.11　　附单据数：1

摘要	科目名称	借方金额	贷方金额
采购助剂货款未付	材料采购/助剂	38500000	
采购助剂货款未付	应交税费/应交增值税/进项税额	5005000	
采购助剂货款未付	应付账款/汇锐胶业		43505000
票号 - 日期　数量 500.00000吨 单价 770.00000	合计	43505000	43505000

备注　项目　　部门　　个人
客户　　业务员

记账 张佩瑶　审核 高云童　出纳　制单 杜思淼

附件：

吉林增值税电子专用发票

全国统一发票监制章 国家税务总局 吉林省税务局

发票代码：022002011513
发票号码：88905658
开票日期：2024年12月11日
校 验 码：05718 12356 10286 91900

机器编号：661513806603

购买方	名　称：长春平安纸业有限公司 纳税人识别号：912201021234567890 地址、电话：长春市高新区浦东路0001号043189123888 开户行及账号：工行长春自由支行2200881208080019999	密码区	17//865*522+--197>11+*>23+--511 811//113>6*>1068<79+--53>*2/*-0 -*22+--8502<-26>4*+--40*>>30<31 438>547>66>>947+--2547*78* B9*//

项目名称	规格型号	单位	数量	单价	金额	税率	税额
*化学试剂助剂*助剂		吨	500	770.000 00	385 000.00	13%	50 050.00
合计					￥ 385 000.00		￥ 50 050.00
价税合计（大写）	⊗ 肆拾叁万伍仟零伍拾元整						（小写）￥ 435 050.00

销售方	名　称：长春市汇锐胶业有限公司 纳税人识别号：2200012098800015IK 地址、电话：长春市双阳区人民大街465号043184778346 开户行及账号：工行吉林双阳支行2200889081010018917	备注	

收款人：　　复核：　　开票人：张海

37.

记 账 凭 证

赵书晗

记 字 0037　　制单日期：2024.12.11　　附单据数：3

摘要	科目名称	借方金额	贷方金额
报销采购劳保用品费用	制造费用/新闻纸车间/劳动保护费	414000	
报销采购劳保用品费用	制造费用/书写纸车间/劳动保护费	417000	
报销采购劳保用品费用	管理费用/研发费用	55000	
报销采购劳保用品费用	应交税费/应交增值税/进项税额	115180	
报销采购劳保用品费用	银行存款/工商银行		1001180
票号 3 -00066444 日期 2024.12.11　数量 单价	合 计	1001180	1001180

备注　项 目　　部 门　　个 人
　　　客 户　　业务员

记账 张佩瑶　　审核 高云童　　出纳 张佳宁　　制单 杜思淼

附件：

吉林增值税电子专用发票

机器编号：611593806305

发票代码：022002011613
发票号码：28902652
开票日期：2024年12月11日
校 验 码：05718 12356 10286 91900

购买方	名　　称：长春平安纸业有限公司 纳税人识别号：912201021234567890 地 址、电 话：长春市高新区浦东路0001号043189123888 开户行及账号：工行长春自由支行2200881208080019999	密码区	08+--811*522197>7772-78-5>23*-+53 876+--03>65*>1068<7953>*25/*-069- *228//*502<+-26>4*40*>>305<31+-59 438>547>>>94+-*725+//47*78*11+69*

项目名称	规格型号	单位	数量	单价	金额	税率	税额
*皮革手套*耐热手套		副	886	10.000 00	8 860.00	13%	1 151.80
合计					¥ 8 860.00		¥ 1 151.80
价税合计（大写）	⊗壹万零壹拾壹元捌角						（小写）¥ 10 011.80

销售方	名　　称：长春市劳保用品厂 纳税人识别号：220102009800111NX5 地 址、电 话：长春市二道区东盛大街1680号043182423451 开户行及账号：农行长春西广支行2200001209100099112	备注	

收款人：　　复核：　　开票人：马东

中国工商银行
转账支票存根

V II 00066444

附加信息：

出票日期：2024年12月11日

收款人：长春市劳保用品厂
金额：10 011.80
用途：购买劳保用品

单位主管：　　　　会计：

劳保用品分配表

2024年12月11日

使用单位	人数	单价（元/副）	分配金额
新闻纸车间	414	10	4 140.00
书写纸车间	417	10	4 170.00
技术部	55	10	550.00
合计	886		8 860.00

制表：张佩瑶

38.

记 账 凭 证　赵书晗

记　字 0038　　　制单日期：2024.12.11　　　附单据数：1

摘 要	科目名称	借方金额	贷方金额
支付软件服务费	管理费用/公司经费/办公费	300000	
软件服务进项税	应交税费/应交增值税/进项税额	18000	
支付软件服务费	其他货币资金/支付宝		318000
票号 - 日期　数量 单价	合 计	318000	318000

备注　项 目　　部 门　　个 人
　　　客 户　　业务员

记账 张佩瑶　　审核 高云童　　出纳 张佳宁　　制单 杜思淼

附件：

吉林增值税电子普通发票

全国统一发票监制章 国家税务总局 吉林省税务局

机器编号：601633805827

发票代码：022002011711
发票号码：03120807
开票日期：2024年12月11日
校 验 码：20197 12542 87350 91332

购买方
名　　称：长春平安纸业有限公司
纳税人识别号：912201021234567890
地 址、电 话：长春市高新区浦东路0001号043189123888
开户行及账号：工行长春自由支行2200881208080019999

密码区
11*522197>7299A-7866-5>23511*522197>72-
5>D6>890>R155<324D5*P799*78_/23783/9>>780
>583>56*>1068<7<953>*2/*-228+--502<285-
3N9*26>4*40*>><31438>547>>>9472547/*00

项目名称	规格型号	单位	数量	单价	金额	税率	税额
*信息技术服务*软件服务*金税系统软件服务		套	1	3000.000 00	3 000.00	6%	180.00
合计					￥3 000.00		￥ 180.00
价税合计（大写）	⊗ 叁仟壹佰捌拾元整					（小写）￥3 180.00	

销售方
名　　称：吉大启明软件股份有限公司
纳税人识别号：912201021111888117
地 址、电 话：长春市高新区前进大街220号043183890157
开户行及账号：工行前进广场支行6200880000008006502

备注：

收款人：　　复核：　　开票人：张小燕

账单详情

吉大启明软件股份有限公司

3 180.00

交易成功

订单金额： 3 180.00
付款方式：余额
商品说明：金税系统软件服务费
创建时间：2024-12-11 15：30
订单号：2024121158001071851005209505
商家订单号　商家可扫码退款或查询交易

2024121017390513530879025201M

账单分类：信息技术服务

39.

记 账 凭 证

赵书晗

记 字 0039　　制单日期：2024.12.11　　附单据数：1

摘 要	科目名称	借方金额	贷方金额
提现	库存现金	500000	
提现	银行存款/工商银行		500000
票号 2 -00124585 日期 2024.12.11　数量 单价	合 计	500000	500000

备注　项 目　　部 门　　个 人

客 户　　业务员

记账 张佩瑶　审核 高云童　出纳 张佳宁　制单 杜思淼

附件：

中国工商银行
现金支票存根

II IV 00124585

附加信息：

出票日期：2024年12月11日

收款人：长春平安纸业有限公司
金额：5 000.00
用途：备用

单位主管：　　会计：

40.

记账凭证

赵书晗

记 字 0040　　制单日期：2024.12.11　　附单据数：1

摘要	科目名称	借方金额	贷方金额
支付苏镇涛差旅费	销售费用	418440	
铁路旅客运输进项税	应交税费/应交增值税/进项税额	6160	
支付苏镇涛差旅费	库存现金		424600
票号 - 日期　　数量 单价	合计	424600	424600

备注	项目 客户	部门 业务员	个人

记账 张佩瑶　　审核 高云童　　出纳 张佳宁　　制单 杜思淼

附件：

出差旅费报销表

吉财会账字50号

单位：销售科　　2024年12月12日

月	日	时间	出发地	月	日	时间	到达地	机票费	车（船）费	卧铺费	夜行车补助		市内交通费		宿费			出差补助		其他	合计
											小时	金额	实支	包干	标准	实支	提成扣减	天数	金额		
12	2	7	长春	12	2	13	北京		373												373.00
12	11	17	北京	12	11	23	长春		373												373.00
																3 500					3 500.00
合计									746							3 500					4 246.00

出差任务	市场调研	报销金额人民币（大写）肆仟贰佰肆拾陆元整	预借金额	
		单位领导 江枫　部门负责人 张行　出差人 苏镇涛	报销金额	4 246.00
			结余或超支	

会计主管：高云童　　记账：张佩瑶　　审核：　　附单据叁张

G22020400　　　长春(售)

长　春　　D24次　　北　京

Changchun　　　　Beijing

2024年12月2日 07:13开　　12车　　19号软座

￥373.00元　　空调软座快速卧

限乘当日当次车

在3日内到有效

8828800003112 V7902213

G89010010　　　北京(售)

北　京　　D23次　　长　春

Beijing　　　　Changchun

2024年12月11日 17:20开　　07车　　10号软座

￥373.00元　　空调软座快速卧

限乘当日当次车

在3日内到有效

8828800003112 V3399821

北京增值税电子普通发票

（印章：全国统一发票监制章　国家税务总局　北京市税务局）

机器编号：330513806029

发票代码：011002019111

发票号码：01920390

开票日期：2024年12月11日

校 验 码：07157 11805 10263 13005

购买方	名　　称：长春平安纸业有限公司 纳税人识别号：912201021234567890 地 址、电 话：长春市高新区浦东路0001号043189123888 开户行及账号：工行长春自由支行2200881208080019999	密码区	1*5/97>72/*99A-7866-5>23511*5219>72-78- *5>D6>890>R155<32D5+799*7864_/237*/83/980>5 83>56*>10*//68<7<953>*2/*-228+--502<285- 3N9*26>4*//0*>><31438>547>>>9472+--547*78*

项目名称	规格型号	单位	数量	单价	金额	税率	税额
*住宿服务*住宿服务		天	10	330.189 00	3 301.89	6%	198.11
合计					￥ 3 301.89		￥ 198.11
价税合计（大写）	⊗ 叁仟伍佰元整						（小写）￥ 3 500.00

销售方	名　　称：北京市富源酒店有限公司 纳税人识别号：9110010218885V999M 地 址、电 话：北京市海淀区学府路甲3号01027288888 开户行及账号：工行北京人大支行420008120700002388	备注	

收款人：　　　　复核：　　　　开票人：王冠雪

41.

记 账 凭 证

赵书晗

记 字 0041　　制单日期：2024.12.12　　附单据数：2

摘 要	科目名称	借方金额	贷方金额
销售新闻纸货款未收	应收账款/众协商贸	282500000	
销售新闻纸货款未收	主营业务收入/新闻纸		250000000
销售新闻纸货款未收	应交税费/应交增值税/销项税额		32500000
票号 - 日期　　数量 单价	合 计	282500000	282500000

备注　项 目　　部 门　　个 人
　　　客 户　　业务员

记账 张佩瑶　　审核 高云童　　出纳　　制单 杜思淼

附件：

吉林增值税电子专用发票

全国统一发票监制章　国家税务总局　吉林省税务局

发票代码：022002085113
发票号码：00727332
开票日期：2024年12月12日
校 验 码：07157 11805 10263 13005

机器编号：661619927617

购买方	名　　称：上海市众协商贸有限公司 纳税人识别号：1200017849318900KC 地 址、电 话：上海保税区解放路3333号02187545321 开户行及账号：交行上海闽行支行0002220000113377901	密码区	7>72-78-5>2353>6*>1068<7953>*2/*-0228 502<-26>4*40*>><31+--438>547>>>947+-- 25*78*6//N9*2**29803>6*>1068<7953>*2*- 022+--85*/02<-26>*40*>//02<285+-35*//1

项目名称	规格型号	单位	数量	单价	金额	税率	税额
*纸制品*新闻纸		吨	500	5 000.000 00	2 500 000.00	13%	325 000.00
合计					￥2 500 000.00		￥ 325 000.00
价税合计（大写）	⊗贰佰捌拾贰万伍仟元整						（小写）￥2 825 000.00

销售方	名　　称：长春平安纸业有限公司 纳税人识别号：912201021234567890 地 址、电 话：长春市高新区浦东路0001号043189123888 开户行及账号：工行长春自由支行2200881208080019999	备注	

收款人：　　复核：　　开票人：李大光

产成品出库单

用途：销售　　2024年12月12日　　No:1003006　仓库：产品库

类别	编号	名称及规格	计量单位	数量	单位成本	总成本	附注
产成品	P2010X01	新闻纸	吨	500			众协商贸
合计							

②财务记账联

制表：孙大伟　保管：刘家辉　会计：张佩瑶　经手人：覃褚旭

42.

记账凭证

赵书晗

记 字 0042　制单日期：2024.12.12　附单据数：2

摘要	科目名称	借方金额	贷方金额
报销广告费用	销售费用	1210000	
报销广告费用	银行存款/工商银行		1210000
票号 3 -00066445 日期 2024.12.12 数量 单价	合计	1210000	1210000

备注：项目　部门　个人
客户　业务员

记账 张佩瑶　审核 高云童　出纳 张佳宁　制单 杜思淼

附件：

中国工商银行
转账支票存根

V II 00066445

附加信息：

出票日期：2024年12月12日

收款人：长春市名流广告有限公司	
金额：12 100.00	
用途：支付广告费	

单位主管：　　　　会计：

吉林增值税电子普通发票

全国统一发票监制章 国家税务总局 吉林省税务局

发票代码：022002011911
发票号码：08727301
开票日期：2024年12月9日
校 验 码：02150 10842 80950 91266

机器编号：360518804311

购买方	名　　称：长春平安纸业有限公司 纳税人识别号：912201021234567890 地 址、电 话：长春市高新区浦东路0001号043189123888 开户行及账号：工行长春自由支行2200881208080019999	密码区	*5197>7299A-7866-5>23511*522+--197>72-- 5>D6>890>R155<324D5*P799*786_/23+-- 783/9>>780>583>56*>1068<7<953>*2/*-22- ++850<285-3N9*26>4*>><318>57>>>925*7+--8*

项目名称	规格型号	单位	数量	单价	金额	税率	税额
*广告服务*电视广告发布服务			1	11 415.090 00	11 415.09	6%	684.91
合计					￥ 11 415.09		￥ 684.91
价税合计（大写）	⊗壹万贰仟壹佰元整						（小写）￥ 12 100.00

销售方	名　　称：长春市名流广告有限公司 纳税人识别号：9122010211118W8113 地 址、电 话：长春市朝阳区同志街215号043188911111 开户行及账号：工行吉林同光支行620088127708000581	备注	

收款人：　　　　复核：　　　　开票人：李渊

43.

记 账 凭 证

赵书晗

记 字 0043　　制单日期：2024.12.12　　附单据数：3

摘要	科目名称	借方金额	贷方金额
销售新闻纸货款已收	银行存款/工商银行	282500000	
销售新闻纸货款已收	主营业务收入/新闻纸		250000000
销售新闻纸货款已收	应交税费/应交增值税/销项税额		32500000
票号 3 -00990011 日期 2024.12.12　数量 单价	合 计	282500000	282500000

32

备注　项 目　　部 门　　个 人
　　　客 户　　业务员

记账 张佩瑶　　审核 高云童　　出纳 张佳宁　　制单 杜思淼

附件：

吉林增值税电子专用发票

全国统一发票监制章 国家税务总局 吉林省税务局

发票代码：022002085113
发票号码：00727333
开票日期：2024年12月12日
校 验 码：02150 10842 80950 90066

机器编号：661619927617

购买方	名　　称：哈尔滨金隆包装有限公司 纳税人识别号：2300000336641273GH 地 址、电 话：哈尔滨市世纪大街1233号045177777777 开户行及账号：工行哈尔滨世纪支行0007028523681780804	密码区	8*811*52+--21*97>72+-7/8-5>235*9 7+73>6*>10/68<79/*53>*2/*+-0//56 228+--502<-26>14*40*>><310*0//20 438>547>>>94/72+--547*78*-65*/36

项目名称	规格型号	单位	数量	单价	金额	税率	税额
*纸制品*新闻纸		吨	500	5 000.000 00	2 500 000.00	13%	325 000.00
合计					¥2 500 000.00		¥ 325 000.00
价税合计（大写）	⊗ 贰佰捌拾贰万伍仟元整						（小写）¥2 825 000.00

销售方	名　　称：长春平安纸业有限公司 纳税人识别号：912201021234567890 地 址、电 话：长春市高新区浦东路0001号043189123888 开户行及账号：工行长春自由支行2200881208080019999	备注	

收款人：　　复核：　　开票人：李大光

中国工商银行　进账单（收账通知）　3

2024年12月12日

出票人	全称	哈尔滨金隆包装有限公司	收款人	全称	长春平安纸业有限公司
	账号	0007028523681780804		账号	2200881208080019999
	开户银行	工行哈尔滨市分行世纪支行		开户银行	工行长春自由支行
金额	人民币（大写）	贰佰捌拾贰万伍仟元整		千百十万千百十元角分	¥282500000
票据种类	支票	票据张数	壹		
票据号码	IV II 00990011				
复核：　记账：				收款人开户银行签章（中国工商银行长春自由支行 业务专用章）	

此联是开户银行交给收款人的收账通知

产 成 品 出 库 单

用途：销售　2024年12月12日　No:1003007　仓库：产品库

类别	编号	名称及规格	计量单位	数量	单位成本	总成本	附注
产成品	P2010X01	新闻纸	吨	500			金隆包装
合计							

②财务记账联

制表：孙大伟　保管：舒北　会计：张佩瑶　经手人：覃绪旭

44.

记 账 凭 证

赵书晗

记　字 0044　　制单日期：2024.12.12　　附单据数：1

摘要	科目名称	借方金额	贷方金额
销售运费款项未付	销售费用	111600	
销售运费款项未付	应交税费/应交增值税/进项税额	10044	
销售运费款项未付	应付账款/准通物流		121644
票号 - 日期　数量 单价	合计	121644	121644
备注	项目　客户　部门　业务员　个人		

记账　张佩瑶　　审核　高云童　　出纳　　制单　杜思淼

附件：

吉林增值税电子专用发票

全国统一发票监制章 国家税务总局 吉林省税务局

发票代码：022002018613
发票号码：00227668
开票日期：2024年12月12日
校 验 码：05718 12356 10286 91900

机器编号：661513806311

购买方	名　　称：长春平安纸业有限公司 纳税人识别号：912201021234567890 地 址、电 话：长春市高新区浦东路0001号043189123888 开户行及账号：工行长春自由支行2200881208080019999	密码区	//25195>7299-/826-5>251*5/197>72-755-92+- *5>6>890>/175<3245/790*7864_/23751/9>/780 58/56*>1068<7<953>*2/218<28>08932/39*26>1 *40*>><311+--38>547>>>947-//-21*7510/875

项目名称	规格型号	单位	数量	单价	金额	税率	税额
*运输服务*道路货物运输服务		吨	400	2.790 00	1 116.00	9%	100.44
合计					¥ 1 116.00		¥ 100.44
价税合计（大写）	⊗壹仟贰佰壹拾陆元肆角肆分					（小写）¥ 1 216.44	

销售方	名　　称：长春准通物流有限公司 纳税人识别号：912200009064891078 地 址、电 话：长春市高新区蔚山路1890号0431842528020 开户行及账号：建行长春光明支行620080620008031333	备注	起运地：鞍山 到达地：长春 车种车号：挂车吉A00518 货物：助剂400吨

收款人：　　复核：　　开票人：王熙

45.

记 账 凭 证

赵书晗

记 字 0045　　制单日期：2024.12.12　　附单据数：2

摘要	科目名称	借方金额	贷方金额
采购草浆货款已付	材料采购/草浆	125000000	
采购草浆货款已付	应交税费/应交增值税/进项税额	16250000	
采购草浆货款已付	银行存款/工商银行		141250000
票号 3 -00066446 日期 2024.12.12　数量 单价	合计	141250000	141250000

备注　项目　　部门　　个人

客户　　业务员

记账 张佩瑶　审核 高云童　出纳 张佳宁　制单 杜思淼

附件：

吉林增值税电子专用发票

发票代码：022002012213

发票号码：38902633

开票日期：2024年12月12日

校 验 码：95718 12056 10286 90901

机器编号：603017806451

购买方	名　称：长春平安纸业有限公司 纳税人识别号：912201021234567890 地 址、电 话：长春市高新区浦东路0001号043189123888 开户行及账号：工行长春自由支行2200881208080019999	密码区	0988//15521*522/197>+*72-78-5>235 90*+-78*/703>6*>1068+<7953>*2/*-0 3566//228//502<-26>2294*40*>><321 8709/438>547>>>9**/72547+*78* 653

项目名称	规格型号	单位	数量	单价	金额	税率	税额
*纸制品*草浆		吨	500	2 500.000 00	1 250 000.00	13%	162 500.00
合计					¥1 250 000.00		¥ 162 500.00
价税合计（大写）	⊗壹佰肆拾壹万贰仟伍佰元整					（小写）	¥1 412 500.00

销售方	名　称：长春市吉恩化工有限公司 纳税人识别号：2201185782600358GP 地 址、电 话：长春市绿园区青年路98号043187783359 开户行及账号：工行吉林正阳支行2200001209078810901	备注	

收款人：　　复核：　　开票人：赵海洋

中国工商银行
转账支票存根

V II 00066446

附加信息：

出票日期：2024年12月12日

收款人:长春市吉恩化工有限公司
金额：1 412 500.00
用途：采购原材料

单位主管：　　　　会计：

46.

记 账 凭 证　赵书晗

记　字 0046　　制单日期：2024.12.12　　附单据数：3

摘 要	科目名称	借方金额	贷方金额
支付邮费	管理费用/公司经费/办公费	350000	
支付邮费	销售费用	450600	
支付邮费	银行存款/工商银行		800600
			800600
票号 3 -00066447 日期 2024.12.12 数量 单价	合 计	800600	800600

备注　项 目　　部 门　　个 人
　　　客 户　　业务员

记账 张佩瑶　审核 高云童　出纳 张佳宁　制单 杜思淼

附件：

中国工商银行
转账支票存根

V II 00066447

附加信息：

出票日期：2024年12月12日

收款人：长春市高新区邮政速递局	
金额：8 006.00	
用途：支付邮电费	

单位主管：　　　　会计：

邮费分配表

2024年12月12日

使用单位	邮费分配金额（元）
管理部门	3 500.00
销售部门	4 506.00
合计	8 006.00

制表：张佩瑶

吉林增值税电子普通发票

全国统一发票监制章 国家税务总局 吉林省税务局

机器编号：670003006558

发票代码：022002012311
发票号码：08120388
开票日期：2024年12月12日
校 验 码：02057 00832 87157 31257

购买方		密码区	
	名　　称：长春平安纸业有限公司 纳税人识别号：912201021234567890 地 址、电 话：长春市高新区浦东路0001号043189123888 开户行及账号：工行长春自由支行2200881208080019999		11*522197>7299A-7866-5>23511*522197>72--5>D6>890>R155<324D5*P799*7864_/23783/9>>780>583>56*>1068<7<953>*2/*-228*/502<285-3N9*26>4*40*>><31438>547>>>94*/-72547*78*

项目名称	规格型号	单位	数量	单价	金额	税率	税额
*邮政服务*邮件寄递服务					7 552.83	6%	453.17
合计					￥ 7 552.83		￥ 453.17
价税合计（大写）	⊗捌仟零陆元整					（小写）￥ 8 006.00	

销售方		备注	
	名　　称：长春市高新区邮政速递局 纳税人识别号：91220105749304305B 地 址、电 话：长春市二道区维多商业A栋120号043181132887 开户行及账号：工行长春光明路支行4200220207080001193		

收款人：　　　　复核：　　　　开票人：宋江

47.

记 账 凭 证 赵书晗

记 字 0047　　制单日期：2024.12.12　　附单据数：1

摘 要	科目名称	借方金额	贷方金额
支付前欠材料款	应付账款/汇锐胶业	5588000	
支付前欠材料款	银行存款/工商银行		5588000
票号 3 -00066448 日期 2024.12.12 数量 单价	合 计	5588000	5588000

备注 项 目　部 门　个 人
客 户　业务员

记账 张佩瑶　审核 高云童　出纳 张佳宁　制单 杜思淼

附件：

中国工商银行
转账支票存根

V II 00066448

附加信息：

出票日期：2024年12月12日

收款人：长春市汇锐胶业有限公司
金额：55 880.00
用途：支付前欠材料款

单位主管：　　会计：

48.

记账凭证

赵书晗

记 字 0048　　制单日期：2024.12.12　　附单据数：1

摘要	科目名称	借方金额	贷方金额
支付前欠材料款	应付账款/捷诺化工	789087	
支付前欠材料款	银行存款/工商银行		789087
票号 1 - 日期 2024.12.12　数量 单价	合计	789087	789087
备注	项目 客户	部门 业务员	个人

记账 张佩瑶　审核 高云童　出纳 张佳宁　制单 杜思淼

附件：

中国工商银行电汇凭证(回　单)1

☑普通 ☐加急　　委托日期 2024年 12月 12日　　NO. 01885333

汇款人	全称	长春平安纸业有限公司	收款人	全称	上海市捷诺化工有限公司
	账号	2200881208080019999		账号	1200000008089871123
	汇出地点	吉林 省 长春 市/县		汇入地点	省 上海市 /县
汇出行名称		工行长春自由支行	汇入行名称		建行上海浦东支行
金额	人民币：（大写）	柒仟捌佰玖拾元捌角柒分		亿千百十万千百十元角分	¥789087
中国工商银行长春自由支行 业务专用章 汇出行签章			支付密码		
			附加信息及用途：货款 复核　记账		

此联汇出行给汇款人的回单

49.

记 账 凭 证

赵书晗

记 字 0049　　制单日期：2024.12.13　　附单据数：1

摘 要	科目名称	借方金额	贷方金额
采购废纸浆货款未付	材料采购/废纸浆	32500000	
采购废纸浆货款未付	应交税费/应交增值税/进项税额	4225000	
采购废纸浆货款未付	应付账款/美拉纸浆		36725000
票号 - 日期　数量 500.00000吨 单价 650.00000	合 计	36725000	36725000

备注　项 目　　部 门　　个 人
　　　客 户　　业务员

记账 张佩瑶　审核 高云童　出纳　制单 杜思淼

附件：

山东增值税电子专用发票

发票代码：037002010313
发票号码：00527525
开票日期：2024年12月13日
校 验 码：02057 00832 87157 31207

机器编号：225513806310

购买方	名 称：长春平安纸业有限公司 纳税人识别号：912201021234567890 地 址、电 话：长春市高新区浦东路0001号043189123888 开户行及账号：工行长春自由支行2200881208080019999	密码区	90//11*52*//2197>72-7218+*-5>235 45+-P176>6*>10+--1168<7953>*2/*-0 22/*85+02<-21+--096>4+-*40*>><31 438>547>>>94+--725//47*78* 56233

项目名称	规格型号	单位	数量	单价	金额	税率	税额
*纸制品*废纸浆		吨	500	650.000 00	325 000.00	13%	42 250.00
合计					¥ 325 000.00		¥ 42 250.00
价税合计（大写）	⊗ 叁拾陆万柒仟贰佰伍拾元整				（小写）¥ 367 250.00		

销售方	名 称：青岛市美拉纸浆有限公司 纳税人识别号：370200112798655680 地 址、电 话：青岛市经开区飞跃路130号053288653232 开户行及账号：工行青岛开发区支行0097190098620010090	备注	

收款人：　　复核：　　开票人：王海臣

50.

记账凭证

赵书晗

记 字 0050　　制单日期：2024.12.13　　附单据数：1

摘要	科目名称	借方金额	贷方金额
采购运费货款未付	材料采购/废纸浆	465000	
采购运费货款未付	应交税费/应交增值税/进项税额	41850	
采购运费货款未付	应付账款/准通物流		506850
票号 - 日期　　数量 单价	合计	506850	506850

备注　项目　　部门　　个人
客户　　业务员

记账 张佩瑶　审核 高云童　出纳　制单 杜思淼

附件：

吉林增值税电子专用发票

机器编号：661513806311

发票代码：022002018613
发票号码：00227670
开票日期：2024年12月13日
校验码：02334 12356 10286 91670

购买方	名称：长春平安纸业有限公司 纳税人识别号：912201021234567890 地址、电话：长春市高新区浦东路0001号043189123888 开户行及账号：工行长春自由支行2200881208080019999			密码区	8Y//25195>7299-/826-5>23511*5/197>72-7558-*5>6>890>/175<3245/790*7864_/23751/9>/78058/56*>1068<7<953>*2/218502<28>08932/39*26>1*40*>><31+--138>547>>>947*2137*751+--0/8795		
项目名称	规格型号	单位	数量	单价	金额	税率	税额
*运输服务*道路货物运输服务		吨	500	9.300 00	4 650.00	9%	418.50
合计					¥ 4 650.00		¥ 418.50
价税合计（大写）	⊗伍仟零陆拾捌元伍角				（小写）¥ 5 068.50		
销售方	名称：长春准通物流有限公司 纳税人识别号：912200009064891078 地址、电话：长春市高新区蔚山路1890号0431842528020 开户行及账号：建行长春光明支行620080620008031333			备注	起运地：青岛 到达地：长春 车种车号：挂车吉A05009 货物：废纸浆500吨		

收款人：　　复核：　　开票人：王熙凤

51.

记 账 凭 证

赵书晗

记 字 0051　　制单日期：2024.12.14　　附单据数：3

摘要	科目名称	借方金额	贷方金额
购买电脑耗材	管理费用/公司经费/办公费	600000	
购买电脑耗材	制造费用/新闻纸车间/其他费用	200000	
购买电脑耗材	制造费用/书写纸车间/其他费用	200000	
购买电脑耗材	银行存款/工商银行		1000000
票号 3 -00066449 日期 2024.12.14　数量 单价	合 计	1000000	1000000
备注	项目　客户	部门　业务员	个人

记账 张佩瑶　审核 高云童　出纳 张佳宁　制单 杜思淼

附件：

吉林增值税电子普通发票

发票代码：022002012511
发票号码：00522524
开票日期：2024年12月14日
校 验 码：02334 12356 10286 91670

机器编号：611503877356

购买方	名　称：长春平安纸业有限公司 纳税人识别号：912201021234567890 地 址、电 话：长春市高新区浦东路0001号043189123888 开户行及账号：工行长春自由支行2200881208080019999	密码区	5*6237//-13011*522197>72-78-5>2356 6302*5//-78203>6*>1068<7953>*2/*-0 22*/5812//-8502<-0926>+-4*40*>><31 438>547>>>947*258//2547*78* 0985

项目名称	规格型号	单位	数量	单价	金额	税率	税额
*计算机配套产品*墨盒+硒鼓		套	5	1 769.910 00	8 849.56	13%	1 150.44
合计					¥ 8 849.56		¥ 1 150.44
价税合计（大写）	⊗ 壹万元整					（小写）	¥ 10 000.00

销售方	名　称：长春市久陆久数码科技有限公司 纳税人识别号：2200001127911220UI 地 址、电 话：长春市工农大路1340号043188997719 开户行及账号：工行长春红旗支行2297190098620099111	备注	

收款人：　　复核：　　开票人：张高山

中国工商银行
转账支票存根

V II 00066449

附加信息：

出票日期：2024年12月14日

收款人:长春市久陆久数码科技有限公司	
金额：10 000.00	
用途：采购电脑耗材	

单位主管：　　　　会计：

电脑耗材分配表

2024年12月14日

使用单位	领用数量（套）	单价（元/套）	分配金额（元）
新闻纸车间	1	2 000	2 000.00
书写纸车间	1	2 000	2 000.00
管理部门	3	2 000	6 000.00
合计	5		10 000.00

制表：张佩瑶

52.

记 账 凭 证

赵书晗

记 字 0052　　制单日期：2024.12.14　　附单据数：1

摘要	科目名称	借方金额	贷方金额
采购助剂货款未付	材料采购/助剂	39500000	
采购助剂货款未付	应交税费/应交增值税/进项税额	5135000	
采购助剂货款未付	应付账款/汇锐胶业		44635000
票号 - 日期	数量 500.00000吨 单价 790.00000	合计 44635000	44635000

备注　项目　　部门　　个人
　　　客户　　业务员

记账 张佩瑶　　审核 高云童　　出纳　　制单 杜思淼

附件：

吉林增值税电子专用发票

发票代码：022002012613
发票号码：80527528
开票日期：2024年12月14日
校验码：02334 12356 10286 91670

机器编号：698000125673

购买方	名称：长春平安纸业有限公司 纳税人识别号：912201021234567890 地址、电话：长春市高新区浦东路0001号043189123888 开户行及账号：工行长春自由支行2200881208080019999	密码区	8U*11*52+--297>72-78-5>235+--335//*05 73+--92/3>6*>10*//68<79*//53>*2/*-0* 2+--28*5//J02<-26>4+-*-/L40*>><3/10 4//38>5+47>>>94*//7K5*--2547*78*078/0

项目名称	规格型号	单位	数量	单价	金额	税率	税额
*化学试剂助剂*助剂		吨	500	790.000 00	395 000.00	13%	51 350.00
合计					￥ 395 000.00		￥ 51 350.00
价税合计（大写）	⊗肆拾肆万陆仟叁佰伍拾元整					（小写）￥ 446 350.00	

销售方	名称：长春市汇锐胶业有限公司 纳税人识别号：2200012098800015IK 地址、电话：长春市双阳区人民大街465号043184778346 开户行及账号：工行吉林双阳支行2200889081010018917	备注	

收款人：　　复核：　　开票人：李坤

53.

记账凭证 赵书晗

记 字 0053　　制单日期：2024.12.14　　附单据数： 2

摘要	科目名称	借方金额	贷方金额
报销会议费	管理费用/公司经费/办公费	1000000	
报销会议费	银行存款/工商银行		1000000
票号 3 -00066450 日期 2024.12.14　数量 单价	合 计	1000000	1000000
备注	项目 客户	部门 业务员	个人

记账 张佩瑶　审核 高云童　出纳 张佳宁　制单 杜思淼

附件：

中国工商银行
转账支票存根

V II 00066450

附加信息：

出票日期：2024年12月14日

收款人：长春香格里拉大饭店
金额：10 000.00
用途：支付会议费

单位主管：　　　会计：

吉林增值税电子普通发票

全国统一发票监制章 国家税务总局 吉林省税务局

机器编号：063514802359

发票代码：022002012711
发票号码：08727301
开票日期：2024年12月9日
校 验 码：02133 10855 80961 80263

购买方	名　　称：长春平安纸业有限公司 纳税人识别号：912201021234567890 地 址、电 话：长春市高新区浦东路0001号043189123888 开户行及账号：工行长春自由支行2200881208080019999	密码区	11*520*97>7299A-7866-5>23511*522197>72-78-5>D6>890>R155<324D5*P799*7864_/23783/9>>7*-**/-0>583>56*>1068<7<953>*2/*-228502<285-3N9*26>4*40*>><31438>547>>>9472//+547*78+-*

项目名称	规格型号	单位	数量	单价	金额	税率	税额
*会展服务*会议服务			1	9 433.965 00	9 433.97	6%	566.04
合计					￥ 9 433.97		￥ 566.04
价税合计（大写）	⊗ 壹万元整					（小写）	￥ 10 000.00

销售方	名　　称：长春香格里拉大饭店 纳税人识别号：912201021189818113 地 址、电 话：长春市朝阳区重庆路88号043188958585 开户行及账号：工行长春同光支行6200881277 08230523	备注	

收款人：　　复核：　　开票人：　董建华

54.

记 账 凭 证

赵书晗

记　字 0054　　制单日期：2024.12.15　　附单据数：2

摘要	科目名称	借方金额	贷方金额
销售新闻纸书写纸货款未收	应收账款/吉利印刷	1037340000	
销售新闻纸书写纸货款未收	主营业务收入/新闻纸		450000000
销售新闻纸书写纸货款未收	主营业务收入/书写纸		468000000
销售新闻纸书写纸货款未收	应交税费/应交增值税/销项税额		119340000
票号 - 日期　　数量 单价	合 计	1037340000	1037340000
备注	项 目　　部 门　　个 人 客 户　　业务员		

记账　张佩瑶　　审核　高云童　　出纳　　制单　杜思淼

附件：

吉林增值税电子专用发票

（印章：全国统一发票监制章 国家税务总局 吉林省税务局）

机器编号：661619927617

发票代码：022002085113
发票号码：00727334
开票日期：2024年12月15日
校 验 码：02133 10855 80961 80235

购买方	名　　称：长春市吉利印刷有限公司 纳税人识别号：2201000011220187MO 地 址、电 话：长春市宽城区迎宾路128号043183349982 开户行及账号：工行长春南广场支行2200001109888992120	密码区	111*52+--2197>72-78-5**>23//-57-89 35>6*>10+--68<79*/53>*331+--12/*-0 22+--85+--02<-236>4*40*>><335+--51 438>547>>>94//*72+--547*78*16+--33

项目名称	规格型号	单位	数量	单价	金额	税率	税额
*纸制品*新闻纸		吨	900	5 000.000 00	4 500 000.00	13%	585 000.00
*纸制品*书写纸		吨	900	5 200.000 00	4 680 000.00	13%	608 400.00
合计					￥9 180 000.00		￥1 193 400.00
价税合计（大写）	⊗壹仟零叁拾柒万叁仟肆佰元整					（小写）	￥10 373 400.00

销售方	名　　称：长春平安纸业有限公司 纳税人识别号：912201021234567890 地 址、电 话：长春市高新区浦东路0001号043189123888 开户行及账号：工行长春自由支行2200881208080019999	备注	

收款人：　　　　复核：　　　　开票人：李大光

产 成 品 出 库 单

用途：**销售**　　　　2024年12月15日　　　　No:1003008　　仓库：产品库

类别	编号	名称及规格	计量单位	数量	单位成本	总成本	附注
产成品	P2010X01	新闻纸	吨	900			吉利印刷
产成品	P2010S02	书写纸	吨	900			
合计							

②财务记账联

制表：李静宜　　保管：舒北　　　　会计：　张佩瑶　　　　经手人：杨光

55.

记 账 凭 证

赵书晗

记 字 0055　　制单日期：2024.12.15　　附单据数：2

摘要	科目名称	借方金额	贷方金额
报销文化用品费用	管理费用/公司经费/办公费	370000	
报销文化用品费用	银行存款/工商银行		370000
票号 3 -00066451 日期 2024.12.15　数量 单价	合 计	370000	370000
备注 项 目 客 户	部 门 业务员	个 人	

记账 张佩瑶　　审核 高云童　　出纳 张佳宁　　制单 杜思淼

附件：

中国工商银行
转账支票存根

V II 00066451

附加信息：

出票日期：2024年12月15日

收款人：长春国商集团有限公司
金额：3 700.00
用途：购买办公用品

单位主管：　　　　会计：

吉林增值税电子普通发票

机器编号：021519906506

发票代码：022002012911
发票号码：70827977
开票日期：2024年12月1日
校验码：05126 12832 90230 95582

购买方	名称：长春平安纸业有限公司 纳税人识别号：912201021234567890 地址、电话：长春市高新区浦东路0001号043189123888 开户行及账号：工行长春自由支行2200881208080019999	密码区	1*597>72//99A-7866-5>235*5197>72-78-5> D6>890>R155<3+--D5*P799*786_/237G/9>>0 >583>56*>168<7<953>*2/*-228+--50*2<285 -3N9*26>**>><3Z*38>5>>>97+--25**87L*//

项目名称	规格型号	单位	数量	单价	金额	税率	税额
*文具*圆珠笔		支	10	53.800 00	538.00	13%	69.94
*印刷品*书写本册		个	20	22.850 00	57.00	13%	59.41
*文具*档案盒		个	48	18.380 00	882.24	13%	114.69
*纸制品*打印纸		包	60	23.285 00	1 397.10	13%	181.62
合计					￥ 3 274.34		￥ 425.66
价税合计（大写）	⊗ 叁仟柒佰元整						（小写）￥ 3 700.00

销售方	名称：长春国商集团有限公司 纳税人识别号：91220102188031880D 地址、电话：长春市宽城区南二条路2256号043187934767 开户行及账号：中行长春万达广场支行4200880200080017777	备注	

收款人：　　复核：　　开票人：李顺利

56.

记 账 凭 证　赵书晗

记字 0056　　制单日期：2024.12.15　　附单据数：1

摘要	科目名称	借方金额	贷方金额
采购废纸浆货款未付	材料采购/废纸浆	27200000	
采购废纸浆货款未付	应交税费/应交增值税/进项税额	3536000	
采购废纸浆货款未付	应付账款/吉恩化工		30736000
票号 - 日期　数量 400.00000吨 单价 680.00000	合计	30736000	30736000
备注	项目　部门　个人 客户　业务员		

记账 张佩瑶　　审核 高云童　　出纳　　制单 杜思淼

附件：

吉林增值税电子专用发票

发票代码：022002013013
发票号码：20727222
开票日期：2024年12月15日
校 验 码：05126 12832 90230 95582

机器编号：661513806311

购买方	名　　称：长春平安纸业有限公司 纳税人识别号：912201021234567890 地 址、电 话：长春市高新区浦东0001号043189123888路 开户行及账号：工行长春自由支行2200881208080019999	密码区	567911+-*5228*//+-197>72-78-5>235 3>16*>10-*+68<7953>*2/*-098+--010 228502<-211*//2+--236>4*40*>><3126 438>547>>>947*//+-2547*78* 89+--762

项目名称	规格型号	单位	数量	单价	金额	税率	税额
*纸制品*废纸浆		吨	400	680.000 00	272 000.00	13%	35 360.00
合计					￥ 272 000.00		￥ 35 360.00
价税合计（大写）	⊗叁拾万柒仟叁佰陆拾元整						（小写）￥ 307 360.00

销售方	名　　称：长春市吉恩化工有限公司 纳税人识别号：2201185782600358GP 地 址、电 话：长春市绿园区青年路98号043187783359 开户行及账号：工行吉林正阳支行2200001209078810901	备注	

收款人：　　　复核：　　　开票人：赵海洋

57.

记 账 凭 证　赵书晗

记　字 0057　　　制单日期：2024.12.16　　　附单据数：2

摘要	科目名称	借方金额	贷方金额
销售木浆货款已收	银行存款/工商银行	56500000	
销售木浆货款已收	其他业务收入/木浆		50000000
销售木浆货款已收	应交税费/应交增值税/销项税额		6500000
票号 1 - 日期 2024.12.16　数量 单价	合　计	56500000	56500000
备注	项　目 客　户	部　门 业务员	个　人

记账　张佩瑶　　审核　高云童　　出纳　张佳宁　　制单　杜思淼

附件：

吉林增值税电子专用发票

（全国统一发票监制章 国家税务总局 吉林省税务局）

机器编号：661619927617

发票代码：022002085113
发票号码：00727335
开票日期：2024年12月16日
校 验 码：05126 12832 90230 95575

购买方	名　　称：上海市众协商贸有限公司 纳税人识别号：1200017849318900KC 地 址、电 话：上海保税区解放路3333号02187545321 开户行及账号：交行上海闽行支行0002220000113377901	密码区	11*522197>72-78-5>235121565 3*+-3>6*>1068<7953>*2/*-008 228502<-206>4*40*>><312365 438>547>>>9472547*78* 09800

项目名称	规格型号	单位	数量	单价	金额	税率	税额
*纸制品*木浆		吨	100	5 000.000 00	500 000.00	13%	65 000.00
合计					¥ 500 000.00		¥ 65 000.00
价税合计（大写）	⊗ 伍拾陆万伍仟元整						（小写）¥ 565 000.00

销售方	名　　称：长春平安纸业有限公司 纳税人识别号：912201021234567890 地 址、电 话：长春市高新区浦东路0001号043189123888 开户行及账号：工行长春自由支行2200881208080019999	备注	

收款人：　　　　复核：　　　　开票人：李大光

中国工商银行　客户收款通知单

交易日期：	2024-12-16	交易机构：	10118	交易流水号：	129980006

收款人名称：长春平安纸业有限公司
收款人账号：2200881208080019999
收款人开户银行：工行长春自由支行
付款人名称：上海市众协商贸股份有限公司
付款人账号：0101087188920871009
付款人开户银行：工行上海市闽行支行
金额（小写）：565 000
金额（大写）：伍拾陆万伍仟元整　　业务种类：无折转客户账
客户申请号：283091108
用途：货款
银行摘要：OBSS00283091108GIRO0000000000
备注：
此联为客户回单：自助设备打印，注意避免重复　　自助打印次数：1　　银行盖章

（中国工商银行长春自由支行 业务专用章 (自助设备专用)）

打印时间：2024-12-16 15：58：57

58.

记账凭证　赵书晗

记　字 0058　　制单日期：2024.12.16　　附单据数：1

摘要	科目名称	借方金额	贷方金额
收回前欠货款	银行存款/工商银行	30000000	
收回前欠货款	应收账款/君达纸业		30000000
票号 1 - 日期 2024.12.16　数量 单价	合计	30000000	30000000

备注　项　目　　部　门　　个　人
　　　客　户　　业务员

记账　张佩瑶　　审核　高云童　　出纳　张佳宁　　制单　杜思淼

附件：

中国工商银行　客户收款通知单

交易日期：2024-12-16　　交易机构：10118　　交易流水号：129980017

收款人名称：长春平安纸业有限公司

收款人账号：2200881208080019999

收款人开户银行：工行长春自由支行

付款人名称：济南市君达纸业股份有限公司

付款人账号：0101087188920871009

付款人开户银行：工行济南市分行和平支行

金额（小写）：300 000.00

金额（大写）：叁拾万元整　　业务种类：无折转客户账

客户申请号：583090017

用途：货款

银行摘要：OBSS00583090017GIRO0000000000

备注：

此联为客户回单：自助设备打印，注意避免重复　　自助打印次数：1　　银行盖章

中国工商银行长春自由支行 业务专用章 (自助设备专用)

打印时间：2024-12-16 16：05：07

59.

记账凭证 赵书晗

记 字 0059　　制单日期：2024.12.16　　附单据数：1

摘要	科目名称	借方金额	贷方金额
采购废纸浆货款未付	材料采购/废纸浆	56000000	
采购废纸浆货款未付	应交税费/应交增值税/进项税额	7280000	
采购废纸浆货款未付	应付账款/辉鹏纸业		63280000
票号 - 日期　数量 800.00000吨 单价 700.00000	合 计	63280000	63280000
备注	项目　部门　个人 客户　业务员		

记账 张佩瑶　审核 高云童　出纳　制单 杜思淼

附件：

辽宁增值税电子专用发票

发票代码：021002061013
发票号码：01975461
开票日期：2024年12月16日
校验码：05126 12832 90230 95575

机器编号：25605138063

购买方	名　称：长春平安纸业有限公司 纳税人识别号：912201021234567890 地址、电话：长春市高新区浦东路0001号043189123888 开户行及账号：工行长春自由支行2200881208080019999	密码区	89+--011*522/+--197>72-78-5>235 3*309>6*>10*/68<795F+--3>*2/*-0 2//28*502<-26>41*//H92*40*>><31 4*38>5/47>>>947+-*25+--47*7//8*

项目名称	规格型号	单位	数量	单价	金额	税率	税额
*纸制品*废纸浆		吨	800	700.000 00	560 000.00	13%	72 800.00
合计					¥ 560 000.00		¥ 72 800.00
价税合计（大写）	⊗ 陆拾叁万贰仟捌佰元整						（小写）¥ 632 800.00

销售方	名　称：沈阳市辉鹏纸业有限公司 纳税人识别号：210102009806189155 地址、电话：沈阳市铁东区绥化街1680号02483423451 开户行及账号：农行沈阳西广支行2100001209100078110	备注	

收款人：　复核：　开票人：张金生

60.

记 账 凭 证

赵书晗

记　字　0060　　制单日期：2024.12.16　　附单据数：1

摘要	科目名称	借方金额	贷方金额
采购运费尚未支付	材料采购/废纸浆	186000	
采购运费尚未支付	应交税费/应交增值税/进项税额	16740	
采购运费尚未支付	应付账款/准通物流		202740
票号 - 日期　数量 单价	合计	202740	202740

备注　项目　部门　个人
客户　业务员

记账　张佩瑶　　审核　高云童　　出纳　　制单　杜思淼

附件：

吉林增值税电子专用发票

全国统一发票监制章 国家税务总局 吉林省税务局

发票代码：022002018613
发票号码：00227770
开票日期：2024年12月16日
校验码：03333 16656 10786 71670

机器编号：661513806311

购买方	名称：长春平安纸业有限公司 纳税人识别号：912201021234567890 地址、电话：长春市高新区浦东路0001号043189123888 开户行及账号：工行长春自由支行2200881208080019999	密码区	//25195>7299-/826-5>23511*5/197>72-7558-*5>6>890>/175<3245/790*7864_/23751/9>/78058/56*>1068<7<953>*2/218+-2<28>08932/39*26>1*40*>><3138>547>>>9137*7510/8795

项目名称	规格型号	单位	数量	单价	金额	税率	税额
*运输服务*道路货物运输服务		吨	500	3.720 00	1 860.00	9%	167.40
合计					￥ 1 860.00		￥ 167.40
价税合计（大写）	⊗贰仟零贰拾柒元肆角						（小写）￥ 2 027.40

销售方	名称：长春准通物流有限公司 纳税人识别号：912200009064891078 地址、电话：长春市高新区蔚山路180号0431842528020 开户行及账号：建行长春光明支行62008062000803133	备注	起运地：沈阳 到达地：长春 车种车号：挂车吉A05050 货物：废纸浆800吨

收款人：　　复核：　　开票人：王熙凤

61.

记账凭证

赵书晗

记 字 0061　　制单日期：2024.12.16　　附单据数：2

摘要	科目名称	借方金额	贷方金额
销售书写纸货款未收	应收账款/同文出版	470080000	
销售书写纸货款未收	主营业务收入/书写纸		416000000
销售书写纸货款未收	应交税费/应交增值税/销项税额		54080000
票号 - 日期　数量 单价	合计	470080000	470080000

备注　项目　　部门　　个人
　　　客户　　业务员

记账 张佩瑶　审核 高云童　出纳　制单 杜思淼

附件：

吉林增值税电子专用发票

发票代码：022002085113
发票号码：00727336
开票日期：2024年12月16日
校验码：03353 16656 10786 71616

机器编号：661619927617

购买方	名称：沈阳市同文出版集团 纳税人识别号：2189010011085418FI 地址、电话：沈阳市中城区建阳街868号02487678798 开户行及账号：建行沈阳中山广场支行0307910911238900012				密码区	M13+--871*522197>72-78-5>23590 9S/*033>6*>1068+-<79//53>*2/*-0 228+--502<-229*/8*06>4*40*>><31 438>547>097>>94**-+725+-47*78*1	
项目名称	规格型号	单位	数量	单价	金额	税率	税额
*纸制品*书写纸		吨	800	5 200.000 00	4 160 000.00	13%	540 800.00
合计					￥4 160 000.00		￥540 800.00
价税合计（大写）	⊗肆佰柒拾万零捌佰元整					（小写）￥4 700 800.00	
销售方	名称：长春平安纸业有限公司 纳税人识别号：912201021234567890 地址、电话：长春市高新区浦东路0001号043189123888 开户行及账号：工行长春自由支行2200881208080019999				备注		

收款人：　　复核：　　开票人：李大光

全国统一发票监制章 国家税务总局 吉林省税务局

产成品出库单

用途：**销售**　　2024年12月16日　　No:1003009 仓库：产品库

类别	编号	名称及规格	计量单位	数量	单位成本	总成本	附注
产成品	P2010S02	书写纸	吨	800			同文出版
合计							

②财务记账联

制表：孙大伟　保管：舒北　会计：张佩瑶　经手人：杨光

62.

记账凭证

赵书晗

记 字 0062　　制单日期：2024.12.16　　附单据数：1

摘要	科目名称	借方金额	贷方金额
销售草浆货款未收	应收账款/君达纸业	63280000	
销售草浆货款未收	其他业务收入/草浆		56000000
销售草浆货款未收	应交税费/应交增值税/销项税额		7280000
票号 - 日期　数量 单价	合计	63280000	63280000

备注　项目　部门　个人
　　　客户　业务员

记账 张佩瑶　审核 高云童　出纳　制单 杜思淼

附件：

吉林增值税电子专用发票

发票代码：022002085413
发票号码：00727337
开票日期：2024年12月16日
校 验 码：03353 16656 10786 71616

机器编号：661619927617

购买方	名称：济南市君达纸业股份有限公司 纳税人识别号：370100376900865135 地址、电话：济南市朝阳区和平大街1588号053188888888 开户行及账号：工行济南和平支行0101087188920871009			密码区	13871*52//+-2197>72-78-5>235+--90* *90E--/33>6*>1068+-<79//53>*2/*-0 22*85--02<-229*+--806>4*4+0*>><31 4*38>5+--47>097>>947+25A-++47*78*1		
项目名称	规格型号	单位	数量	单价	金额	税率	税额
*纸制品*草浆		吨	200	2 800.000 00	560 000.00	13%	72 800.00
合计					￥ 560 000.00		￥ 72 800.00
价税合计（大写）	⊗ 陆拾叁万贰仟捌佰元整					（小写）	￥ 632 800.00
销售方	名称：长春平安纸业有限公司 纳税人识别号：912201021234567890 地址、电话：长春市高新区浦东路0001号043189123888 开户行及账号：工行长春自由支行2200881208080019999			备注			

收款人： 复核： 开票人：李大光

63.

记账凭证

赵书晗

记 字 0063　　制单日期：2024.12.16　　附单据数：1

摘要	科目名称	借方金额	贷方金额
提现	库存现金	600000	
提现	银行存款/工商银行		600000
票号 2 -00124586 日期 2024.12.16　数量 单价	合计	600000	600000
备注	项目 客户	部门 业务员	个人

记账 张佩瑶　审核 高云童　出纳 张佳宁　制单 杜思淼

附件：

中国工商银行
现金支票存根

II IV 0012 586

附加信息：

出票日期：2024年12月16日

收款人:长春平安纸业有限公司
金额：6 000.00
用途：备用

单位主管：　　　　会计：

64.

记 账 凭 证　赵书晗

记　字 0064　　制单日期：2024.12.16　　附单据数：1

摘要	科目名称	借方金额	贷方金额
支付曲连波等差旅费	销售费用	507821	
铁路旅客运输进项税	应交税费/应交增值税/进项税额	18479	
支付曲连波等差旅费	库存现金		526300
票号 - 日期　数量 单价	合 计	526300	526300

备注　项目　部门　个人
客户　业务员

记账　张佩瑶　　审核　高云童　　出纳　张佳宁　　制单　杜思淼

附件：

吉财会账字50号

出差旅费报销单

单位：销售科　　　　　　　　　　　　　　　　2024年12月16日

月	日	时间	出发地	月	日	时间	到达地	机票费	车（船）费	卧铺费	夜行车补助		市内交通费		宿费			出差补助		其他	合计
											小时	金额	实支	包干	标准	实支	提成扣减	天数	金额		
12	10	7	长春	12	10	13	北京		1 119												1 119.00
12	15	17	北京	12	15	23	长春		1 119												1 119.00
																3 025					3 025.00
合计									2 238							3 025					5 263.00

出差任务	市场调研	报销金额人民币（大写）伍仟贰佰陆拾叁元零角零分 单位领导 江枫　部门负责人 张行　出差人 曲连波 王灿 张录	预借金额	
			报销金额	5 263.00
			结余或超支	

会计主管：高云童　　　记账：杜思淼　　　审核：　　　附单据柒张

G22020011　　长春售

长　春　　D24次　　北　京

Changchun　　Beijing

2024年12月10日07:13开　07车　40号软座

￥373.00元　空调软座快速

限乘当日当次车

在3日内到有效

8828800003112 V0011921

注：其余两张车票略。金额共计1 119元。

G1211890　　北京售

北　京　　D23次　　长　春

Beijing　　Changchun

2024年12月15日17:20开　2车　66号软座

￥373.00元　空调软座快速

限乘当日当次车

在3日内到有效

8828800003112 V8901013

注：其余两张车票略。金额共计1 119元。

北京增值税电子普通发票

全国统一发票监制章 国家税务总局 北京市税务局

发票代码：011002019811
发票号码：01921399
开票日期：2024年12月15日
校验码：07157 11805 10263 13005

机器编号：330519806707

购买方	名　　称：长春平安纸业有限公司 纳税人识别号：912201021234567890 地 址、电 话：长春市高新区浦东路0001号043189123888 开户行及账号：工行长春自由支行2200881208080019999	密码区	*52/9/7>7299A-7866-5>23511*52219>72-78- 5>D6>890>R155<324D5+799*7864_/23783/9 80>583>56*>1068<7<953>*2/*-228502<285- 3N9*26>4*40*>><31438>547>>>94725R7*7+*

项目名称	规格型号	单位	数量	单价	金额	税率	税额
*住宿服务*住宿服务		天	5	570.754 00	2 853.77	6%	171.23
合计					￥ 2 853.77		￥ 171.23
价税合计（大写）	⊗ 叁仟零贰拾伍元整						（小写）￥ 3 025.00

销售方	名　　称：北京市富源酒店有限公司 纳税人识别号：9110010218885V999M 地 址、电 话：北京市海淀区学府路甲3号01027288888 开户行及账号：工行北京人大支行4200081207000002388	备注	

收款人：　　复核：　　开票人：王冠雪

65.

记 账 凭 证

赵书晗

记　字 0065　　制单日期：2024.12.17　　附单据数：1

摘要	科目名称	借方金额	贷方金额
收回前欠货款	银行存款/工商银行	200000000	
收回前欠货款	应收账款/众协商贸		200000000
票号 1 - 日期 2024.12.17　数量 单价	合 计	200000000	200000000

备注　项　目　　部　门　　个　人
　　　客　户　　业务员

记账 张佩瑶　　审核 高云童　　出纳 张佳宁　　制单 杜思淼

附件：

中国工商银行　　客户收款通知单

交易日期：	2024-12-17	交易机构：	10118	交易流水号：	129980551
收款人名称：	长春平安纸业有限公司				
收款人账号：	2200881208080019999				
收款人开户银行：	工行长春自由支行				
付款人名称：	上海市众协商贸股份有限公司				
付款人账号：	0101087188920871009				
付款人开户银行：	工行上海市闽行支行				
金额（小写）：	2 000 000.00				
金额（大写）：	贰佰万元整	业务种类：	无折转客户账		
客户申请号：	283092007				
用途：	货款				
银行摘要：	OBSS0028309200GIRO0000000000				
备注：					
此联为客户回单：	自助设备打印，注意避免重复	自助打印次数：	1	银行盖章	
打印时间：	2024-12-17 15：51：00				

（印章：中国工商银行长春自由支行 业务专用章（自助设备专用））

66.

记 账 凭 证　赵书晗

记　字 0066　　制单日期：2024.12.17　　附单据数：1

摘要	科目名称	借方金额	贷方金额
支付邮购图书费用	应付职工薪酬/职工教育经费	38900	
支付邮购图书费用	库存现金		38900
票号 - 日期　数量 单价	合 计	38900	38900

备注：项目　部门　个人
客户　业务员

记账 张佩瑶　审核 高云童　出纳 张佳宁　制单 杜思淼

附件：

吉林增值税电子普通发票

全国统一发票监制章 国家税务总局 吉林省税务局

发票代码：022002013511
发票号码：02180372
开票日期：2024年12月17日
校 验 码：20151 18801 07150 01402

机器编号：661513806311

购买方	名　　称：长春平安纸业有限公司 纳税人识别号：912201021234567890 地 址、电 话：长春市高新区浦东路0001号043189123888 开户行及账号：工行长春自由支行2200881208080019999				密码区	11*522197>7299A-7866-5>23511*522197>72--5>D6>890>R155<324D5*P799*76_/23783/9>>780>583>56*>1068<7<953>*2/*-228502<285-3N9*26>4*40*>><31438>547>>>9472547*78*		
项目名称	规格型号	单位	数量	单价	金额	税率	税额	
*印刷品*图书		册	5	77.800 00	389.00	*	*	
合计					￥ 389.00		*	
价税合计（大写）	⊗ 叁佰捌拾玖元整					（小写）￥ 389.00		
销售方	名　　称：长春市学文书店 纳税人识别号：912201010112808122 地 址、电 话：长春市朝阳区人民大街168号043188528901 开户行及账号：工行长春广场支行4121000005800081118				备注			

收款人：　　　　复核：　　　　开票人：章鱼

67.

记 账 凭 证

赵书晗

记　字 0067　　制单日期：2024.12.19　　附单据数：1

摘 要	科目名称	借方金额	贷方金额
支付停车费用	管理费用/其他费用	60000	
支付停车费用	库存现金		60000
票号 - 日期　　数量 单价	合 计	60000	60000
备注	项 目　　部 门　　个 人 客 户　　业务员		

记账 张佩瑶　　审核 高云童　　出纳 张佳宁　　制单 杜思淼

附件：

费用报销单

2024年12月3日　　　　附单据60张

项目	金额（元）	公司主管领导	财务负责人	部门负责人
停车费	600.00		赵书晗	李国强
		报销人		
合计	600.00	李高轩		
金额（大写） 陆佰元整				

吉林省长春市机动车停车收费统一发票

发　票　联

客户名称：

代码：221040776231

No.40335901

人民币拾元整　￥10.00

收款人：

收款单位（盖章有效）　　　年　月　日

注：发票共计60张，其余59张略。

68.

记 账 凭 证　赵书晗

记 字 0068　　制单日期：2024.12.20　　附单据数：2

摘要	科目名称	借方金额	贷方金额
销售新闻纸书写纸货款未收	应收账款/亚金科技	1035080000	
销售新闻纸书写纸货款未收	主营业务收入/新闻纸		500000000
销售新闻纸书写纸货款未收	主营业务收入/书写纸		416000000
销售新闻纸书写纸货款未收	应交税费/应交增值税/销项税额		119080000
票号 - 日期　数量 单价	合计	1035080000	1035080000

备注　项目　　部门　　个人
　　　客户　　业务员

记账 张佩瑶　　审核 高云童　　出纳　　制单 杜思淼

附件：

吉林增值税电子专用发票

全国统一发票监制章 国家税务总局 吉林省税务局

发票代码：022002085113
发票号码：00727338
开票日期：2024年12月20日
校 验 码：20151 18801 07150 01402

机器编号：661619927617

购买方	名　　称：通化市亚金科技股份有限公司 纳税人识别号：2204027808091417CV 地 址、电 话：通化市光明路1212号043587897894 开户行及账号：工行通化支行0022800988000000529	密码区	9011*522+--197>72-78-5>235+--P85 10+--X123>6*>1068<79+--L53>*2/*-0 //22+-*85+--V02<-26>4*//40*>><31- 438>547>>>94*72+--54/7*78*87*+-6Z

项目名称	规格型号	单位	数量	单价	金额	税率	税额
*纸制品*新闻纸		吨	1000	5 000.000 00	5 000 000.00	13%	650 000.00
*纸制品*书写纸		吨	800	5 200.000 00	4 160 000.00	13%	540 800.00
合计					¥9 160 000.00		¥1 190 800.00
价税合计（大写）	⊗壹仟零叁拾伍万零捌佰元整					（小写）	¥10 350 800.00

销售方	名　　称：长春平安纸业有限公司 纳税人识别号：912201021234567890 地 址、电 话：长春市高新区浦东路0001号043189123888 开户行及账号：工行长春自由支行2200881208080019999	备注	

收款人：　　　　复核：　　　　开票人：李大光

产 成 品 出 库 单

用途：销售　　　　2024年12月20日　　　　No:1003010　仓库：产品库

类别	编号	名称及规格	计量单位	数量	单位成本	总成本	附注
产成品	P2010X01	新闻纸	吨	1 000			亚金科技
产成品	P2010S02	书写纸	吨	800			
合计							

②财务记账联

制表：李静宜　　保管：舒北　　　　会计：张佩瑶　　　　经手人：杨光

69.

记账凭证 赵书晗

记 字 0069　　制单日期：2024.12.21　　附单据数：1

摘要	科目名称	借方金额	贷方金额
提现	库存现金	500000	
提现	银行存款/工商银行		500000
票号 2 -00124587 日期 2024.12.21 数量 单价	合计	500000	500000

备注 项目　部门　个人
客户　业务员

记账 张佩瑶　审核 高云童　出纳 张佳宁　制单 杜思淼

附件：

中国工商银行
现金支票存根

II IV 00124587

附加信息：

出票日期：2024年12月21日

收款人：长春平安纸业有限公司
金额：5 000.00
用途：备用

单位主管：　　会计：

70.

记 账 凭 证

赵书晗

记 字 0070　　制单日期：2024.12.21　　附单据数：1

摘 要	科目名称	借方金额	贷方金额
收到预付货款	银行存款/工商银行	7000000	
收到预付货款	应收账款/大唐实业		7000000
票号 3 -11389901 日期 2024.12.21　数量 单价	合 计	7000000	7000000
备注 项 目 客 户	部 门 业务员	个 人	

记账 张佩瑶　审核 高云童　出纳 张佳宁　制单 杜思淼

附件：

中国工商银行 进账单（收账通知） 3

2024年12月21日

出票人	全称	长春市大唐实业股份有限公司	收款人	全称	长春平安纸业有限公司
出票人	账号	2200881208008798148	收款人	账号	2200881208080019999
出票人	开户银行	工行长春自由支行	收款人	开户银行	工行长春自由支行
金额	人民币（大写）	柒万元整		千百十万千百十元角分	¥7000000
票据种类	支票	票据张数	壹		
票据号码	IV II 11389901				
复核： 记账：			收款人开户银行签章（印章：中国工商银行长春自由支行 业务专用章）		

此联是开户银行交给收款人的收账通知

71.

记账凭证

赵书晗

记 字 0071　　制单日期：2024.12.22　　附单据数：2

摘要	科目名称	借方金额	贷方金额
销售书写纸货款未收	应收账款/麦派实业	293800000	
销售书写纸货款未收	主营业务收入/书写纸		260000000
销售书写纸货款未收	应交税费/应交增值税/销项税额		33800000
票号 - 日期 数量 单价	合计	293800000	293800000
备注	项目 客户 部门 业务员 个人		

记账 张佩瑶　审核 高云童　出纳　制单 杜思淼

附件：

吉林增值税电子专用发票

全国统一发票监制章 国家税务总局 吉林省税务局

发票代码：022002013713
发票号码：00727339
开票日期：2024年12月22日
校 验 码：20151 18801 07150 01402

机器编号：661619927617

购买方	名称：麦派实业有限公司 纳税人识别号：2202000388009104AM 地址、电话：青岛市即墨区五柳街8号053285683471 开户行及账号：农行青岛金星支行0973000000986009912	密码区	1351*522197>72-78*+-5>235 20913>6*>1068<7953>*2/*-0 228502<+-26>4+*40+*>><31 43208>547>>>9472547*78*09

项目名称	规格型号	单位	数量	单价	金额	税率	税额
*纸制品*书写纸		吨	500	5 200.000 00	2 600 000.00	13%	338 000.00
合计					￥2 600 000.00		￥ 338 000.00
价税合计（大写）	⊗贰佰玖拾叁万捌仟元整					（小写）	￥2 938 000.00

销售方	名称：长春平安纸业有限公司 纳税人识别号：91220102123456789 0 地址、电话：长春市高新区浦东路0001号043189123888 开户行及账号：工行长春自由支行2200881208080019999	备注	

收款人：　复核：　开票人：李大光

产成品出库单

用途：销售　　2024年12月22日　　No:1003011　仓库：产品库

类别	编号	名称及规格	计量单位	数量	单位成本	总成本	附注
产成品	P2010S02	书写纸	吨	500			麦派实业
合计							

制表：李静宜　保管：刘家辉　会计：　张佩瑶　经手人：杨光

72.

记 账 凭 证

赵书晗

记 字 0072　　制单日期：2024.12.22　　附单据数：2

摘要	科目名称	借方金额	贷方金额
采购草浆货款已付	材料采购/草浆	50000000	
采购草浆货款已付	应交税费/应交增值税/进项税额	6500000	
采购草浆货款已付	银行存款/工商银行		56500000
票号 1 － 日期 2024.12.22　数量 单价	合计	56500000	56500000

备注　项　目　　部　门　　个　人
　　　客　户　　业务员

记账　张佩瑶　审核　高云童　出纳　张佳宁　制单　杜思淼

附件：

山东增值税电子普通发票

全国统一发票监制章 国家税务总局 山东省税务局

发票代码：037002010313
发票号码：00727627
开票日期：2024年12月22日
校 验 码：20151 18801 07150 01402

机器编号：225513806310

购买方	名　　称：长春平安纸业有限公司 纳税人识别号：912201021234567890 地 址、电 话：长春市高新区浦东路0001号043189123888 开户行及账号：工行长春自由支行2200881208080019999	密码区	09811+-*522197>72-78-5>235 09353>65*>1068<7953>*2/*-0 228502<-26>40985*40*>><31 438>547>>>9472+-8547*78*0

项目名称	规格型号	单位	数量	单价	金额	税率	税额
*纸制品*草浆		吨	200	2 500.000 00	500 000.00	13%	65 000.00
合计					￥ 500 000.00		￥ 65 000.00
价税合计（大写）	⊗ 伍拾陆万伍仟元整					（小写）￥ 565 000.00	

销售方	名　　称：青岛市美拉纸浆有限公司 纳税人识别号：370200112798655680 地 址、电 话：青岛市经开区飞跃路130号053288653232 开户行及账号：工行青岛开发区支行0097190098620010090	备注	

收款人：　　　　复核：　　　　开票人：梁宇

中国工商银行电汇凭证（回　单）1

☑普通 ☐加急　　　委托日期　2024年 12月 22日

汇款人	全称	长春平安纸业有限公司	收款人	全称	青岛市美拉纸浆有限公司
	账号	2200881208080019999		账号	0097190098620010090
	汇出地点	吉林 省 长春 市/县		汇入地点	山东省　青岛市 /县
汇出行名称		工行长春自由支行	汇入行名称		工行青岛开发区支行

金额	人民币：（大写）	伍拾陆万伍仟元整	亿	千	百	十	万	千	百	十	元	角	分
					￥	5	6	5	0	0	0	0	0

中国工商银行长春自由支行 业务专用章 汇出行签章	支付密码	
	附加信息及用途：货款 复核　　记账	

此联汇出行给汇款人的回单

73.

记 账 凭 证

赵书晗

记 字 0073 制单日期：2024.12.22 附单据数：2

摘要	科目名称	借方金额	贷方金额
支付设备维修费用	制造费用/新闻纸车间/维修费	12483800	
支付设备维修费用	应交税费/应交增值税/进项税额	1622894	
支付设备维修费用	银行存款/工商银行		14106694
票号 3 -00066452 日期 2024.12.22 数量 单价	合 计	14106694	14106694

备注 项目 部门 个人
客户 业务员

记账 张佩瑶 审核 高云童 出纳 张佳宁 制单 杜思淼

附件：

吉林增值税电子专用发票

全国统一发票监制章 国家税务总局 吉林省税务局

发票代码：022002013813
发票号码：05285758
开票日期：2024年12月22日
校 验 码：20151 18801 07150 01402

机器编号：591513806318

购买方	名称：长春平安纸业有限公司 纳税人识别号：912201021234567890 地址、电话：长春市高新区浦东路0001号043189123888 开户行及账号：工行长春自由支行2200881208080019999	密码区	5083>6*>108<753>*2/*-1502<-26>2981+- *50983>6*>1068<7953>*2/**-28165*-0<- 26>197>7278-5>23>6*>1068<7953>*2/*-<- 26>*+40*>><309+--38>57>>>9+7257*8*098

项目名称	规格型号	单位	数量	单价	金额	税率	税额
*劳务*修理修配劳务		*	*	*	124 838.00	13%	16 228.94
合计					￥ 124 838.00		￥ 16 228.94
价税合计（大写）	⊗ 拾肆万壹仟零陆拾陆元玖角肆分						（小写）￥ 141 066.94

销售方	名称：长春瑞鹏工贸公司 纳税人识别号：2201020098891615LX 地址、电话：长春市宽城区台北大街180号043182423441 开户行及账号：农行长春西广支行2200001209100000119	备注	

收款人： 复核： 开票人：兰鹏

中国工商银行
转账支票存根

V II 00066452

附加信息：

出票日期：2024年12月22日

收款人:长春瑞鹏工贸公司
金额：141 066.94
用途：支付维修费

单位主管：　　会计：

74.

记 账 凭 证 赵书晗

记 字 0074　　制单日期：2024.12.22　　附单据数：2

摘要	科目名称	借方金额	贷方金额
支付设备维修费用	制造费用/书写纸车间/维修费	29194000	
支付设备维修费用	应交税费/应交增值税/进项税额	3795220	
支付设备维修费用	银行存款/工商银行		32989220
票号 3 -00066453 日期 2020.12.22　数量 单价	合计	32989220	32989220

备注　项目　　部门　　个人
客户　　业务员

记账 张佩瑶　审核 高云童　出纳 张佳宁　制单 杜思淼

附件：

吉林增值税电子专用发票

全国统一发票监制章 国家税务总局 吉林省税务局

机器编号：061513756313

发票代码：022002013913
发票号码：12527520
开票日期：2024年12月22日
校 验 码：20156 18801 07150 01405

购买方	名　　称：长春平安纸业有限公司 纳税人识别号：912201021234567890 地 址、电 话：长春市高新区浦东路0001号043189123888 开户行及账号：工行长春自由支行2200881208080019999	密码区	9/11*52+--2197>72-78-5>38*2//35 290//3>6*>10/68<79+--53>*2/*-0 228*+--502<-26>61//094*40*>><31 438>547>47*->>947J+--25/47+*78*

项目名称	规格型号	单位	数量	单价	金额	税率	税额
*劳务*修理修配劳务		*	*	*	291 940.00	13%	37 952.20
合计					￥ 291 940.00		￥ 37 952.20
价税合计（大写）	⊗ 叁拾贰万玖仟捌佰玖拾贰元贰角					（小写）￥ 329 892.20	

销售方	名　　称：长春江淮化工技术有限公司 纳税人识别号：2201020097808090AE 地 址、电 话：长春市朝阳区红旗街2801号043187650021 开户行及账号：工行长春市红旗支行2200001209100880810	备注	

收款人：　　　　复核：　　　　开票人：韩英

中国工商银行
转账支票存根

V II 00066453

附加信息：

出票日期：2024年12月22日

收款人:长春江淮化工技术有限公司
金额：329 892.20
用途：采购原材料

单位主管：　　　　会计：

75.

记 账 凭 证

赵书晗

记 字 0075　　　　制单日期：2024.12.23　　　　附单据数：2

摘 要	科目名称	借方金额	贷方金额
支付包装箱采购款	销售费用	6688673	
包装箱进项税额	应交税费/应交增值税/进项税额	869527	
支付包装箱采购款	银行存款/工商银行		7558200
票号 3 -00066454 日期 2024.12.23　数量 单价	合 计	7558200	7558200

备注　项 目　　部 门　　个 人

客 户　　业务员

记账 张佩瑶　　审核 高云童　　出纳 张佳宁　　制单 杜思淼

附件：

吉林增值税电子专用发票

全国统一发票监制章 国家税务总局 吉林省税务局

机器编号：691510106780

发票代码：022002018013
发票号码：05727557
开票日期：2024年12月23日
校 验 码：20156 18991 07158 01115

购买方	名 称：长春平安纸业有限公司 纳税人识别号：912201021234567890 地 址、电 话：长春市高新区浦东路0001号043189123888 开户行及账号：工行长春自由支行2200881208080019999	密码区	87//11*522197>72-78-5>235 0983>6*>1068<7953>*2//*-0 22*08502<-26>4*40*>><031 2/438>547>>>9472547*78*56

项目名称	规格型号	单位	数量	单价	金额	税率	税额
*木制品*包装用木制容器		个	200	334.433650	66 886.73	13%	8 695.27
合计					￥ 66 886.73		￥ 8 695.27
价税合计（大写）	⊗柒万伍仟伍佰捌拾贰元整						（小写）￥ 75 582.00

销售方	名 称：长春市仁众包装公司 纳税人识别号：2200001127922100JU 地 址、电 话：长春市工农大路440号043189857652 开户行及账号：工行长春红旗街支行2201190098629911820	备注	

收款人：　　　　复核：　　　　开票人：徐丽

中国工商银行
转账支票存根

V Ⅱ 00066454

附加信息：

出票日期：2024年12月23日

收款人:长春市仁众包装公司	
金额：75 582.00	
用途：采购包装箱	

单位主管：　　　　会计：

76.

记 账 凭 证　赵书晗

记 字 0076　　制单日期：2024.12.25　　附单据数：1

摘要	科目名称	借方金额	贷方金额
收回前欠货款	银行存款/工商银行	450000000	
收回前欠货款	应收账款/麦派实业		450000000
票号 3 -22040219 日期 2024.12.25　数量 单价	合计	450000000	450000000
备注 项目　部门　个人 客户　业务员			

记账 张佩瑶　审核 高云童　出纳 张佳宁　制单 杜思淼

附件：

中国工商银行　　进账单（收账通知）　　3

2024年12月25日

出票人	全称	麦派实业有限公司	收款人	全称	长春平安纸业有限公司
	账号	0973000000986009912		账号	2200881208080019999
	开户银行	农行青岛金星支行		开户银行	工行长春自由支行
金额	人民币（大写）	肆佰伍拾万元整		千百十万千百十元角分	¥450000000
票据种类	支票	票据张数	壹	中国工商银行长春自由支行 业务专用章	
票据号码	IV II 22040219				
	复核： 记账：			收款人开户银行签章	

此联是开户银行交给收款人的收账通知

77.

记 账 凭 证　赵书晗

记 字 0077　　制单日期：2024.12.25　　附单据数：1

摘要	科目名称	借方金额	贷方金额
收回前欠货款	银行存款/工商银行	400000000	
收回前欠货款	应收账款/亚金科技		400000000
票号 3 －22001123 日期 2024.12.25　数量 单价	合 计	400000000	400000000

备注	项 目 客 户	部 门 业务员	个 人

记账 张佩瑶　　审核 高云童　　出纳 张佳宁　　制单 杜思淼

附件：

中国工商银行　　进账单（收账通知）　3

2024年12月25日

出票人	全称	通化市亚金科技股份有限公司	收款人	全称	长春平安纸业有限公司
	账号	0022800988000000529		账号	2200881208080019999
	开户银行	工行通化支行		开户银行	工行长春自由支行
金额	人民币（大写）	肆佰万元整		千百十万千百十元角分	¥400000000
票据种类	支票	票据张数	壹		
票据号码	IV　II 22001123				
复核：　记账：			中国工商银行长春自由支行 业务专用章 收款人开户银行签章		

此联是开户银行交给收款人的收账通知

78.

记 账 凭 证　赵书晗

记字 0078　　制单日期：2024.12.26　　附单据数：2

摘要	科目名称	借方金额	贷方金额
销售书写纸货款未收	应收账款/嘉豪纸业	470080000	
销售书写纸货款未收	主营业务收入/书写纸		416000000
销售书写纸货款未收	应交税费/应交增值税/销项税额		54080000
票号 - 日期　数量 单价	合计	470080000	470080000
备注	项目　部门　个人 客户　业务员		

记账 张佩瑶　审核 高云童　出纳　制单 杜思淼

附件：

吉林增值税电子专用发票

机器编号：661619927617

发票代码：022002085113
发票号码：00727340
开票日期：2024年12月26日
校 验 码：20156 18991 07158 07135

购买方	名　　称：青岛市嘉豪纸业股份有限公司 纳税人识别号：3702009901115601TS 地 址、电 话：青岛市海边区琴海路1111号053287234153 开户行及账号：工行青岛开发区支行0097190098018378901	密码区	58+--911*522/197>72-78-5>2//351 37H*//+903>6*>10*68<7953>*2/*-0 22*//85+--02<-24//6>4*40*>><310 438>547>>>947*+--25//47*78*+-56

项目名称	规格型号	单位	数量	单价	金额	税率	税额
*纸制品*书写纸		吨	800	5 200.000 00	4 160 000.00	13%	540 800.00
合计					¥4 160 000.00		¥ 540 800.00
价税合计（大写）	⊗ 肆佰柒拾万零捌佰元整					（小写）	¥4 700 800.00

销售方	名　　称：长春平安纸业有限公司 纳税人识别号：912201021234567890 地 址、电 话：长春市高新区浦东路0001号043189123888 开户行及账号：工行长春自由支行2200881208080019999	备注	

收款人：　　复核：　　开票人：李大光

产 成 品 出 库 单

用途：销售　　2024年12月26日　　No:1003012　仓库：产品库

类别	编号	名称及规格	计量单位	数量	单位成本	总成本	附注
产成品	P2010S02	书写纸	吨	800			嘉豪纸业
合计							

制表：李静宜　保管：刘家辉　会计：张佩瑶　经手人：于凤山

79.

记 账 凭 证

赵书晗

记 字 0079　　制单日期：2024.12.26　　附单据数：3

摘 要	科目名称	借方金额	贷方金额
支付水费	管理费用/公司经费/水电费	280000	
支付水费	制造费用/新闻纸车间/水电汽费	478400000	
支付水费	制造费用/书写纸车间/水电汽费	428300000	
支付水费	应交税费/应交增值税/进项税额	81628200	
支付水费	银行存款/工商银行		988608200
票号 - 日期　　数量 单价	合 计	988608200	988608200
备注	项 目　部 门　个 人 客 户　业务员		

记账 张佩瑶　　审核 高云童　　出纳 张佳宁　　制单 杜思淼

附件：

用水分配表

2024年12月26日

使用单位	用水量（吨）	单价（元/吨）	分配金额（元）
新闻纸车间	95 6800	5	4 784 000.00
书写纸车间	85 6600	5	4 283 000.00
综合部门	560	5	2 800.00
合计	1 813 960		9 069 800.00

制表：杜思淼

吉林增值税电子专用发票

（印章：全国统一发票监制章 国家税务总局 吉林省税务局）

机器编号：071903807001

发票代码：022002019213
发票号码：00727327
开票日期：2024年12月26日
校 验 码：29156 18091 07158 07835

购买方	名　　称：长春平安纸业有限公司 纳税人识别号：912201021234567890 地 址、电 话：长春市高新区浦东路0001号043189123888 开户行及账号：工行长春自由支行2200881208080019999	密码区	7+--811*522+--197>+*72-78-5>235 553>6*>10K+--68//<79*53>*2/*-0 22//85+--02<-26>4*T//40*>><310 438>54//7>>>9//472*--547*78*093

项目名称	规格型号	单位	数量	单价	金额	税率	税额
*水冰雪*自来水		吨	1 813 960	5.000 00	9 069 800.00	9%	816 282.00
合计					¥9 069 800.00		¥ 816 282.00
价税合计（大写）	⊗ 玖佰捌拾捌万陆仟零捌拾贰元整						（小写）¥9 886 082.00

销售方	名　　称：长春市水务集团高新分公司 纳税人识别号：220102123111002015 地 址、电 话：长春市高新区吉林路198号043185583359 开户行及账号：工行吉林高新分理处2200001209078780809	备注	

收款人：　　　复核：　　　开票人：李洋

托收凭证（付款通知）　5

委托日期 2024年12月24日　　付款期限 2024年12月26日

业务类型	委托收款（☐邮划☑电划）托收承付（☐邮划☐电划）						
付款人	全称	长春平安纸业有限公司		收款人	全称	长春水务集团高新分公司	
	账号	2200881208080019999			账号	98736200101010100231	
	地址	长春市	开户行：工行长春自由支行		地址	长春市	开户行：工行吉林省分行高新分理处
金额	人民币（大写）	玖佰捌拾捌万陆仟零捌拾贰元整				亿千百十万千百十元角分	¥9 8 8 6 0 8 2 0 0
款项内容	水费	托收凭据名称	发票	附寄单据张数	1		
商品发运情况				合同名称号码			
付款人开户银行收到日期：2024年12月26日 备注： 复核　记账	收款人开户银行签章 （印章：中国工商银行长春自由支行 业务专用章） 2024年12月26日			付款人注意： 1. 根据支付结算办法，上列委托收款（托收承付）款项在付款期限内未提出拒付，即视为同意付款，以此代付款通知。 2. 如需提出全部或部分拒付，应在规定期限内，将拒付理由书并附债务证明退交开户银行。			

此联付款人开户银行给付款人按期付款通知

80.

记 账 凭 证

赵书晗

记　字 0080　　制单日期：2024.12.28　　附单据数：3

摘要	科目名称	借方金额	贷方金额
支付电费	管理费用/公司经费/水电费	510000	
支付电费	制造费用/新闻纸车间/水电汽费	506700000	
支付电费	制造费用/书写纸车间/水电汽费	516500000	
支付电费	应交税费/应交增值税/进项税额	133082300	
支付电费	银行存款/工商银行		1156792300
票号 - 日期　数量 单价	合计	1156792300	1156792300
备注	项目　部门　个人 客户　业务员		

记账　张佩瑶　　审核　高云童　　出纳　张佳宁　　制单　杜思淼

附件：

用电分配表

2024年12月28日

使用单位	用电量（度）	单价（元/度）	分配金额（元）
新闻纸车间	5 401 918.98	0.938	5 067 000.00
书写纸车间	5 506 396.59	0.938	5 165 000.00
综合部门	5 437.10	0.938	5 100.00
合计	10 913 752.67		10 237 100.00

制表：杜思淼

吉林增值税电子专用发票

（印章：全国统一发票监制章 国家税务总局 吉林省税务局）

机器编号：081524906503

发票代码：022002051013
发票号码：02315487
开票日期：2024年12月28日
校 验 码：21156 18191 07158 07131

购买方	名　　称：长春平安纸业有限公司 纳税人识别号：912201021234567890 地 址、电 话：长春市高新区浦东路0001号043189123888 开户行及账号：工行长春自由支行2200881208080019999	密码区	7811*522197>+*72-78-5>23537 55//53>6*>1068//<7953>*2/*-0 3722//8502<-26>4*40*>><3100 438>547>>>9472547*78*09356

项目名称	规格型号	单位	数量	单价	金额	税率	税额
*供电*电力产品		度	10 913 752.67	0.940 00	10 237 100.00	13%	1 330 823.00
合计					¥10 237 100.00		¥1 330 823.00
价税合计（大写）	⊗壹仟壹佰伍拾陆万柒仟玖佰贰拾叁元整					（小写）¥11 567 923.00	

销售方	名　　称：吉林省供电公司长春分公司 纳税人识别号：220102123991181025 地 址、电 话：长春市高新区火炬路158号043185783556 开户行及账号：工行吉林高新分理处2200001209078227764	备注	

收款人：　　　　复核：　　　　开票人：李华

托收凭证（付款通知）　　5

委托日期 2024年12月25日　　　付款期限 2024年12月28日

业务类型	委托收款（☐邮划☑电划）托收承付（☐邮划☐电划）																
付款人	全称	长春平安纸业有限公司			收款人	全称	吉林省供电公司长春高新分公司										
	账号	2200881208080019999				账号	9873620010010214560										
	地址	长春市	开户行	工行长春自由支行		地址	长春市	开户行	工行吉林省分行高新分理处								
金额	人民币（大写）	壹仟壹佰伍拾陆万柒仟玖佰贰拾叁元整					亿	千	百	十	万	千	百	十	元	角	分
							¥	1	1	5	6	7	9	2	3	0	0
款项内容	电费		托收凭据名称	发票		附寄单据张数	1										
商品发运情况				合同名称号码													
付款人开户银行收到日期： 2024年12月25日 备注： 复核　　记账		收款人开户银行签章 （印章：中国工商银行长春自由支行 业务专用章） 2024年12月25日			付款人注意： 1. 根据支付结算办法，上列委托收款（托收承付）款项在付款期限内未提出拒付，即视为同意付款，以此代付款通知。 2. 如需提出全部或部分拒付，应在规定期限内，将拒付理由书并附债务证明退交开户银行。												

此联付款人开户银行给付款人按期付款通知

81.

记账凭证

赵书晗

记 字 0081 制单日期：2024.12.28 附单据数： 3

摘要	科目名称	借方金额	贷方金额
支付蒸汽费用	制造费用/新闻纸车间/水电汽费	91980000	
支付蒸汽费用	制造费用/书写纸车间/水电汽费	85230000	
支付蒸汽费用	应交税费/应交增值税/进项税额	23037300	
支付蒸汽费用	银行存款/工商银行		200247300
票号 3 -00066455 日期 2024.12.28 数量 单价	合计	200247300	200247300

备注 项目 部门 个人
客户 业务员

记账 张佩瑶 审核 高云童 出纳 张佳宁 制单 杜思淼

附件：

用汽分配表

2024年12月28日

使用单位	用汽量（立方米）	单价（元/立方米）	分配金额（元）
新闻纸车间	4 034.21	228	919 800.00
书写纸车间	3 738.16	228	852 300.00
合计	7 772.37		1 772 100.00

制表：杜思淼

吉林增值税电子专用发票

全国统一发票监制章 国家税务总局 吉林省税务局

机器编号：362583307453

发票代码：022002018013
发票号码：07865984
开票日期：2024年12月28日
校 验 码：21156 18191 07158 07131

购买方	名　　称：长春平安纸业有限公司 纳税人识别号：912201021234567890 地 址、电 话：长春市高新区浦东路0001号043189123888 开户行及账号：工行长春自由支行2200881208080019999	密码区	5//011*52+--2197>/72-78-5>235*S17 13>6*>1068<79+--53>*2//*-068/96*M 10//228+--502<-26>4*40*>>0<31//6 123+-*438>547>>>947+--25//47*78*99

项目名称	规格型号	单位	数量	单价	金额	税率	税额
*供热*蒸汽		立方米	7 772.37	228.000 00	1 772 100.00	13%	230 373.00
合计					¥1 772 100.00		¥ 230 373.00
价税合计（大写）	⊗ 贰佰万零贰仟肆佰柒拾叁元整					（小写）¥2 002 473.00	

销售方	名　　称：长春市路桥蒸汽动力公司 纳税人识别号：220001209822001DR5 地 址、电 话：长春市朝阳区人民大街61号043188906710 开户行及账号：工行吉林双阳支行2200889081010018917	备注	

收款人：　　　　复核：　　　　开票人：林海

中国工商银行
转账支票存根

V II 00066455

附加信息：

出票日期：2024年12月28日

收款人：长春市路桥蒸汽动力公司
金额：2 002 473.00
用途：支付蒸汽动力款

单位主管：　　　　会计：

82.

记 账 凭 证　赵书晗

记　字 0082　　制单日期：2024.12.28　　附单据数：1

摘要	科目名称	借方金额	贷方金额
支付前欠材料款	应付账款/吉恩化工	50405607	
支付前欠材料款	银行存款/工商银行		50405607
票号 3 -00066456 日期 2024.12.28　数量 单价	合 计	50405607	50405607

备注　项　目　　部　门　　个　人
客　户　　业务员

记账　张佩瑶　　审核　高云童　　出纳　张佳宁　　制单　杜思淼

附件：

中国工商银行
转账支票存根

V II 00066456

附加信息：

出票日期：2024年12月28日

收款人:长春市吉恩化工有限公司
金额：504 056.07
用途：支付前欠货款

单位主管：　　会计：

83.

记 账 凭 证

赵书晗

记　字 0083　　制单日期：2024.12.28　　附单据数：2

摘要	科目名称	借方金额	贷方金额
缴纳保险费	管理费用/财产保险费	452703	
缴纳保险费	银行存款/工商银行		452703
票号 3 -00066457 日期 2024.12.28　数量 单价	合计	452703	452703
备注	项目　客户	部门　业务员	个人

记账 张佩瑶　　审核 高云童　　出纳 张佳宁　　制单 杜思淼

附件：

吉林增值税电子普通发票

发票代码：022002014511
发票号码：31834157
开票日期：2024年12月28日
校 验 码：23146 86542 90810 95891

机器编号：091543456901

购买方	名　　称：长春平安纸业有限公司 纳税人识别号：912201021234567890 地 址、电 话：长春市高新区浦东路0001号043189123888 开户行及账号：工行长春自由支行2200881208080019999	密码区	03--51/77+--98>/9<*07/<1/169U+--767+1 15*/*19--75-448+--338>/9<*07/385*//9 <144+--83*//38>/9<*07/<1/2617//-2055* -/+13<14*96+--018<64//19<7-66/*9<7>9

项目名称	规格型号	单位	数量	单价	金额	税率	税额
*保险服务*车辆商业保险		份	1	4 270.780 00	4 270.78	6%	256.25
合计					￥ 4 270.78		￥ 256.25
价税合计（大写）	⊗肆仟伍佰贰拾柒元零叁分						（小写）￥4 527.03

销售方	名　　称：中国人民财产保险股份有限公司吉林省分公司 纳税人识别号：912200007239320188 地 址、电 话：吉林省长春市东朝阳路399号043185850796 开户行及账号：工行长春同志街支行4200220329200138668	备注	车牌号吉AUU888，吉A06NR8，吉A87157；保单号10317800100068909991811

收款人：　　复核：　　开票人：A00018

中国工商银行
转账支票存根

V II 00066457

附加信息：

出票日期：2024年12月28日

收款人：中国人民财产保险股份有限公司吉林省分公司
金额：4 527.03
用途：缴纳保险费

单位主管：　　　　会计：

84.

记账凭证

赵书晗

记　字 0084　　制单日期：2024.12.29　　附单据数：18

摘要	科目名称	借方金额	贷方金额
材料验收入库并结转差异	原材料/草浆	543950000	
材料验收入库并结转差异	材料成本差异/草浆	40075000	
材料验收入库并结转差异	材料采购/草浆		584025000
票号 - 日期　数量 2 365.00000吨 单价 2 300.00000	合计	584025000	584025000
备注 项目　部门　个人 客户　业务员			

记账 张佩瑶　审核 高云童　出纳　制单 杜思淼

85.

记账凭证 赵书晗

记 字 0085　　制单日期：2024.12.29　　附单据数：18

摘要	科目名称	借方金额	贷方金额
材料验收入库并结转差异	原材料/废纸浆	333420000	
材料验收入库并结转差异	材料成本差异/废纸浆	56793500	
材料验收入库并结转差异	材料采购/废纸浆		390213500
票号 - 日期	数量 5 557.00000吨 单价 600.00000 合计	390213500	390213500

备注 项目 部门 个人 客户 业务员

记账 张佩瑶　审核 高云童　出纳　制单 杜思淼

86.

记账凭证 赵书晗

记 字 0086　　制单日期：2024.12.29　　附单据数：18

摘要	科目名称	借方金额	贷方金额
材料验收入库并结转差异	原材料/木浆	630000000	
材料验收入库并结转差异	材料成本差异/木浆	86860000	
材料验收入库并结转差异	材料采购/木浆		716860000
票号 - 日期	数量 1 500.00000吨 单价 4 200.00000 合计	716860000	716860000

备注 项目 部门 个人 客户 业务员

记账 张佩瑶　审核 高云童　出纳　制单 杜思淼

87.

记 账 凭 证

赵书晗

记　字 0087　　　　制单日期：2024.12.29　　　　附单据数：18

摘要	科目名称	借方金额	贷方金额
材料验收入库并结转差异	原材料/助剂	142058000	
材料验收入库并结转差异	材料成本差异/助剂	9069000	
材料验收入库并结转差异	材料采购/助剂		151127000
票号 - 日期　　数量 1 946.00000吨 单价 730.00000	合 计	151127000	151127000

备注			
项　目		部　门	个　人
客　户		业务员	

记账　张佩瑶　　　审核　高云童　　　出纳　　　　制单　杜思淼

84～87 号凭证附件：

收料单

2024年12月1日　　　　编码：12000

材料编号	材料名称	规格	材质	单位	数量		实际单价	材料金额	运费	（合计）材料实际成本
					发票	实收				
102	废纸浆			吨	2 300	2 300	715.00	1 644 500.00		1 644 500.00
供货单位	辉鹏纸业公司		结算方法		合同号			计划单价	材料/计划成本	
备注	发票00903222							600.00	1 380 000.00	

②财务记账联

主管：赵丹　　质量检验员：赵卓　　仓库验收：李伟　　经办人：

收料单

2024年12月2日　　　　编码：12001

材料编号	材料名称	规格	材质	单位	数量		实际单价	材料金额	运费	（合计）材料实际成本
					发票	实收				
101	草浆			吨	1 165	1 165	2 430.00	2 830 950.00		2 830 950.00
供货单位	美拉纸浆公司		结算方法		合同号			计划单价	材料/计划成本	
备注	发票01927515							2 300.00	2 679 500.00	

②财务记账联

主管：赵丹　　质量检验员：赵卓　　仓库验收：杨江　　经办人：

收料单

2024年12月2日　　　　编码：12002

材料编号	材料名称	规格	材质	单位	数量		实际单价	材料金额	运费	（合计）材料实际成本
					发票	实收				
104	助剂			吨	46	46	790.00	36 340.00	0.00	36 340.00
供货单位	捷诺化工公司		结算方法		合同号			计划单价	材料/计划成本	
备注	发票81927839							730.00	33 580.00	

主管：赵丹　　质量检验员：赵卓　　仓库验收：王洪峰　　经办人：

②财务记账联

收料单

2024年12月3日　　　　编码：12003

材料编号	材料名称	规格	材质	单位	数量		实际单价	材料金额	运费	（合计）材料实际成本
					发票	实收				
102	废纸浆			吨	1 057	1 057	715.00	755 755.00	0.00	755 755.00
供货单位	吉恩化工公司		结算方法		合同号			计划单价	材料/计划成本	
备注	发票38902608							600.00	63 200.00	

主管：赵丹　　质量检验员：赵卓　　仓库验收：李伟　　经办人：

②财务记账联

收料单

2024年12月5日　　　　编码：12004

材料编号	材料名称	规格	材质	单位	数量		实际单价	材料金额	运费	（合计）材料实际成本
					发票	实收				
104	助剂			吨	400	00	760.00	304 000.00	930.00	304 930.00
供货单位	诚信商贸公司		结算方法		合同号			计划单价	材料/计划成本	
备注	发票70920622							730.00	292 000.00	

主管：赵丹　　质量检验员：赵卓　　仓库验收：王洪峰　　经办人：

②财务记账联

收料单

2024年12月7日　　　　编码：12005

材料编号	材料名称	规格	材质	单位	数量		实际单价	材料金额	运费	（合计）材料实际成本
					发票	实收				
103	木浆			吨	500	500	700.00	2 350 000.00	9 300.00	2 359 300.00
供货单位	美拉纸浆公司		结算方法		合同号			计划单价	材料/计划成本	
备注	发票01927602							4 200.00	2 100 000.00	

主管：赵丹　　质量检验员：赵卓　　仓库验收：王洪峰　　经办人：

②财务记账联

收料单

2024年12月7日　　　　编码：12006

材料编号	材料名称	规格	材质	单位	数量		实际单价	材料金额	运费	（合计）材料实际成本
					发票	实收				
101	草浆			吨	500	500	2 500.00	1 250 000.00	9 300.00	1 259 300.00
供货单位	美拉纸浆公司		结算方法		合同号			计划单价	材料/计划成本	
备注	发票01927602							2 300.00	1 150 000.00	

主管：赵丹　　质量检验员：赵卓　　仓库验收：张江　　经办人：

② 财务记账联

收料单

2024年12月10日　　　　编码：12007

材料编号	材料名称	规格	材质	单位	数量		实际单价	材料金额	运费	（合计）材料实际成本
					发票	实收				
104	助剂			吨	500	500	780.00	390 000.00	0.00	390 000.00
供货单位	捷诺化工公司		结算方法		合同号			计划单价	材料/计划成本	
备注	发票81927902							730.00	365 000.00	

主管：赵丹　　质量检验员：赵卓　　仓库验收：王洪峰　　经办人：

② 财务记账联

收料单

2024年12月12日　　　　编码：12008

材料编号	材料名称	规格	材质	单位	数量		实际单价	材料金额	运费	（合计）材料实际成本
					发票	实收				
102	废纸浆			吨	500	500	660.00	330 000.00	8 370.00	338 370.00
供货单位	辉鹏纸业公司		结算方法		合同号			计划单价	材料/计划成本	
备注	发票00907600							600.00	300 000.00	

主管：赵丹　　质量检验员：赵卓　　仓库验收：李伟　　经办人：

② 财务记账联

收料单

2024年12月13日　　　　编码：12009

材料编号	材料名称	规格	材质	单位	数量		实际单价	材料金额	运费	（合计）材料实际成本
					发票	实收				
103	木浆			吨	1 000	1 000	4 800.00	4 800 000.00	9 300.00	4 809 300.00
供货单位	塔斯纸浆公司		结算方法		合同号			计划单价	材料/计划成本	
备注	发票08905650							4 200.00	4 200 000.00	

主管：赵丹　　质量检验员：赵卓　　仓库验收：李伟　　经办人：

② 财务记账联

收料单

2024年12月13日　　　　编码：12010

材料编号	材料名称	规格	材质	单位	数量		实际单价	材料金额	运费	（合计）材料实际成本
					发票	实收				
104	助剂			吨	500	500	770.00	385 000.00	0.00	385 000.00
供货单位	汇锐胶业公司		结算方法		合同号			计划单价	材料/计划成本	
备注	发票88905658							730.00	365 000.00	

②财务记账联

主管：赵丹　　质量检验员：赵卓　　仓库验收：荆文菁　　经办人：

收料单

2024年12月15日　　　　编码：12011

材料编号	材料名称	规格	材质	单位	数量		实际单价	材料金额	运费	（合计）材料实际成本
					发票	实收				
101	草浆			吨	500	500	2 500.00	1 250 000.00	0.00	1 250 000.00
供货单位	吉恩化工公司		结算方法		合同号			计划单价	材料/计划成本	
备注	发票38902633							2 300.00	1 150 000.00	

②财务记账联

主管：赵丹　　质量检验员：赵卓　　仓库验收：李伟　　经办人：

收料单

2024年12月15日　　　　编码：12012

材料编号	材料名称	规格	材质	单位	数量		实际单价	材料金额	运费	（合计）材料实际成本
					发票	实收				
102	废纸浆			吨	500	500	650.00	325 000.00	4 650.00	329 650.00
供货单位	美植纸浆公司		结算方法		合同号			计划单价	材料/计划成本	
备注	发票00527525							600.00	300 000.00	

②财务记账联

主管：赵丹　　质量检验员：赵卓　　仓库验收：李伟　　经办人：

收料单

2024年12月17日　　　　编码：12013

材料编号	材料名称	规格	材质	单位	数量		实际单价	材料金额	运费	（合计）材料实际成本
					发票	实收				
102	废纸浆			吨	400	400	680.00	272 000.00	0.00	272 000.00
供货单位	吉恩化工公司		结算方法		合同号			计划单价	材料/计划成本	
备注	发票20727222							600.00	240 000.00	

②财务记账联

主管：赵丹　　质量检验员：赵卓　　仓库验收：魏江　　经办人：

收料单

2024年12月17日　　　　编码：12014

材料编号	材料名称	规格	材质	单位	数量		实际单价	材料金额	运费	（合计）材料实际成本
					发票	实收				
104	助剂			吨	500	500	790.00	395 000.00	0.00	395 000.00
供货单位	汇锐胶业公司		结算方法		合同号			计划单价	材料/计划成本	
备注	发票80527528							730.00	365 000.00	

②财务记账联

主管：赵丹　　质量检验员：赵卓　　仓库验收：荆文菁　　经办人：

收料单

2024年12月18日　　　　编码：12015

材料编号	材料名称	规格	材质	单位	数量		实际单价	材料金额	运费	（合计）材料实际成本
					发票	实收				
102	废纸浆			吨	800	800	700.00	560 000.00	1 860.00	561 860.00
供货单位	辉鹏纸业公司		结算方法		合同号			计划单价	材料/计划成本	
备注	发票01975461							600.00	480 000.00	

②财务记账联

主管：赵丹　　质量检验员：赵卓　　仓库验收：张江　　经办人：

收料单

2024年12月23日　　　　编码：12016

材料编号	材料名称	规格	材质	单位	数量		实际单价	材料金额	运费	（合计）材料实际成本
					发票	实收				
101	草浆			吨	200	200	2 500.00	500 000.00	0.00	500 000.00
供货单位	美桂纸浆公司		结算方法		合同号			计划单价	材料/计划成本	
备注	发票00727627							2 300.00	460 000.00	

②财务记账联

主管：赵丹　　质量检验员：赵卓　　仓库验收：张江　　经办人：

收料凭证汇总表

2024 年 12 月 29 日

材料编号	材料名称	本月购入			
		数量	实际成本	计划成本	成本差异
101	草浆	2 365	5 840 250.00	5 439 500.00	400 750.00
102	废纸浆	5 557	3 902 135.00	3 334 200.00	567 935.00
103	木浆	1 500	7 168 600.00	6 300 000.00	868 600.00
104	助剂	1 946	1 511 270.00	1 420 580.00	90 690.00
合计			18 422 255.00	16 494 280.00	1 927 975.00

制单人：杜思淼

88.

记账凭证 赵书晗

记 字 0088　　制单日期：2024.12.29　　附单据数：3

摘要	科目名称	借方金额	贷方金额
报销电话费用	管理费用/公司经费/通讯费	300000	
报销电话费用	制造费用/新闻纸车间/其他费用	85320	
报销电话费用	制造费用/书写纸车间/其他费用	81000	
报销电话费用	银行存款/工商银行		466320
票号 3 -00066458 日期 2024.12.29	数量 单价　　合计	466320	466320
备注	项目　　部门　　个人 客户　　业务员		

记账 张佩瑶　　审核 高云童　　出纳 张佳宁　　制单 杜思淼

附件：

吉林增值税电子普通发票

发票代码：022002088011
发票号码：31834157
开票日期：2024年12月29日
校验码：28106 86502 60810 96070

机器编号：695517807525

购买方	名称：长春平安纸业有限公司 纳税人识别号：912201021234567890 地址、电话：长春市高新区浦东路0001号043189123888 开户行及账号：工行长春自由支行2200881208080019999	密码区	034/4+--83*//38>/9<*07/<1/169*767+1 15*/*1975-44+--83*/38>/9<*07/38**59 <148+--338>/9<*07/<1/261+--720//55* -/+13<14-/96+--018<64**19<7-669<7>9

项目名称	规格型号	单位	数量	单价	金额	税率	税额
*电信服务*通信服务费					4 663.20	*	*
合计					￥ 4 663.20		
价税合计（大写）	⊗ 肆仟陆佰陆拾叁元贰角				（小写）￥ 4 663.20		

销售方	名称：中国联合网络通信有限公司长春市分公司 纳税人识别号：91220101726932018C 地址、电话：长春市朝阳区人民大街259号0431181234567 开户行及账号：工行长春人民广场支行4200220329200138000	备注	业务号码：0431-89123887，0431-89123886，0431-89123888 账期：201812

收款人：　　复核：　　开票人：A0003220

中国工商银行
转账支票存根

V Ⅱ 00066458

附加信息：

出票日期：2024年12月29日

收款人:	中国联合网络通信有限公司长春市分公司
金额：	4 663.20
用途：	支付电话费

单位主管：　　　　会计：

电话费分配表

2024年12月29日

使用单位	分配金额（元）
新闻纸车间	853.20
书写纸车间	810.00
综合部门	3 000.00
合计	4 663.20

制表：张佩瑶

89.

记 账 凭 证

赵书晗

记 字 0089　　制单日期：2024.12.29　　附单据数：2

摘要	科目名称	借方金额	贷方金额
支付汽油费	管理费用/公司经费/差旅交通费	201600	
支付汽油费	银行存款/工商银行		201600
票号 3 -00066459 日期 2024.12.29　数量 单价	合计	201600	201600

备注　项目　　部门　　个人

客户　　业务员

记账 张佩瑶　审核 高云童　出纳 张佳宁　制单 杜思淼

附件：

吉林增值税电子普通发票

全国统一发票监制章 国家税务总局 吉林省税务局

机器编号：301519806357

发票代码：022002053711
发票号码：00522524
开票日期：2024年12月29日
校 验 码：29156 18091 07158 07835

购买方	名称：长春平安纸业有限公司 纳税人识别号：912201021234567890 地址、电话：长春市高新区浦东路0001号043189123888 开户行及账号：工行长春自由支行2200881208080019999	密码区	5611*522197>72-+*178-15>2395 2683>69+*>1068<7953>*2/*-01 228/502<-26>04*40*>>668<301 1*438>547>>>947//2547*078*21

项目名称	规格型号	单位	数量	单价	金额	税率	税额
*石油制品*汽油		升	260	6.861 80	1 784.07	13%	231.93
合计					￥1 784.07		￥231.93
价税合计（大写）	⊗贰仟零壹拾陆元整					（小写）￥ 2 016.00	

销售方	名称：长春市纵横石油公司 纳税人识别号：220000112719203910 地址、电话：长春市朝阳区东民主大街122号043185263910 开户行及账号：工行长春朝阳支行2297190098620817327	备注	

收款人：　　复核：　　开票人：石磊

中国工商银行
转账支票存根

V II　00066459

附加信息：

出票日期：2024年12月29日

收款人:长春市纵横石油公司
金额：2 016.00
用途：支付汽油费

单位主管：　　　　会计：

90.

记账凭证　赵书晗

记　字 0090　　制单日期：2024.12.29　　附单据数：2

摘要	科目名称	借方金额	贷方金额
支付保险费用	管理费用/财产保险费	1000000	
支付保险费用	银行存款/工商银行		1000000
票号 3 －00066460 日期 2024.12.29　数量 单价	合计	1000000	1000000

备注　项　目　　部　门　　个　人
　　　客　户　　业务员

记账　张佩瑶　　审核　高云童　　出纳　张佳宁　　制单　杜思淼

附件：

财产保险费累计摊销表

2024年12月29日

单位：元

摊销项目	本月摊销金额	尚未摊销金额
财产保险费	10 000.00	0.00
合计	10 000.00	0.00

制表：张佩瑶　　　　审核：　　　　主管：

中国工商银行
转账支票存根

V II 00066460

附加信息：

出票日期：2024年12月29日

收款人:	中国平安保险公司长春分公司
金额：	10 000.00
用途：	支付保险费

单位主管：　　　　会计：

91.

记 账 凭 证

赵书晗

记 字 0091 - 0001/0002 制单日期：2024.12.29 附单据数：1

摘要	科目名称	借方金额	贷方金额
计提固定资产折旧	制造费用/新闻纸车间/折旧费	7488200	
计提固定资产折旧	制造费用/书写纸车间/折旧费	7712600	
计提固定资产折旧	管理费用/公司经费/折旧费	3938670	
计提固定资产折旧	累计折旧/房屋及建筑物		3727670
计提固定资产折旧	累计折旧/机器设备		10540800
票号 - 日期	数量 单价 合计	19139470	19139470
备注	项目 客户 部门 业务员 个人		

记账 张佩瑶 审核 高云童 出纳 制单 杜思淼

记 账 凭 证

赵书晗

记 字 0091 - 0002/0002 制单日期：2024.12.29 附单据数：1

摘要	科目名称	借方金额	贷方金额
计提固定资产折旧	累计折旧/办公设备		2871000
计提固定资产折旧	累计折旧/交通设备		2000000
票号 - 日期	数量 单价 合计	19139470	19139470
备注	项目 客户 部门 业务员 个人		

记账 张佩瑶 审核 高云童 出纳 制单 杜思淼

附件：

固定资产折旧提取表

2024年12月　　　　金额单位：元

部门	类别	月初应计提折旧的固定资产原值	折旧	
			月折旧率	月折旧额
新闻纸车间	房屋及建筑物	6 100 000.00	0.250 0%	15 250.00
	机器设备	6 629 000.00	0.800 0%	53 032.00
	办公设备	400 000.00	1.650 0%	6 600.00
	小计	13 129 000.00		74 882.00
书写纸车间	房屋及建筑物	6 600 000.00	0.250 0%	16 500.00
	机器设备	6 547 000.00	0.800 0%	52 376.00
	办公设备	500 000.00	1.650 0%	8 250.00
	小计	13 647 000.00		77 126.00
综合部门	房屋及建筑物	2 210 680.00	0.250 0%	5 526.70
	办公设备	840 000.00	1.650 0%	13 860.00
	交通设备	2 000 000.00	1.000 0%	20 000.00
	小计	5 050 680.00		39 386.70
合计	房屋及建筑物	14 910 680.00	0.250 0%	37 276.70
	机器设备	13 176 000.00	0.800 0%	105 408.00
	办公设备	1 740 000.00	1.650 0%	28 710.00
	交通设备	2 000 000.00	1.000 0%	20 000.00
合计		31 826 680.00		191 394.70

制表：高云童

92.

记 账 凭 证　赵书晗

记　字 0092－ 0001/0002　制单日期：2024.12.30　附单据数：2

摘 要	科目名称	借方金额	贷方金额
计提职工薪酬	生产成本/新闻纸/薪酬费	153400000	
计提职工薪酬	生产成本/书写纸/薪酬费	155650000	
计提职工薪酬	制造费用/新闻纸车间/管理人员薪酬	2870000	
计提职工薪酬	制造费用/书写纸车间/管理人员薪酬	2930000	
计提职工薪酬	管理费用/公司经费/管理人员薪酬	96379500	
票号 日期	数量 单价	合 计 411229500	411229500

备注　项 目　部 门　个 人
客 户　业务员

记账 张佩瑶　审核 高云童　出纳　制单 杜思淼

记 账 凭 证　赵书晗

记　字 0092－ 0002/0002　制单日期：2024.12.30　附单据数：2

摘 要	科目名称	借方金额	贷方金额
计提职工薪酬	应付职工薪酬/工资		411229500
票号 日期	数量 单价	合 计 411229500	411229500

备注　项 目　部 门　个 人
客 户　业务员

记账 张佩瑶　审核 高云童　出纳　制单 杜思淼

附件：

应付职工薪酬汇总表

编制单位：长春平安纸业有限公司　　2024年12月30日　　金额单位：元

部门	人员	人数	基本工资	岗位津贴	奖金	工资性津贴			应扣工资与奖金			应付职工薪酬	代扣款项目					实付职工薪酬
						中班	夜班	加班	病假	事假	奖金		住房公积金10%	医疗保险2%	失业保险1%	养老保险10%	个人所得税	
新闻纸车间	生产工人	408	616 000.00	204 000.00	538 000.00	10 000.00	10 000.00	160 000.00		1 000.00	3 000.00	1 534 000.00	153 400.00	30 680.00	15 340.00	153 400.00	18 259.00	1 162 921.00
	管理人员	6	12 800.00	5 400.00	10 500.00							28 700.00	2 870.00	574.00	287.00	2 870.00	504.95	21 594.05
	小计	414	628 800.00	209 400.00	548 500.00	10 000.00	10 000.00	160 000.00	0.00	1 000.00	3 000.00	1 562 700.00	156 270.00	31 254.00	15 627.00	156 270.00	18 763.95	1 184 515.05
书写纸车间	生产工人	411	616 500.00	206 000.00	552 000.00	20 000.00	15 000.00	150 000.00	2 000.00		1 000.00	1 556 500.00	155 650.00	31 130.00	15 565.00	155 650.00	18 825.25	1 179 679.75
	管理人员	6	12 900.00	5 800.00	10 600.00							29 300.00	2 930.00	586.00	293.00	2 930.00	528.05	22 032.95
	小计	417	629 400.00	211 800.00	562 600.00	20 000.00	15 000.00	150 000.00	2 000.00	0.00	1 000.00	1 585 800.00	158 580.00	31 716.00	15 858.00	158 580.00	19 353.30	1 201 712.70
综合部门	物资部	19	29 600.00	165 000.00	238 000.00				200.00		500.00	431 900.00	43 190.00	8 638.00	4 319.00	43 190.00	14 728.15	317 834.85
	质量部	9	15 600.00	5 000.00	9 900.00							30 500.00	3 050.00	610.00	305.00	3 050.00	274.25	23 210.75
	技术部	55	99 300.00	30 100.00	112 680.00			90 501.00				242 080.00	24 208.00	4 841.60	2 420.80	24 208.00	3 820.08	182 581.52
	销售部	25	38 700.00	13 280.00	27 100.00							79 080.00	7 908.00	1 581.60	790.80	7 908.00	544.58	60 347.02
	财务部	5	16 800.00	4 990.00	10 900.00							32 690.00	3 269.00	653.80	326.90	3 269.00	358.57	24 812.74
	审计部	5	12 790.00	4 310.00	8 800.00							25 900.00	2 590.00	518.00	259.00	2 590.00	197.15	19 745.85
	管理部	17	25 580.00	7 886.00	27 930.00							61 396.00	6 139.60	1 227.92	613.96	6 139.60	863.75	46 411.17
	人力资源部	10	8 100.00	2 891.00	5 598.00							16 589.00	1 658.90	331.78	165.89	1 658.90	138.68	12 634.85
	高管	5	21 000.00	12 090.00	10 570.00							43 660.00	4 366.00	873.20	436.60	4 366.00	1 180.91	32 437.29
	小计	150	267 470.00	245 547.00	451 478.00	0.00	0.00	90 501.00	200.00	0.00	500.00	963 795.00	96 379.50	19 275.90	9 637.95	96 379.50	22 106.11	720 016.04
合计		981	1 525 670.00	666 747.00	1 562 578.00	30 000.00	25 000.00	400 501.00	2 200.00	1 000.00	4 500.00	4 112 295.00	411 229.50	82 245.90	41 122.95	411 229.50	60 223.36	3 106 243.79

单位负责人：江枫　　制表：高云童

职工薪酬分配表

2024 年 12 月 30 日

部门与人员		应借科目	分配金额（元）
新闻纸车间	生产工人	生产成本——新闻纸	1 534 000.00
	管理人员	制造费用——新闻纸车间	28 700.00
	小计		1 562 700.00
书写纸车间	生产工人	生产成本——书写纸	1 556 500.00
	管理人员	制造费用——书写纸车间	29 300.00
	小计		1 585 800.00
综合部门	物资部	管理费用	431 900.00
	质量部	管理费用	30 500.00
	技术部	管理费用	242 080.00
	销售部	管理费用	79 080.00
	财务部	管理费用	32 690.00
	审计部	管理费用	25 900.00
	管理部	管理费用	61 396.00
	人力资源部	管理费用	16 589.00
	高管	管理费用	43 660.00
	小计		963 795.00
合计			4 112 295.00

制表：高云童

93.

记 账 凭 证

赵书晗

记　字 0093 － 0001/0003　制单日期：2024.12.30　附单据数：1

摘要	科目名称	借方金额	贷方金额
计提五险一金	生产成本/新闻纸/薪酬费	61513400	
计提五险一金	生产成本/书写纸/薪酬费	62415650	
计提五险一金	制造费用/新闻纸车间/五险一金	1150870	
计提五险一金	制造费用/书写纸车间/五险一金	1174930	
计提五险一金	管理费用/五险一金	38648180	
票号 日期　数量 单价	合 计	164903030	164903030
备注	项　目　部　门　个　人 客　户　业务员		

记账　张佩瑶　审核　高云童　出纳　制单　杜思淼

记 账 凭 证 赵书晗

记 字 0093 - 0002/0003 制单日期：2024.12.30 附单据数：1

摘 要	科目名称	借方金额	贷方金额
计提五险一金	应付职工薪酬/医疗保险费		28786065
计提五险一金	应付职工薪酬/失业保险费		8224590
计提五险一金	应付职工薪酬/养老保险费		82245900
计提五险一金	应付职工薪酬/工伤保险费		1233689
计提五险一金	应付职工薪酬/生育保险费		3289836
票号 日期	数量 单价 合 计	164903030	164903030
备注	项 目 客 户	部 门 业务员	个 人

记账 张佩瑶 审核 高云童 出纳 制单 杜思淼

记 账 凭 证 赵书晗

记 字 0093 - 0003/0003 制单日期：2024.12.30 附单据数：1

摘 要	科目名称	借方金额	贷方金额
计提五险一金	应付职工薪酬/住房公积金		41122950
票号 日期	数量 单价 合 计	164903030	164903030
备注	项 目 客 户	部 门 业务员	个 人

记账 张佩瑶 审核 高云童 出纳 制单 杜思淼

94.

记 账 凭 证

赵书晗

记 字 0094 - 0001/0002 制单日期：2024.12.30 附单据数：1

摘要	科目名称	借方金额	贷方金额
计提工会经费	生产成本/新闻纸/薪酬费	3068000	
计提工会经费	生产成本/书写纸/薪酬费	3113000	
计提工会经费	制造费用/新闻纸车间/工会经费	57400	
计提工会经费	制造费用/书写纸车间/工会经费	58600	
计提工会经费	管理费用/工会经费	1927590	
票号 日期	数量 单价 合计	8224590	8224590

备注 项目 部门 个人
客户 业务员

记账 张佩瑶 审核 高云童 出纳 制单 杜思淼

记 账 凭 证

赵书晗

记 字 0094 - 0002/0002 制单日期：2024.12.30 附单据数：1

摘要	科目名称	借方金额	贷方金额
计提工会经费	应付职工薪酬/工会经费		8224590
票号 日期	数量 单价 合计	8224590	8224590

备注 项目 部门 个人
客户 业务员

记账 张佩瑶 审核 高云童 出纳 制单 杜思淼

95.

记账凭证

赵书晗

记 字 0095 - 0001/0002 制单日期：2024.12.30 附单据数：1

摘要	科目名称	借方金额	贷方金额
计提职工教育经费	生产成本/新闻纸/薪酬费	2301000	
计提职工教育经费	生产成本/书写纸/薪酬费	2334750	
计提职工教育经费	制造费用/新闻纸车间/职工教育经费	43050	
计提职工教育经费	制造费用/书写纸车间/职工教育经费	43950	
计提职工教育经费	管理费用/公司经费/职工教育经费	1445693	
票号 日期	数量 单价 合计	6168443	6168443

备注 项目 部门 个人
客户 业务员

记账 张佩瑶 审核 高云童 出纳 制单 杜思淼

记账凭证

赵书晗

记 字 0095 - 0002/0002 制单日期：2024.12.30 附单据数：1

摘要	科目名称	借方金额	贷方金额
计提职工教育经费	应付职工薪酬/职工教育经费		6168443
票号 日期	数量 单价 合计	6168443	6168443

备注 项目 部门 个人
客户 业务员

记账 张佩瑶 审核 高云童 出纳 制单 杜思淼

附件：

企业五险一金、工会经费、职工教育经费计提表

编制单位：长春平安纸业有限公司　　2024 年 12 月 30 日　　金额单位：元

分配对象			应付职工薪酬分配金额	按照应付职工薪酬计算提取五险一金、工会经费和职工教育经费								
部门	对象			医疗保险费 7.00%	失业保险费 2.00%	养老保险费 20.00%	工伤保险费 0.30%	生育保险费 0.80%	住房公积金 10.00%	小计	工会经费 2.00%	职工教育费 1.50%
新闻纸车间	生产工人	新闻纸	1 534 000.00	107 380.00	30 680.00	306 800.00	4 602.00	12 272.00	153 400.00	615 134.00	30 680.00	23 010.00
	管理人员		28 700.00	2 009.00	574.00	5 740.00	86.10	229.60	2 870.00	11 508.70	574.00	430.50
书写纸车间	生产工人	书写纸	1 556 500.00	108 955.00	31 130.00	311 300.00	4 669.50	12 452.00	155 650.00	624 156.50	31 130.00	23 347.50
	管理人员		29 300.00	2 051.00	586.00	5 860.00	87.90	234.40	2 930.00	11 749.30	586.00	439.50
综合部门	物资部		431 900.00	30 233.00	8 638.00	86 380.00	1 295.70	3 455.20	43 190.00	173 191.90	8 638.00	6 478.50
	质量部		30 500.00	2 135.00	610.00	6 100.00	91.50	244.00	3 050.00	12 230.50	610.00	457.50
	技术部		242 080.00	16 945.60	4 841.60	48 416.00	726.24	1 936.64	24 208.00	97 074.08	4 841.60	3 631.20
	销售部		79 080.00	5 535.60	1 581.60	15 816.00	237.24	632.64	7 908.00	31 711.08	1 581.60	1 186.20
	财务部		32 690.00	2 288.30	653.80	6 538.00	98.07	261.52	3 269.00	13 108.69	653.80	490.35
	审计部		25 900.00	1 813.00	518.00	5 180.00	77.70	207.20	2 590.00	10 385.90	518.00	388.50
	管理部		61 396.00	4 297.72	1 227.92	12 279.20	184.19	491.17	6 139.60	24 619.80	1 227.92	920.94
	人力资源部		16 589.00	1 161.23	331.78	3 317.80	49.77	132.71	1 658.90	6 652.19	331.78	248.84
	高管		43 660.00	3 056.20	873.20	8 732.00	130.98	349.28	4 366.00	17 507.66	873.20	654.90
	小计		963 795.00	67 465.65	19 275.90	192 759.00	2 891.39	7 710.36	96 379.50	386 481.80	19 275.90	14 456.93
合计			4 112 295.00	287 860.65	82 245.90	822 459.00	12 336.89	32 898.36	411 229.50	1 649 030.30	82 245.90	61 684.43

制表：高云童

96.

记 账 凭 证 赵书晗

记 字 0096 - 0001/0002 制单日期：2024.12.30 附单据数：2

摘要	科目名称	借方金额	贷方金额
发放职工薪酬	应付职工薪酬/工资	411229500	
发放职工薪酬	银行存款/工商银行		310624379
发放职工薪酬	应付职工薪酬/医疗保险费		8224590
发放职工薪酬	应付职工薪酬/失业保险费		4112295
发放职工薪酬	应付职工薪酬/养老保险费		41122950
票号 4 -081201 日期 2024.12.30	数量 单价	合计 411229500	411229500

备注 项目 部门 个人
客户 业务员

记账 张佩瑶 审核 高云童 出纳 张佳宁 制单 杜思淼

记 账 凭 证 赵书晗

记 字 0096 - 0002/0002 制单日期：2024.12.30 附单据数：2

摘要	科目名称	借方金额	贷方金额
发放职工薪酬	应付职工薪酬/住房公积金		41122950
发放职工薪酬	应交税费/应交个人所得税		6022336
票号 日期	数量 单价	合计 411229500	411229500

备注 项目 部门 个人
客户 业务员

记账 张佩瑶 审核 高云童 出纳 张佳宁 制单 杜思淼

附件：

中国工商银行 电子转账凭证

币种：人民币　　委托日期 2024年12月30日　　凭证编号：2024123000K7897890

<table>
<tr><td rowspan="3">付款人</td><td>全称</td><td>长春平安纸业有限公司</td><td rowspan="3">收款人</td><td>全称</td><td colspan="11">批量代付</td></tr>
<tr><td>账号</td><td>220881208080019999</td><td>账号</td><td colspan="11"></td></tr>
<tr><td>汇出地点</td><td>吉林省长春市</td><td>汇入地点</td><td colspan="11"></td></tr>
<tr><td colspan="2">汇出行名称</td><td>工行长春自由支行</td><td colspan="2">汇入行名称</td><td colspan="11"></td></tr>
<tr><td rowspan="2">金额</td><td rowspan="2">人民币
（大写）</td><td colspan="3" rowspan="2">叁佰壹拾万零陆仟贰佰肆拾叁元柒角玖分</td><td>亿</td><td>千</td><td>百</td><td>十</td><td>万</td><td>千</td><td>百</td><td>十</td><td>元</td><td>角</td><td>分</td></tr>
<tr><td></td><td>¥</td><td>3</td><td>1</td><td>0</td><td>6</td><td>2</td><td>4</td><td>3</td><td>7</td><td>9</td></tr>
<tr><td colspan="3" rowspan="2">附加信息及用途：职工工资
中国工商银行长春自由支行 业务专用章
银行盖章</td><td colspan="2">支付密码</td><td colspan="11"></td></tr>
<tr><td colspan="13">根据中国工商银行长春平安纸业有限公司客户081201号电子指令，上述款项已由本行支付。
客户经办员：0862　　复核　　记账</td></tr>
</table>

特色业务工行长春自由支行批量代付成功清单

代码：220122333　机构名称：工行长春自由支行　入账日期：2024年12月30日

账号	姓名	金额
436742000890101	王长友	3 850.00
436742000890102	蒋振华	3 152.80
436742000890103	…	…
436742000890104	…	…
436742000890105	…	…
436742000890106	…	…
436742000890107	…	…
436742000890108	…	…
436742000890109	…	…
436742000890110	…	…
436742000890111	…	…
436742000890112	…	…
436742000890113	…	…
⋮	⋮	⋮
合计		3 106 243.79

97.

记账凭证 赵书晗

记 字 0097 - 0001/0002 制单日期：2024.12.30 附单据数：16

摘要	科目名称	借方金额	贷方金额
生产领用原材料	生产成本/新闻纸/材料费	635850000	
生产领用原材料	生产成本/书写纸/材料费	766920000	
销售原材料	其他业务成本/草浆	46000000	
销售原材料	其他业务成本/木浆	126000000	
生产领用、销售原材料	原材料/草浆		460000000
票号 日期	数量 单价	合计 1574770000	1574770000
备注	项目 客户	部门 业务员	个人

记账 张佩瑶 审核 高云童 出纳 制单 杜思淼

记账凭证 赵书晗

记 字 0097 - 0002/0002 制单日期：2024.12.30 附单据数：16

摘要	科目名称	借方金额	贷方金额
生产领用原材料	原材料/废纸浆		365400000
生产领用、销售原材料	原材料/木浆		655200000
生产领用原材料	原材料/助剂		94170000
票号 日期	数量 1 290.00000吨 单价 730.00000	合计 1574770000	1574770000
备注	项目 客户	部门 业务员	个人

记账 张佩瑶 审核 高云童 出纳 制单 杜思淼

附件：

领 料 单

领料车间：新闻纸　　　　2024年12月6日　　　　第001号

<table>
<tr><td rowspan="2">材料编号</td><td rowspan="2">材料名称</td><td rowspan="2">规格</td><td rowspan="2">单位</td><td rowspan="2">请领数量</td><td rowspan="2">实发数量</td><td colspan="2">计划价格</td></tr>
<tr><td>单价</td><td>金额</td></tr>
<tr><td>101</td><td>草浆</td><td></td><td>吨</td><td>900</td><td>900</td><td>2 300.00</td><td>2 070 000.00</td></tr>
<tr><td rowspan="3">用途</td><td rowspan="3">新闻纸加工</td><td colspan="3">领料部门</td><td colspan="3">发料部门</td></tr>
<tr><td colspan="2">负责人</td><td>领料人</td><td colspan="2">核准人</td><td>发料人</td></tr>
<tr><td colspan="2"></td><td>王卓奇</td><td colspan="2"></td><td>李伟</td></tr>
</table>

②财务记账联

领 料 单

领料车间：新闻纸　　　　2024年12月6日　　　　第002号

<table>
<tr><td rowspan="2">材料编号</td><td rowspan="2">材料名称</td><td rowspan="2">规格</td><td rowspan="2">单位</td><td rowspan="2">请领数量</td><td rowspan="2">实发数量</td><td colspan="2">计划价格</td></tr>
<tr><td>单价</td><td>金额</td></tr>
<tr><td>102</td><td>废纸浆</td><td></td><td>吨</td><td>1 575</td><td>1 575</td><td>600.00</td><td>945 000.00</td></tr>
<tr><td rowspan="3">用途</td><td rowspan="3">新闻纸加工</td><td colspan="3">领料部门</td><td colspan="3">发料部门</td></tr>
<tr><td colspan="2">负责人</td><td>领料人</td><td colspan="2">核准人</td><td>发料人</td></tr>
<tr><td colspan="2"></td><td>王卓奇</td><td colspan="2"></td><td>张江</td></tr>
</table>

②财务记账联

领 料 单

领料车间：新闻纸　　　　2024年12月6日　　　　第003号

<table>
<tr><td rowspan="2">材料编号</td><td rowspan="2">材料名称</td><td rowspan="2">规格</td><td rowspan="2">单位</td><td rowspan="2">请领数量</td><td rowspan="2">实发数量</td><td colspan="2">计划价格</td></tr>
<tr><td>单价</td><td>金额</td></tr>
<tr><td>104</td><td>助剂</td><td></td><td>吨</td><td>225</td><td>225</td><td>730.00</td><td>164 250.00</td></tr>
<tr><td rowspan="3">用途</td><td rowspan="3">新闻纸加工</td><td colspan="3">领料部门</td><td colspan="3">发料部门</td></tr>
<tr><td colspan="2">负责人</td><td>领料人</td><td colspan="2">核准人</td><td>发料人</td></tr>
<tr><td colspan="2"></td><td>李义</td><td colspan="2"></td><td>李伟</td></tr>
</table>

②财务记账联

领 料 单

领料车间：书写纸　　2024年12月7日　　第004号

<table>
<tr><td rowspan="2">材料编号</td><td rowspan="2">材料名称</td><td rowspan="2">规格</td><td rowspan="2">单位</td><td rowspan="2">请领数量</td><td rowspan="2">实发数量</td><td colspan="2">计划价格</td></tr>
<tr><td>单价</td><td>金额</td></tr>
<tr><td>102</td><td>废纸浆</td><td></td><td>吨</td><td>1 470</td><td>1 470</td><td>600.00</td><td>882 000.00</td></tr>
<tr><td rowspan="3">用途</td><td rowspan="3">书写纸加工</td><td colspan="3">领料部门</td><td colspan="3">发料部门</td></tr>
<tr><td colspan="2">负责人</td><td>领料人</td><td colspan="2">核准人</td><td>发料人</td></tr>
<tr><td colspan="2"></td><td>钱潮</td><td colspan="2"></td><td>荆支前</td></tr>
</table>

②财务记账联

领 料 单

领料车间：书写纸　　2024年12月7日　　第005号

<table>
<tr><td rowspan="2">材料编号</td><td rowspan="2">材料名称</td><td rowspan="2">规格</td><td rowspan="2">单位</td><td rowspan="2">请领数量</td><td rowspan="2">实发数量</td><td colspan="2">计划价格</td></tr>
<tr><td>单价</td><td>金额</td></tr>
<tr><td>103</td><td>木浆</td><td></td><td>吨</td><td>630</td><td>630</td><td>4 200.00</td><td>2 646 000.00</td></tr>
<tr><td rowspan="3">用途</td><td rowspan="3">书写纸加工</td><td colspan="3">领料部门</td><td colspan="3">发料部门</td></tr>
<tr><td colspan="2">负责人</td><td>领料人</td><td colspan="2">核准人</td><td>发料人</td></tr>
<tr><td colspan="2"></td><td>钱潮</td><td colspan="2"></td><td>荆支前</td></tr>
</table>

②财务记账联

领 料 单

领料：金隆公司　　2024年12月7日　　第006号

<table>
<tr><td rowspan="2">材料编号</td><td rowspan="2">材料名称</td><td rowspan="2">规格</td><td rowspan="2">单位</td><td rowspan="2">请领数量</td><td rowspan="2">实发数量</td><td colspan="2">计划价格</td></tr>
<tr><td>单价</td><td>金额</td></tr>
<tr><td>103</td><td>木浆</td><td></td><td>吨</td><td>200</td><td>200</td><td>4 200.00</td><td>840 000.00</td></tr>
<tr><td rowspan="3">用途</td><td rowspan="3">外销</td><td colspan="3">领料部门</td><td colspan="3">发料部门</td></tr>
<tr><td colspan="2">负责人</td><td>领料人</td><td colspan="2">核准人</td><td>发料人</td></tr>
<tr><td colspan="2"></td><td>王大林</td><td colspan="2"></td><td>荆支前</td></tr>
</table>

②财务记账联

领 料 单

领料车间：书写纸　　2024年12月12日　　第007号

材料编号	材料名称	规格	单位	请领数量	实发数量	计划价格	
						单价	金额
104	助剂		吨	420	420	730.00	306 600.00
用途	书写纸加工	领料部门		发料部门			
		负责人	领料人	核准人		发料人	
			李林森			李伟	

②财务记账联

领 料 单

领料：众协商贸公司　　2024年12月16日　　第008号

材料编号	材料名称	规格	单位	请领数量	实发数量	计划价格	
						单价	金额
103	木浆		吨	100	100	4 200.00	420 000.00
用途	外销	领料部门		发料部门			
		负责人	领料人	核准人		发料人	
			王大林			荆支前	

②财务记账联

领 料 单

领料：君达纸业公司　　2024年12月16日　　第009号

材料编号	材料名称	规格	单位	请领数量	实发数量	计划价格	
						单价	金额
101	草浆		吨	200	200	2 300.00	460 000.00
用途	外销	领料部门		发料部门			
		负责人	领料人	核准人		发料人	
			王大林			荆支前	

②财务记账联

领料单

领料车间：新闻纸　　2024年12月18日　　第010号

材料编号	材料名称	规格	单位	请领数量	实发数量	计划价格	
						单价	金额
101	草浆		吨	900	900	2 300.00	2 070 000.00
用途	新闻纸加工	领料部门			发料部门		
		负责人		领料人	核准人		发料人
				王卓奇			李伟

②财务记账联

领料单

领料车间：新闻纸　　2024年12月18日　　第011号

材料编号	材料名称	规格	单位	请领数量	实发数量	计划价格	
						单价	金额
102	废纸浆		吨	1 575	1 575	600.00	945 000.00
用途	新闻纸加工	领料部门			发料部门		
		负责人		领料人	核准人		发料人
				王卓奇			张江

②财务记账联

领料单

领料车间：新闻纸　　2024年12月18日　　第012号

材料编号	材料名称	规格	单位	请领数量	实发数量	计划价格	
						单价	金额
104	助剂		吨	225	225	730.00	164 250.00
用途	新闻纸加工	领料部门			发料部门		
		负责人		领料人	核准人		发料人
				李义			李伟

②财务记账联

领料单

领料车间：书写纸　　2024年12月19日　　第013号

材料编号	材料名称	规格	单位	请领数量	实发数量	计划价格	
						单价	金额
102	废纸浆		吨	1 470	1 470	600.00	882 000.00
用途	书写纸加工	领料部门			发料部门		
		负责人		领料人	核准人		发料人
				钱潮			荆文前

②财务记账联

领 料 单

领料车间：书写纸　　　　2024年12月19日　　　　第014号

材料编号	材料名称	规格	单位	请领数量	实发数量	计划价格	
						单价	金额
104	助剂		吨	420	420	730.00	306 600.00
用途	书写纸加工	领料部门		发料部门			
		负责人	领料人	核准人		发料人	
			李林森			李伟	

②财务记账联

领 料 单

领料车间：书写纸　　　　2024年12月19日　　　　第015号

材料编号	材料名称	规格	单位	请领数量	实发数量	计划价格	
						单价	金额
103	木浆		吨	630	630	4 200.00	2 646 000.00
用途	书写纸加工	领料部门		发料部门			
		负责人	领料人	核准人		发料人	
			钱潮			荆文前	

②财务记账联

发出材料汇总表

2024年12月30日

领用部门 \ 材料类别		草浆			废纸浆			木浆			助剂			合计
		数量	计划单价	金额小计	数量	计划单价	金额小计	数量	计划单价	金额小计	数量	计划单价	金额小计	
新闻纸车间	新闻纸	1 800	2 300.00	4 140 000.00	3 150	600.00	1 890 000.00				450	730.00	328 500.00	6 358 500.00
书写纸车间	书写纸				2 940	600.00	1 764 000.00	1 260	4 200.00	5 292 000.00	840	730.00	613 200.00	7 669 200.00
对外出售	木浆							300	4 200.00	1 260 000.00				1 260 000.00
	草浆	200	2 300.00	460 000.00										460 000.00
合计		2 000	2 300.00	4 600 000.00	6 090	600.00	3 654 000.00	1 560	4 200.00	6 552 000.00	1 290	730.00	941 700.00	15 747 700.00

制表：杜思淼

98.

记 账 凭 证 赵书晗

记 字 0098 - 0001/0002 制单日期：2024.12.30 附单据数：2

摘要	科目名称	借方金额	贷方金额
结转材料成本差异	生产成本/新闻纸/材料费	62356282	
结转材料成本差异	生产成本/书写纸/材料费	90806504	
结转材料成本差异	其他业务成本/草浆	3476874	
结转材料成本差异	其他业务成本/木浆	14219728	
结转材料成本差异	材料成本差异/草浆		34768737
票号 日期 数量 单价	合 计	170859388	170859388

备注 项 目 部 门 个 人
客 户 业务员

记账 张佩瑶 审核 高云童 出纳 制单 杜思淼

记 账 凭 证 赵书晗

记 字 0098 - 0002/0002 制单日期：2024.12.30 附单据数：2

摘要	科目名称	借方金额	贷方金额
结转材料成本差异	材料成本差异/废纸浆		55728202
结转材料成本差异	材料成本差异/木浆		73942588
结转材料成本差异	材料成本差异/助剂		6419861
票号 日期 数量 单价	合 计	170859388	170859388

备注 项 目 部 门 个 人
客 户 业务员

记账 张佩瑶 审核 高云童 出纳 制单 杜思淼

附件：

材料计划成本、实际成本与材料成本差异计算表

2024年12月30日

名称	月初数			本月购入				合计			
	数量	计划成本	成本差异	数量	实际成本	计划成本	成本差异	数量	计划成本	成本差异	成本差异率
草浆	1 870	4 301 000.00	335 478.00	2 365	5 840 250.00	5 439 500.00	400 750.00	4 235	9 740 500.00	736 228.00	0.075 584 21
废纸浆	4 480	2 688 000.00	350 528.00	5 557	3 902 135.00	3 334 200.00	567 935.00	10 037	6 022 200.00	918 463.00	0.152 512 869
木浆	710	2 982 000.00	178 920.00	1 500	7 168 600.00	6 300 000.00	868 600.00	2 210	9 282 000.00	1 047 520.00	0.112 854 988
助剂	40	29 200.00	8 146.00	1 946	1 511 270.00	1 420 580.00	90 690.00	1 986	1 449 780.00	98 836.00	0.068 173 102
合计	—	10 000 200.00	873 072.00	—	18 422 255.00	16 494 280.00	1 927 975.00	—	26 494 480.00	2 801 047.00	0.105 721 909

制表：杜思淼

发出原材料差异汇总表

2024年12月

领用部门 \ 材料类别		草浆			废纸浆			木浆			助剂			差异合计
		金额	差异率（%）	差异额	金额	差异率（%）	差异额	金额	差异率（%）	差异额	金额	差异率（%）	差异额	
新闻纸车间	新闻纸	4 140 000.00	0.075 584 21	312 918.63	1 890 000.00	0.152 512 869	288 249.32				328 500.00	0.068 173 102	22 394.86	623 562.82
书写纸车间	书写纸			—	1 764 000.00	0.152 512 869	269 032.70	5 292 000.00	0.112 854 988	597 228.00	613 200.00	0.068 173 102	41 803.75	908 065.04
对外出售	木浆			—				1 260 000.00	0.112 854 988	142 197.28				142 197.28
	草浆	460 000.00	0.075 584 21	34 768.74										34 768.74
合计		4 600 000.00	0.075 584 21	347 687.37	3 654 000.00	0.152 512 869	557 282.02	6 552 000.00	0.112 854 988	739 425.88	941 700.00	0.068 173 102	64 198.61	1 708 593.88

制表：杜思淼

99.

记账凭证 赵书晗

记 字 0099 制单日期：2024.12.31 附单据数：1

摘要	科目名称	借方金额	贷方金额
转入支付宝余额	其他货币资金/支付宝	900000	
转入支付宝余额	银行存款/工商银行		900000
票号 2 日期 2024.12.31 数量 单价	合计	900000	900000
备注	项目 客户	部门 业务员	个人

记账 张佩瑶 审核 高云童 出纳 张佳宁 制单 杜思淼

附件：

中国工商银行电汇凭证(回 单)1

☑普通 ☐加急 委托日期 2024年 12月31日

汇款人	全称	长春平安纸业有限公司	收款人	全称	支付宝（中国）网络技术有限公司
	账号	2200881208080019999		账号	2155684200000580690
	汇出地点	吉林 省 长春 市/县		汇入地点	浙江省 杭州市 /县
汇出行名称		工行长春自由支行	汇入行名称		浙江网商银行
金额	人民币：（大写）	玖仟元整		亿千百十万千百十元角分	9 0 0 0 0 0
中国工商银行长春自由支行 业务专用章 汇出行签章			支付密码		
			附加信息及用途：支付宝余额 复核 记账		

此联汇出行给汇款人的回单

100.

记账凭证

赵书晗

记 字 0100　　制单日期：2024.12.31　　附单据数：2

摘要	科目名称	借方金额	贷方金额
购进并分配办公用品	制造费用/新闻纸车间/其他费用	86560	
购进并分配办公用品	制造费用/书写纸车间/其他费用	91020	
购进并分配办公用品	管理费用/公司经费/办公费	559000	
购进并分配办公用品	销售费用	149570	
购进并分配办公用品	其他货币资金/支付宝		886150
票号 - 日期	数量 单价 合计	886150	886150
备注	项目 客户	部门 业务员	个人

记账 张佩瑶　　审核 高云童　　出纳 张佳宁　　制单 杜思淼

附件：

吉林增值税电子普通发票

发票代码：022002014811
发票号码：0083792
开票日期：2024年12月31日
校验码：05122 12802 90238 95580

机器编号：001533800328

购买方	名称：长春平安纸业有限公司 纳税人识别号：912201021234567890 地址、电话：长春市高新区浦东路0001号043189123888 开户行及账号：工行长春自由支行2200881208080019999	密码区	11*522+--197>7299A-786-23+--51*527>>*72-- *415>D6>890>R155<324D5*P799*786//23>>783/ 9>852*>71*80>583>56*>>1068<51*7<953>*2/66 *-8502<2852>4*40*>><31547>>>97+--2547*7

项目名称	规格型号	单位	数量	单价	金额	税率	税额
*纸制品*复印纸		个	100	35.000 00	3 500.00	13%	455.00
*计算机配套产品*硒鼓		个	11	220.000 00	2 420.00	13%	314.60
*计算机配套产品*墨盒		个	20	96.101 90	1 922.04	13%	249.86
合计					¥ 7 842.04		¥1 019.46
价税合计（大写）	⊗ 捌仟捌佰陆拾壹元伍角				（小写）¥ 8 861.50		

销售方	名称：长春欧亚商业有限公司 纳税人识别号：912201021888888889 地址、电话：长春市高新区青荫路256号043187832171 开户行及账号：九台农商行青荫路支行420088120708001432	备注	

收款人：　　复核：　　开票人：李顺利

办公用品分配表

2024年12月31日

使用单位	分配金额（元）
新闻纸车间	865.60
书写纸车间	910.20
销售部	1 495.70
综合部门	5 590.00
合计	8 861.50

制表：张佩瑶

账单详情

长春欧亚商业有限公司
8 861.50
交易成功

订单金额：8 861.50
付款方式：余额
商品说明：办公用品
创建时间：2024-12-31 11：10
订单号：2024123153101072251005208405
商家订单号 商家可扫码退款或查询交易

20241231103105165508710255 89W

账单分类：办公用品

101.

记 账 凭 证

赵书晗

记 字 0101　　制单日期：2024.12.31　　附单据数：1

摘要	科目名称	借方金额	贷方金额
支付运费	应付账款/准通物流	8344124	
支付运费	银行存款/工商银行		8344124
票号 3 - 00066461 日期 2024.12.31 数量 单价	合计	8344124	8344124

备注 项目　部门　个人
客户　业务员

记账 张佩瑶　审核 高云童　出纳 张佳宁　制单 杜思淼

附件：

中国工商银行
转账支票存根

V Ⅱ 00066461

附加信息：

出票日期：2024年12月31日

收款人：长春准通物流有限公司
金额：83 441.24
用途：支付运费

单位主管：　　　　会计：

102.

记 账 凭 证 赵书晗

记 字 0102　　　　制单日期：2024.12.31　　　　附单据数：1

摘要	科目名称	借方金额	贷方金额
收到活期存款利息	银行存款/工商银行	580355	
收到活期存款利息	财务费用/利息收入	-580355	
票号 日期 2024.12.31　数量 单价	合计		

备注　项目　　部门　　个人
　　　客户　　业务员

记账 张佩瑶　　审核 高云童　　出纳 张佳宁　　制单 杜思淼

附件：

中国工商银行吉林省分行 存款利息回单①

币种：人民币（本位币）　　单位：元　　2024年12月31日　　No.08912

付款单位	户名	中国工商银行长春自由支行	收款单位	户名	长春平安纸业有限公司
	账号	2200381208010010001		账号	2200881208080019999
实收金额		¥5 803.55	计息户账号		2200881208080019999
借据编号			借据序号		
备注	起息日期	止息日期	积数息余	利率	利息
	10月1日	12月31日			5 803.55
	调整利息：0.00			冲正利息：0.00	
	应收利息合计：人民币伍仟捌佰零叁元伍角伍分				¥5 803.55

（印章：中国工商银行长春自由支行 业务专用章）

银行章　　经办人：

103.

记 账 凭 证 赵书晗

记 字 0103－0001/0002　制单日期：2024.12.31　　附单据数：2

摘要	科目名称	借方金额	贷方金额
缴纳五险一金	应付职工薪酬/养老保险费	123368850	
缴纳五险一金	应付职工薪酬/失业保险费	12336885	
缴纳五险一金	应付职工薪酬/医疗保险费	37010655	
缴纳五险一金	应付职工薪酬/工伤保险费	1233689	
缴纳五险一金	应付职工薪酬/生育保险费	3289836	
票号 日期	数量 单价 合计	177239915	177239915
备注	项目　客户　部门　业务员　个人		

记账 张佩瑶　　审核 高云童　　出纳 张佳宁　　制单 杜思淼

记 账 凭 证

赵书晗

记　字 0103 - 0002/0002　制单日期：2024.12.31　附单据数：2

摘要	科目名称	借方金额	贷方金额
缴纳五险一金	银行存款/工商银行		177239915
票号 3 -00066466 日期 2024.12.31　数量 单价	合计	177239915	177239915

备注　项目　部门　个人
客户　业务员

记账 张佩瑶　审核 高云童　出纳 张佳宁　制单 杜思淼

附件：

中华人民共和国
税收完税证明

No. 422016810200141048

税务机关：国家税务总局长春市高新区税务局税源管理五科

填发日期：2024年12月31日

纳税人识别号	912201021234567890		纳税人名称	长春平安纸业有限公司	
原凭证号	税种	品目名称	税款所属时期	入(退)库日期	实缴(退)金额
422016210200007115	基本养老保险费	职工基本养老保险(单位缴纳)	20241201至20241231	20241231	822 459.00
422016210200007115	基本养老保险费	职工基本养老保险(个人缴纳)	20241201至20241231	20241231	411 229.50
422016210200007115	失业保险费	失业保险(单位缴纳)	20241201至20241231	20241231	82 245.90
422016210200007115	失业保险费	失业保险(个人缴纳)	20241201至20241231	20241231	41 122.95
422016210200007115	工伤保险	工伤保险(单位缴纳)	20241201至20241231	20241231	12 336.89
422016210200007115	生育保险	生育保险(单位缴纳)	20241201至20241231	20241231	32 898.36
金额合计	(大写) 壹佰肆拾万贰仟贰佰玖拾贰元陆角				1 402 292.60
税务机关(盖章)		填票人	备注：正常申报一般申报正税自行申报长春市高新区栖乐A座1905室 主管税务所（科、分局）：国家税务总局长春市高新区税务局税源管理五科		

妥 善 保 管

中华人民共和国
税收完税证明

No. 422016810200141049

税务机关：国家税务总局长春市高新区税务局税源管理一科

填发日期： 2024年12月31日

纳税人识别号	912201021234567890		纳税人名称	长春平安纸业有限公司	
原凭证号	税种	品目名称	税款所属时期	入(退)库日期	实缴(退)金额
422016201200087182	基本医疗保险费	职工基本医疗保险(单位缴纳)	20241201至20241231	20241231	287 860.65
422016201200087182	基本医疗保险费	职工基本医疗保险(个人缴纳)	20241201至20241231	20241231	82 245.90
金额合计	（大写）叁拾柒万零壹佰零陆元伍角伍分				370 106.55
税务机关（盖章）		填票人	备注：正常申报一般申报正税自行申报长春市高新区栖乐A座1905室 主管税务所（科、分局）：国家税务总局长春市高新区税务局税源管理一科		

妥善保管

104.

记账凭证 赵书晗

记 字 0104 制单日期：2024.12.31 附单据数：2

摘要	科目名称	借方金额	贷方金额
收到销售新闻纸预订款	银行存款/工商银行	300000000	
收到销售新闻纸预订款	应收账款/新华商贸	39000000	
收到销售新闻纸预订款	主营业务收入/新闻纸		300000000
收到销售新闻纸预订款	应交税费/应交增值税/销项税额		39000000
票号 1 - 日期 2024.12.31 数量 单价	合计	339000000	339000000
备注 项目 客户	部门 业务员	个人	

记账 张佩瑶 审核 高云童 出纳 张佳宁 制单 杜思淼

附件：

吉林增值税电子专用发票

全国统一发票监制章 国家税务总局 吉林省税务局

发票代码：022002085113
发票号码：00727341
开票日期：2024年12月31日
校 验 码：05122 12802 90238 95580

机器编号：661619927617

购买方	名　　称：北京市新华商贸有限公司 纳税人识别号：110003230936389１QW 地 址、电 话：北京朝阳区王府井大街1558号01089955123 开户行及账号：工行北京王府井支行1100000098638916135				密码区	*/11+--398//11*522197>72+*-78-5>235 9283>16*>1068<79+--53>*2/*-029E/81 87**/65*228//502<-26>4*+--40*>><315 5438>547>>>94+--72//547+*78*56*//87	
项目名称	规格型号	单位	数量	单价	金额	税率	税额
*纸制品*新闻纸		吨	600	5 000.000 00	3 000 000.00	13%	390 000.00
合计					¥3 000 000.00		¥ 390 000.00
价税合计（大写）	⊗叁佰叁拾玖万元整					（小写）¥3 390 000.00	
销售方	名　　称：长春平安纸业有限公司 纳税人识别号：912201021234567890 地 址、电 话：长春市高新区浦东路0001号043189123888 开户行及账号：工行长春自由支行2200881208080019999				备注		

收款人：　　　　复核：　　　　开票人：李大光

中国工商银行　客户收款通知单

交易日期：	2024-12-31	交易机构：10118	交易流水号：130118091
收款人名称：	长春平安纸业有限公司		
收款人账号：	2200881208080019999		
收款人开户银行：	工行长春自由支行		
付款人名称：	北京市新华商贸有限公司		
付款人账号：	1100000098638916135		
付款人开户银行：	工行北京王府井支行		
金额（小写）：	3 000 000.00		
金额（大写）：	叁佰万元整	业务种类：无折转客户账	
客户申请号：	573110580		
用途：	货款		
银行摘要：	OBSS00573110580GIRO0000000000		
备注：			
此联为客户回单：	自助设备打印，注意避免重复	自助打印次数：1	银行盖章

中国工商银行长春自由支行 业务专用章（自助设备专用）

打印时间：　2024-12-31 10：30：08

105.

记账凭证

赵书晗

记 字 0105　　制单日期：2024.12.31　　附单据数：1

摘要	科目名称	借方金额	贷方金额
销售书写纸货款未收	应收账款/森工集团	470080000	
销售书写纸货款未收	主营业务收入/书写纸		416000000
销售书写纸货款未收	应交税费/应交增值税/销项税额		54080000
票号 - 日期 数量 单价	合计	470080000	470080000

备注　项目　部门　个人
　　　客户　业务员

记账 张佩瑶　审核 高云童　出纳　制单 杜思淼

附件：

吉林增值税电子专用发票

机器编号：661619927617

发票代码：022002085113
发票号码：00727342
开票日期：2024年12月31日
校验码：05122 12802 90238 95580

购买方	名称：吉林森工集团公司 纳税人识别号：220003230936311789 地址、电话：长春市人民大街1558号043189955123 开户行及账号：工行长春人民广场支行2200000098638990122	密码区	98+--011*522+--197>72+*-78-5>23*//51 65/63>6*>1068<7+--953>*2/*-013+--T59 12*85//38+--*702<-26>4Q*40*>><310+-- 14*+--38>547>>>94*//72//547*7+--8*010

项目名称	规格型号	单位	数量	单价	金额	税率	税额
*纸制品*书写纸		吨	800	5 200.000 00	4 160 000.00	13%	540 800.00
合计					¥4 160 000.00		¥ 540 800.00
价税合计（大写）	⊗ 肆佰柒拾万零捌佰元整				（小写）¥4 700 800.00		

销售方	名称：长春平安纸业有限公司 纳税人识别号：912201021234567890 地址、电话：长春市高新区浦东路0001号043189123888 开户行及账号：工行长春自由支行2200881208080019999	备注	

收款人：　　复核：　　开票人：李大光

106.

记 账 凭 证

赵书晗

记 字 0106　　制单日期：2024.12.31　　附单据数：2

摘要	科目名称	借方金额	贷方金额
销售新闻纸货款未收	应收账款/麦派实业	621500000	
销售新闻纸货款未收	主营业务收入/新闻纸		550000000
销售新闻纸货款未收	应交税费/应交增值税/销项税额		71500000
票号 - 日期　数量 单价	合计	621500000	621500000
备注 项目　客户	部门　业务员	个人	

记账 张佩瑶　审核 高云童　出纳　制单 杜思淼

附件：

吉林增值税电子专用发票

全国统一发票监制章 国家税务总局 吉林省税务局

发票代码：022002085113
发票号码：00727343
开票日期：2024年12月31日
校验码：05132 12302 90218 91580

机器编号：661619927617

购买方	名称：麦派实业有限公司 纳税人识别号：2200000388009104AM 地址、电话：青岛市即墨区五柳街8号053285683471 开户行及账号：农行青岛金星支行0973000000986009912			密码区	16590//9811*522*//197>72-78-5>235 1190*+-3>6//1068<79+--53>*2/*-098 228502<-20*D*926>4//076*40*>><318 331//438>547>>>947*//25*47*78*109		
项目名称	规格型号	单位	数量	单价	金额	税率	税额
*纸制品*新闻纸		吨	1 100	5 000.000 00	5 500 000.00	13%	715 000.00
合计					¥5 500 000.00		¥ 715 000.00
价税合计（大写）	⊗陆佰贰拾壹万伍仟元整						（小写）¥6 215 000.00
销售方	名称：长春平安纸业有限公司 纳税人识别号：912201021234567890 地址、电话：长春市高新区浦东路0001号043189123888 开户行及账号：工行长春自由支行2200881208080019999			备注	目的地交货		

收款人：　复核：　开票人：李大光

产成品出库单

用途：**销售**　　2024年12月31日　　No:1003013　仓库：产品库

类别	编号	名称及规格	计量单位	数量	单位成本	总成本	附注
产成品	P2010X01	新闻纸	吨	1 100			麦派实业
合计							

②财务记账联

制表：孙大伟　保管：刘家辉　会计：张佩瑶　经手人：覃褚旭

107.

记账凭证

赵书晗

记　字 0107　　制单日期：2024.12.31　　附单据数：1

摘要	科目名称	借方金额	贷方金额
收回前欠货款	银行存款/工商银行	400000000	
收回前欠货款	应收账款/吉利印刷		400000000
票号 3 －90910021 日期 2024.12.31　数量 单价	合计	400000000	400000000

备注　项目　　部门　　个人
　　　客户　　业务员

记账 张佩瑶　审核 高云童　出纳 张佳宁　制单 杜思淼

附件：

中国工商银行 进账单（收账通知） 3

2024年12月31日

出票人	全称	长春市吉利印刷有限公司	收款人	全称	长春平安纸业有限公司
	账号	2200001109888992120		账号	2200881208080019999
	开户银行	工行长春南广场支行		开户银行	工行长春自由支行
金额	人民币（大写）	肆佰万元整		千百十万千百十元角分	¥400000000
票据种类	支票	票据张数	壹		
票据号码	II VII 90910021				
复核： 记账：			中国工商银行长春自由支行 业务专用章 收款人开户银行签章		

此联是开户银行交给收款人的收账通知

108.

记 账 凭 证

赵书晗

记 字 0108　　制单日期：2024.12.31　　附单据数：2

摘要	科目名称	借方金额	贷方金额
计提借款利息	财务费用/利息费用	11412500	
计提短期借款利息	应付利息/短期借款利息		2412500
计提长期借款利息	应付利息/长期借款利息		9000000
票号 - 日期	数量 单价	合计 11412500	11412500
备注 项目 客户	部门 业务员	个人	

记账 张佩瑶　　审核 高云童　　出纳　　制单 杜思淼

附件：

借款应付利息计算表

2024年12月31日

计息起讫期	借款种类	借款本金	年利率	月利率	应付利息	借方科目
12.1—12.31	短期借款	1 650 000.00	3%	0.25%	4 125.00	财务费用
12.8—12.31	短期借款	10 000 000.00	3%	0.25%	20 000.00	财务费用
合计		11 650 000.00			24 125.00	

制表：杜思淼

借款应付利息计算表

2024年12月31日

计息起讫期	借款种类	借款本金	年利率	应付利息	借方科目
12.1—12.31	长期借款（4年）	2 000 000.00	9%	15 000.00	财务费用
12.1—12.31	长期借款（5年）	10 000 000.00	9%	75 000.00	财务费用
合计		12 000 000.00		90 000.00	

制表：杜思淼

109.

记 账 凭 证

赵书晗

记 字 0109－0001/0002 制单日期：2024.12.31 附单据数：1

摘 要	科目名称	借方金额	贷方金额
结转制造费用-新闻纸车间	生产成本/新闻纸/制造费用	1102075200	
结转制造费用-新闻纸车间	制造费用/新闻纸车间/管理人员薪酬		2870000
结转制造费用-新闻纸车间	制造费用/新闻纸车间/折旧费		7488200
结转制造费用-新闻纸车间	制造费用/新闻纸车间/劳动保护费		414000
结转制造费用-新闻纸车间	制造费用/新闻纸车间/水电汽费		1077080000
票号 － 日期 数量 单价	合 计	1102075200	1102075200
备注 项 目 客 户	部 门 业务员	个 人	

记账 张佩瑶 审核 高云童 出纳 制单 杜思淼

记 账 凭 证

赵书晗

记　字 0109 - 0002/0002　制单日期：2024.12.31　　　　附单据数：1

摘要	科目名称	借方金额	贷方金额
结转制造费用-新闻纸车间	制造费用/新闻纸车间/维修费		12216000
结转制造费用-新闻纸车间	制造费用/新闻纸车间/其他费用		755680
结转制造费用-新闻纸车间	制造费用/新闻纸车间/五险一金		1150870
结转制造费用-新闻纸车间	制造费用/新闻纸车间/工会经费		57400
结转制造费用-新闻纸车间	制造费用/新闻纸车间/职工教育经费		43050
票号 - 日期	数量 单价　　合 计	1102075200	1102075200
备注	项 目　　部 门　　个 人 客 户　　业务员		

记账　张佩瑶　　审核　高云童　　出纳　　制单　杜思淼

附件：

制造费用分配表

2024年12月

车间及产品		制造费用分配额（元）
新闻纸车间	新闻纸	11 020 752.00
	小计	11 020 752.00

制表：张佩瑶

110.

记 账 凭 证 赵书晗

记 字 0110－0001/0002 制单日期：2024.12.31 附单据数：1

摘要	科目名称	借方金额	贷方金额
结转制造费用-书写纸车间	生产成本/书写纸/制造费用	1071933100	
结转制造费用-书写纸车间	制造费用/书写纸车间/管理人员薪酬		2930000
结转制造费用-书写纸车间	制造费用/书写纸车间/折旧费		7712600
结转制造费用-书写纸车间	制造费用/书写纸车间/劳动保护费		417000
结转制造费用-书写纸车间	制造费用/书写纸车间/水电汽费		1030030000
票号 － 日期	数量 单价 合 计	1071933100	1071933100
备注	项 目 部 门 个 人 客 户 业务员		

记账 张佩瑶 审核 高云童 出纳 制单 杜思淼

记 账 凭 证 赵书晗

记 字 0110－0002/0002 制单日期：2024.12.31 附单据数：1

摘要	科目名称	借方金额	贷方金额
结转制造费用-书写纸车间	制造费用/书写纸车间/维修费		28650000
结转制造费用-书写纸车间	制造费用/书写纸车间/其他费用		916020
结转制造费用-书写纸车间	制造费用/书写纸车间/五险一金		1174930
结转制造费用-书写纸车间	制造费用/书写纸车间/工会经费		58600
结转制造费用-书写纸车间	制造费用/书写纸车间/职工教育经费		43950
票号 － 日期	数量 单价 合 计	1071933100	1071933100
备注	项 目 部 门 个 人 客 户 业务员		

记账 张佩瑶 审核 高云童 出纳 制单 杜思淼

附件：

制造费用分配表

2024年12月

车间及产品		制造费用分配额（元）
书写纸车间	书写纸	10 719 331.00
	小计	10 719 331.00

制表：张佩瑶

111.

记账凭证

赵书晗

记　字 0111　　制单日期：2024.12.31　　附单据数：4

摘要	科目名称	借方金额	贷方金额
新闻纸完工入库	库存商品/新闻纸	21837115.97	
新闻纸完工入库	生产成本/新闻纸/材料费		7461911.08
新闻纸完工入库	生产成本/新闻纸/薪酬费		2403240.53
新闻纸完工入库	生产成本/新闻纸/制造费用		11971964.36
票号 - 日期　数量 5 300.00000吨 单价 4 120.21056	合 计	21837115.97	21837115.97

备注　项　目　　部　门　　个　人
　　　客　户　　业务员

记账 张佩瑶　　审核 高云童　　出纳　　制单 杜思淼

附件：

车间生产成本计算单

车间名称：新闻纸

产品名称：新闻纸　　　　2024年12月　　　　完工产量：5 300

成本项目	月初在产品	本月生产费用	费用合计	生产量(吨)					单位成本	月末在产品成本	完工产品成本
				完工产量	在产品			合计			
					数量	完工程度	约当产量				
直接材料	2 511 318.82	6 358 500.00	8 869 818.82	5 300	1 000	100%	1 000	6 300	1 407.907 75	1 407 907.74	7 461 911.08
直接人工	427 137.31	2 202 824.00	2 629 961.31	5 300	1 000	50%	500	5 800	453.441 61	226 720.78	2 403 240.53
制造费用	2 080 642.95	11 020 752.00	13 101 394.95	5 300	1 000	50%	500	5 800	2 258.861 20	1 129 430.59	11 971 964.36
合计	5 019 099.08	19 582 076.00	24 601 175.08	5 300	1 000				4 120.210 56	2 764 059.11	21 837 115.97

制表：张佩瑶

产成品入库单

交库部门：新闻纸车间　　　　2024年12月6日　　　　No:1005101　仓库：产品库

类别	编号	名称及规格	计量单位	实收数量	单位成本	总成本
产成品	P2010X01	新闻纸	吨	1 800	4 120.210 56	7 416 379.01
合计				1 800	4 120.210 56	7 416 379.01

制表：林慧　　保管：舒北　　检验：王敏　　交库：李义

产成品入库单

交库部门：新闻纸车间　　　　2024年12月13日　　　　No:1005103　仓库：产品库

类别	编号	名称及规格	计量单位	实收数量	单位成本	总成本
产成品	P2010X01	新闻纸	吨	1 800	4 120.210 56	7 416 379.01
合计				1 800	4 120.210 56	7 416 379.01

制表：林慧　　保管：舒北　　检验：王敏　　交库：李义

产成品入库单

交库部门：新闻纸车间　　　　2024年12月22日　　　　No:1005105　仓库：产品库

类别	编号	名称及规格	计量单位	实收数量	单位成本	总成本
产成品	P2010X01	新闻纸	吨	1 700	4 120.210 56	7 004 357.95
合计				1 700	4 120.210 56	7 004 357.95

制表：林慧　　保管：舒北　　检验：王敏　　交库：李义

112.

记账凭证 赵书晗

记 字 0112　　制单日期：2024.12.31　　附单据数：4

摘要	科目名称	借方金额	贷方金额
书写纸完工入库	库存商品/书写纸	2378223812	
书写纸完工入库	生产成本/书写纸/材料费		949855525
书写纸完工入库	生产成本/书写纸/薪酬费		251517011
书写纸完工入库	生产成本/书写纸/制造费用		1176851276
票号 - 日期　　数量 5 200.00000吨 单价 4 573.50733	合 计	2378223812	2378223812

备注　项 目　　部 门　　个 人
　　　客 户　　业务员

记账 张佩瑶　　审核 高云童　　出纳　　制单 杜思淼

附件：

车间生产成本计算单

车间名称：书写纸
产品名称：书写纸　　2024年12月　　完工产量：5 200

成本项目	月初在产品	本月生产费用	费用合计	生产量(吨)					单位成本	月末在产品成本	完工产品成本
				完工产量	在产品			合计			
					数量	完工程度	约当产量				
直接材料	3 656 000.47	7 669 200.00	11 325 200.47	5 200	1 000	100%	1 000	6 200	1 826.645 24	1 826 645.22	9 498 555.25
直接人工	521 879.38	2 235 134.00	2 757 013.38	5 200	1 000	50%	500	5 700	483.686 56	241 843.27	2 515 170.11
制造费用	2 180 769.55	10 719 331.00	12 900 100.55	5 200	1 000	50%	500	5 700	2 263.175 53	1 131 587.79	11 768 512.76
合计	6 358 649.40	20 623 665.00	26 982 314.40	5 200	1 000				4 573.507 33	3 200 076.28	23 782 238.12

制表：张佩瑶

产成品入库单

交库部门：书写纸车间　　2024年12月9日　　No:1005102　仓库：产品库

类别	编号	名称及规格	计量单位	实收数量	单位成本	总成本
产成品	P2010S02	书写纸	吨	1 800	4 573.507 33	8 232 313.19
合计				1 800	4 573.507 33	8 232 313.19

制表：林慧　　保管：刘家辉　　检验：孙小敏　　交库：李林森

产成品入库单

交库部门：书写纸车间　　2024年12月18日　　No:1005104　仓库：产品库

类别	编号	名称及规格	计量单位	实收数量	单位成本	总成本
产成品	P2010S02	书写纸	吨	1 700	4 573.507 33	7 774 962.46
合计				1 700	4 573.507 33	7 774 962.46

制表：林慧　保管：刘家辉　检验：孙小敏　交库：李林森

产成品入库单

交库部门：书写纸车间　　2024年12月25日　　No:1005106　仓库：产品库

类别	编号	名称及规格	计量单位	实收数量	单位成本	总成本
产成品	P2010S02	书写纸	吨	1 700	4 573.507 33	7 774 962.46
合计				1 700	4 573.507 33	7 774 962 .46

制表：林慧　保管：刘家辉　检验：孙小敏　交库：李林森

113.

记账凭证 赵书晗

记　字 0113　　制单日期：2024.12.31　　附单据数：1

摘要	科目名称	借方金额	贷方金额
收回前欠货款	银行存款/工商银行	140000000	
收回前欠货款	应收账款/同文出版		140000000
票号 3 －53002810 日期 2024.12.31	数量 单价　合计	140000000	140000000
备注	项目　客户　部门　业务员	个人	

记账 张佩瑶　审核 高云童　出纳 张佳宁　制单 杜思淼

附件：

中国工商银行　进账单（收账通知）　3

2024年12月31日

出票人	全称	沈阳市同文出版集团	收款人	全称	长春平安纸业有限公司
	账号	0307910911238900012		账号	2200881208080019999
	开户银行	建行沈阳分行中山广场支行		开户银行	工行长春自由支行
金额	人民币（大写）	壹佰肆拾万元整		千百十万千百十元角分	¥140000000
票据种类	支票	票据张数	壹		
票据号码	III IV 53002810				
复核：　记账：			中国工商银行长春自由支行 业务专用章 收款人开户银行签章		

此联是开户银行交给收款人的收账通知

114.

记 账 凭 证　赵书晗

记　字 0114　　制单日期：2024.12.31　　附单据数：1

摘要	科目名称	借方金额	贷方金额
收回前欠货款	银行存款/工商银行	388890000	
收回前欠货款	应收账款/麦派实业		388890000
票号 3　-00219010 日期 2024.12.31　数量 单价	合 计	388890000	388890000
备注	项 目 客 户	部 门 业务员	个 人

记账　张佩瑶　　审核　高云童　　出纳　张佳宁　　制单　杜思淼

附件：

中国工商银行 进账单（收账通知） 3

2024年12月31日

出票人	全称	吉林市麦派实业有限公司	收款人	全称	长春平安纸业有限公司
	账号	0973000000986009912		账号	2200881208080019999
	开户银行	农行吉林市支行		开户银行	工行长春自由支行
金额	人民币（大写）	叁佰捌拾捌万捌仟玖佰元整		千百十万千百十元角分	¥388890000
票据种类	支票	票据张数	壹		
票据号码	II VII 00219010		中国工商银行长春自由支行 业务专用章		
复核： 记账：			收款人开户银行签章		

此联是开户银行交给收款人的收账通知

115.

记 账 凭 证 赵书晗

记 字 0115　　制单日期：2024.12.31　　附单据数：1

摘要	科目名称	借方金额	贷方金额
计提坏账准备	信用减值损失/坏账准备	207639500	
计提坏账准备	坏账准备/应收账款		207639500
票号 - 日期 数量 单价	合计	207639500	207639500
备注 项目 客户	部门 业务员	个人	

记账 张佩瑶　　审核 高云童　　出纳　　制单 杜思淼

附件：

坏账准备计算表

2024年12月31日

计提项目	坏账准备月初余额	本月借方发生额	本月贷方发生额	本月坏账准备计提基础	计提率	应计提金额	实际计提金额
应收账款	83 734.00	0.00	0.00	43 202 580.00	5%	2 160 129.00	2 076 395.00
合计	83 734.00	0.00	0.00	43 202 580.00		2 160 129.00	2 076 395.00

制表：杜思淼　　　　审批：赵书晗

116.

记 账 凭 证

赵书晗

记 字0116　　制单日期：2024.12.31　　附单据数：1

摘要	科目名称	借方金额	贷方金额
结转新闻纸销售成本	主营业务成本/新闻纸	2263889363	
结转新闻纸销售成本	库存商品/新闻纸		2263889363
结转书写纸销售成本	主营业务成本/书写纸	2287964195	
结转书写纸销售成本	库存商品/书写纸		2287964195
票号 日期　数量 单价	合计	4551853558	4551853558
备注	项目　部门　个人 客户　业务员		

记账　张佩瑶　　审核　高云童　　出纳　　制单　杜思淼

附件：

已售产品成本计算表

2024年12月

产品种类	月初存货成本			本月生产成本			已售产品成本			月末产品成本		
	数量	单位成本	成本总额	数量	单位成本	成本总额	数量	单位成本	成本总额	数量	单位成本	成本总额
新闻纸	1 702.883 42	4 103.563 35	6 987 890.00	5 300	4 120.210 56	21 837 115.97	5 500	4 116.162 48	22 638 893.63	1 502.883 42	4 116.162 48	6 186 112.34
书写纸	1 621.509 31	4 583.692 46	7 432 500.00	5 200	4 573.507 33	23 782 238.12	5 000	4 575.928 39	22 879 641.95	1 821.509 31	4 575.928 39	8 335 096.17
合计			14 420 390.00			45 619 354.08			45 518 535.58			14 521 208.51

117.

记 账 凭 证

赵书晗

记 字0117　　制单日期：2024.12.31　　附单据数：1

摘 要	科目名称	借方金额	贷方金额
支付12月借款利息	应付利息/短期借款利息	2412500	
支付12月借款利息	应付利息/长期借款利息	9000000	
支付12月借款利息	银行存款/建设银行		11412500
票号 5 - 日期 2024.12.31　数量 单价	合 计	11412500	11412500

备注　项 目　　部 门　　个 人
　　　客 户　　业务员

记账 张佩瑶　　审核 高云童　　出纳 张佳宁　　制单 杜思淼

附件：

中国建设银行长春银海支行 贷款利息清单（扣款凭证）

币种：人民币（本位币）　　2024年12月31日　　No.12918

付款单位			收款单位		
户名	长春平安纸业有限公司		户名	中国建设银行长春银海支行	
账号	2201022222206777777		账号	2200381208010010001	

起息日期	止息日期	积数息余	利率	利息
12月1日	12月31日	1 650 000.00	3%	4 125.00
12月8日	12月31日	10 000 000.00	3%	20 000.00
12月1日	12月31日	2 000 000.00	9%	15 000.00
12月1日	12月31日	10 000 000.00	9%	75 000.00
应付利息合计：人民币拾壹万肆仟壹佰贰拾伍元整				¥114 125.00

上列款项已经从你单位账户扣付。

转账日期2024年12月31日（银行签章）

经办人：（签章）

中国建设银行长春银海支行 业务专用章

客户回单

118.

记 账 凭 证

赵书晗

记　字 0118　　　制单日期：2024.12.31　　　附单据数：1

摘要	科目名称	借方金额	贷方金额
计提城建税及教育费附加	税金及附加	40029489	
计提城建税及教育费附加	应交税费/应交城市维护建设税		28020642
计提城建税及教育费附加	应交税费/教育费附加		12008847
票号 － 日期　　数量 单价	合计	40029489	40029489
备注　项目　客户	部门　业务员	个人	

记账　张佩瑶　　审核　高云童　　出纳　　制单　杜思淼

附件：

税金及附加计算单

2024年12月31日

应交税费明细项目	计算依据	金额	税（费）率	应纳税（费）额	应借科目
城市维护建设税	增值税	4 002 948.88	7%	280 206.42	税金及附加
教育费附加	增值税	4 002 948.88	3%	120 088.47	税金及附加
合计				400 294.89	

制表：杜思淼

119.

记账凭证

赵书晗

记 字 0120　　制单日期：2024.12.31　　附单据数：1

摘要	科目名称	借方金额	贷方金额
转出未交增值税	应交税费/应交增值税/转出未交增值税	400294888	
转出未交增值税	应交税费/未交增值税		400294888
票号 - 日期　　数量 单价	合计	400294888	400294888
备注 项目 客户	部门 业务员	个人	

记账 张佩瑶　　审核 高云童　　出纳　　制单 杜思淼

附件：

未交增值税结转表

2024年12月31日

项目	栏次	金额
本期销项税	1	8 153 600.00
本期进项税	2	4 150 651.12
本期进项税转出	3	0.00
本期应抵扣税额	4=2-3	4 150 651.12
本期应纳税金额或尚未抵扣金额	5=1-4	4 002 948.88
转出未交增值税合计	6=5	4 002 948.88

制表：杜思淼　　复核：高云童

120.

记 账 凭 证　赵书晗

记　字 0120　　制单日期：2024.12.31　　附单据数：1

摘要	科目名称	借方金额	贷方金额
预付采购材料款	应付账款/吉恩化工	200000000	
预付采购材料款	银行存款/工商银行		200000000
票号 3 -00066462 日期 2024.12.31　数量 单价	合计	200000000	200000000
备注 项目 客户	部门 业务员	个人	

记账 张佩瑶　　审核 高云童　　出纳 张佳宁　　制单 杜思淼

附件：

中国工商银行
转账支票存根

V II 00066462

附加信息：

出票日期：2024年12月31日

收款人：长春市吉恩化工有限公司
金额：2 000 000.00
用途：预付材料款

单位主管：　　　　会计：

121.

记 账 凭 证

赵书晗

记 字 0121　　制单日期：2024.12.31　　附单据数：1

摘要	科目名称	借方金额	贷方金额
结转损益	本年利润		6272000000
结转损益	主营业务收入/新闻纸	3050000000	
结转损益	主营业务收入/书写纸	3016000000	
结转损益	其他业务收入/草浆	56000000	
结转损益	其他业务收入/木浆	150000000	
票号 日期　数量 单价	合计	6272000000	6272000000
备注	项目　客户	部门　业务员	个人

记账 张佩瑶　审核 高云童　出纳　制单 杜思淼

122.

记 账 凭 证

赵书晗

记 字 0122 – 0001/0005　　制单日期：2024.12.31　　附单据数：1

摘要	科目名称	借方金额	贷方金额
结转损益	本年利润	5184172893	
结转损益	主营业务成本/新闻纸		2263889363
结转损益	主营业务成本/书写纸		2287964195
结转损益	其他业务成本/草浆		49476874
结转损益	其他业务成本/木浆		140219728
票号 – 日期　数量 单价	合计	5184172893	5184172893
备注	项目　客户	部门　业务员	个人

记账 张佩瑶　审核 高云童　出纳　制单 杜思淼

记 账 凭 证

赵书晗

记　字 0122 - 0002/0005　制单日期：2024.12.31　　附单据数：1

摘要	科目名称	借方金额	贷方金额
结转损益	税金及附加		40029489
结转损益	销售费用		34142283
结转损益	管理费用/公司经费/管理人员薪酬		96379500
结转损益	管理费用/公司经费/差旅交通费		201600
结转损益	管理费用/公司经费/办公费		3462000
票号 日期　数量 单价	合计	5184172893	5184172893
备注	项目　客户	部门　业务员	个人

记账 张佩瑶　审核 高云童　出纳　制单 杜思淼

记 账 凭 证

赵书晗

记　字 0122 - 0003/0005　制单日期：2024.12.31　　附单据数：1

摘要	科目名称	借方金额	贷方金额
结转损益	管理费用/公司经费/折旧费		3938670
结转损益	管理费用/公司经费/通讯费		418380
结转损益	管理费用/公司经费/水电费		790000
结转损益	管理费用/公司经费/职工教育经费		1445693
结转损益	管理费用/工会经费		1927590
票号 日期　数量 单价	合计	5184172893	5184172893
备注	项目　客户	部门　业务员	个人

记账 张佩瑶　审核 高云童　出纳　制单 杜思淼

记账凭证

赵书晗

记 字 0122 - 0004/0005 制单日期：2024.12.31 附单据数：1

摘要	科目名称	借方金额	贷方金额
结转损益	管理费用/业务招待费		1200000
结转损益	管理费用/五险一金		38648180
结转损益	管理费用/财产保险费		1452703
结转损益	管理费用/其他费用		60000
结转损益	管理费用/研发费用		55000
票号 日期 数量 单价	合计	5184172893	5184172893
备注	项目 客户	部门 业务员	个人

记账 张佩瑶 审核 高云童 出纳 制单 杜思淼

记账凭证

赵书晗

记 字 0122 - 0005/0005 制单日期：2024.12.31 附单据数：1

摘要	科目名称	借方金额	贷方金额
结转损益	财务费用/利息收入	580355	
结转损益	财务费用/利息费用		11412500
结转损益	信用减值损失/坏账准备		207639500
票号 日期 数量 单价	合计	5184172893	5184172893
备注	项目 客户	部门 业务员	个人

记账 张佩瑶 审核 高云童 出纳 制单 杜思淼

附件：

损益类账户结转表

2024年12月　　　　　　单位：元

项目	借方金额	贷方金额
主营业务收入	60 660 000.00	
其他业务收入	2 060 000.00	
主营业务成本		45 518 535.58
其他业务成本		1 896 966.02
税金及附加		400 294.89
销售费用		341 422.83
管理费用		1 499 793.16
财务费用		108 321.45
信用减值损失		2 076 395.00
合计	62 720 000.00	51 841 728.93

制表：张佩瑶

123.

记 账 凭 证

赵书晗

记 字0123　　　　制单日期：2024.12.31　　　　附单据数：1

摘 要	科目名称	借方金额	贷方金额
计提所得税	所得税费用	194319991	
计提所得税	应交税费/应交所得税		194319991
票号 - 日期　数量 单价	合 计	194319991	194319991

备注　项 目　　部 门　　个 人

客 户　　业务员

记账　张佩瑶　　审核　高云童　　出纳　　制单　杜思淼

附件：

企业所得税汇算清缴计算表

2024年12月31日

项目	金额	项目	金额
一、营业收入	496 416 000.00	加：纳税调整增加额	2 076 395.00
减：营业成本	416 019 781.60	减：纳税调整减少额	0.00
减：税金及附加	5 754 132.34	减：免税、减计收入及加计扣除	0.00
减：销售费用	1 794 315.83	四、纳税调整后所得	42 973 486.63
减：管理费用	23 992 896.48	减：弥补以前年度亏损	0.00
减：财务费用	881 387.12	减：抵扣应纳税所得额	0.00
减：资产减值损失	2 076 395.00	五、应纳税所得额	42 973 486.63
加：公允价值变动收益	0.00	六、应纳所得税额（税率15%）	6 446 022.99
加：投资收益	0.00	减：减免所得税额	0.00
二、营业利润	45 897 091.63	减：抵免所得税额	0.00
加：营业外收入	0.00	七、最终应纳所得税额	6 446 022.99
减：营业外支出	5 000 000.00	减：本年累计实际已缴纳的所得税额	4 502 823.08
三、利润总额	40 897 091.63	八、本年应补（退）所得税额	1 943 199.91

制表：杜思淼

124.

记 账 凭 证

赵书晗

记 字 0124　　制单日期：2024.12.31　　附单据数：1

摘要	科目名称	借方金额	贷方金额
结转所得税	本年利润	194319991	
结转所得税	所得税费用		194319991
票号 - 日期	数量 单价 合 计	194319991	194319991

备注　项　目　　部　门　　个　人

客　户　　业务员

记账 张佩瑶　　审核 高云童　　出纳　　制单 杜思淼

附件：

所得税费用结转表

2024年12月31日

单位：元

应借科目	所得税费用金额	应贷科目
本年利润	1 943 199.91	所得税费用
合计	1 943 199.91	

制表：杜思淼

125.

记 账 凭 证 赵书晗

记 字 0125　　制单日期：2024.12.31　　附单据数：1

摘要	科目名称	借方金额	贷方金额
结转净利润	本年利润	3445106864	
结转净利润	利润分配/未分配利润		3445106864
票号 - 日期	数量 单价	合计 3445106864	3445106864
备注	项目 客户	部门 业务员	个人

记账 张佩瑶　　审核 高云童　　出纳　　制单 杜思淼

注：全年净利润结转表略。

126.

记账凭证

记 字 0126 － 0001/0002　　制单日期：2024.12.31　　附单据数：1

摘要	科目名称	借方金额	贷方金额
提取法定盈余公积	利润分配/提取盈余公积	344510686	
提取法定盈余公积	盈余公积/法定盈余公积		344510686
向股东分配利润	利润分配/应付利润	1722553432	
向股东分配利润	应付股利/长春平安控股公司		1119659731
向股东分配利润	应付股利/光明公司		516766030
票号 － 日期　　数量 单价	合计	2067064118	2067064118
备注	项目　客户	部门　业务员	个人

记账 张佩瑶　　审核 高云童　　出纳　　制单 杜思淼

记账凭证 赵书晗

记 字 0126 － 0002/0002　　制单日期：2024.12.31　　附单据数：1

摘要	科目名称	借方金额	贷方金额
分配利润	应付股利/江枫		51676603
分配利润	应付股利/王铎		17225534
分配利润	应付股利/林海岩		17225534
票号 － 日期　　数量 单价	合计	2067064118	2067064118
备注	项目　客户	部门　业务员	个人

记账 张佩瑶　　审核 高云童　　出纳　　制单 杜思淼

附件：

利润分配表

2024 年 12 月 31 日　　　　金额单位：元

项目	分配率	金额
全年净利润		34 451 068.64
提取法定盈余公积	10%	3 445 106.86
对外分配利润	50%	17 225 534.32
长春平安控股公司	65%	11 196 597.31
光明公司	30%	5 167 660.30
江枫	3%	516 766.03
王铎	1%	172 255.34
林海岩	1%	172 255.34
未分配利润	40%	13 780 427.46

制表：高云童

127.

记 账 凭 证　赵书晗

记　字 0127　　　制单日期：2024.12.31　　　附单据数：1

摘要	科目名称	借方金额	贷方金额
结转利润分配	利润分配/未分配利润	2067064118	
结转利润分配	利润分配/提取盈余公积		344510686
结转利润分配	利润分配/应付利润		1722553432
票号 - 日期　数量 单价	合计	2067064118	2067064118
备注　项目　客户	部门　业务员	个人	

记账　张佩瑶　　审核　高云童　　出纳　　制单　杜思淼

注：已分配利润结转表略。

- 2024 年 12 月未入账原始凭证

收料单

2024年12月26日　　　　编码：12017

材料编号	材料名称	规格	材质	单位	数量		实际单价	材料金额	运费	（合计）材料实际成本
					发票	实收				
101	草浆			吨		200				
供货单位	美拉纸浆公司		结算方法		合同号			计划单价	材料/计划成本	
备注								2 300.00	60 000.00	

②财务记账联

主管：赵丹　　质量检验员：赵卓　　仓库验收：李伟　　经办人：

收料单

2024年12月26日　　　　编码：12018

材料编号	材料名称	规格	材质	单位	数量		实际单价	材料金额	运费	（合计）材料实际成本
					发票	实收				
102	废纸浆			吨		200				
供货单位	美拉纸浆公司		结算方法		合同号			计划单价	材料/计划成本	
备注								600.00	120 000.00	

②财务记账联

主管：赵丹　　质量检验员：赵卓　　仓库验收：李伟　　经办人：

（六）2025 年 1 月部分日记账、明细账、记账凭证及原始凭证

● 日记账

银行存款日记账

页号：1-1

科目：银行存款/工商银行（100201）　　月份：2025.01　　本币名称：人民币

2025 年		凭证号数	摘要	结算号	对方科目	借方	贷方	方向	余额
月	日								
			上年结转					借	28 290 126.49
01	08	记-0001	销售书写纸收到货款	转账支票-52210010	600102，22210105	109 670.00		借	28 399 796.49
01			本日合计			109 670.00	0.00	借	28 399 796.49
01	09	记-0002	支付运费	转账支票-00066463	6601，22210101		200 000.00	借	28 199 796.49
01			本日合计			0.00	200 000.00	借	28 199 796.49
01	10	记-0003	收回前欠部分货款	转账支票-89713543	112201	367 000.00		借	28 566 796.49
01			本日合计			367 000.00	0.00	借	28 566 796.49
01	13	记-0005	销售新闻纸收到余款	电汇	112211	390 000.00		借	28 956 796.49
01	13	记-0006	收回前欠货款	转账支票-33221190	112203	6 397 270.00		借	35 354 066.49
01	13	记-0007	收回前欠货款	转账支票-78080914	112206	9 288 800.00		借	44 642 866.49
01			本日合计			16 076 070.00	0.00	借	44 642 866.49
01			本月合计			16 552 740.00	200 000.00	借	44 642 866.49
01			本年累计			16 552 740.00	200 000.00		

● 明细账

应收账款明细账

页号：1-1

科目：应收账款/金隆包装（112201）　　月份：2025.01　　本币名称：人民币

2025年		凭证号数	摘要	借方	贷方	方向	余额
月	日						
			上年结转			借	1 350 000.00
01	10	记-0003	核销坏账		1 350 000.00	平	
01			本月合计		1 350 000.00	平	
01			本年累计		1 350 000.00		

应收账款明细账

页号：1-1

科目：应收账款/吉利印刷（112203）　　月份：2025.01　　本币名称：人民币

2025年		凭证号数	摘要	借方	贷方	方向	余额
月	日						
			上年结转			借	6 397 270.00
01	13	记-0006	收回前欠货款		6 397 270.00	平	
01			本月合计		6 397 270.00	平	
01			本年累计		6 397 270.00		

应收账款明细账

页号：1-1

科目：应收账款/亚金科技（112206）　　月份：2025.01　　本币名称：人民币

2025年		凭证号数	摘要	借方	贷方	方向	余额
月	日						
			上年结转			借	9 288 800.00
01	15	记-0007	收回前欠货款		9 288 800.00	平	
01			本月合计		9 288 800.00	平	
01			本年累计		9 288 800.00		

应收账款明细账

页号：1-1

科目：应收账款/大唐实业（112209） 月份：2025.01 本币名称：人民币

2025 年		凭证号数	摘要	借方	贷方	方向	余额
月	日						
			上年结转			贷	70 000.00
01	08	记-0001	销售书写纸收到货款	70 000.00		平	
01			本月合计	70 000.00		平	
01			本年累计	70 000.00			

应收账款明细账

页号：1-1

科目：应收账款/森工集团（112210） 月份：2025.01 本币名称：人民币

2025 年		凭证号数	摘要	借方	贷方	方向	余额
月	日						
			上年结转			借	4 700 800.00
01	13	记-0004	销售退回书写纸		4 700 800.00	平	
01			本月合计		4 700 800.00	平	
01			本年累计		4 700 800.00		

应收账款明细账

页号：1-1

科目：应收账款/新华商贸（112211） 月份：2025.01 本币名称：人民币

2025 年		凭证号数	摘要	借方	贷方	方向	余额
月	日						
			上年结转			借	390 000.00
01	13	记-0005	发出已销售新闻纸		390 000.00	平	
01			本月合计		390 000.00	平	
01			本年累计		390 000.00		

坏账准备明细账

页号：1-1

科目：坏账准备/应收账款（123101） 月份：2025.01 本币名称：人民币

2025 年		凭证号数	摘要	借方	贷方	方向	余额
月	日						
			上年结转			贷	2 160 129.00
01	10	记-0003	核销坏账	963 000.00		贷	1 197 129.00
01			本月合计	963 000.00		贷	1 197 129.00
01			本年累计	963 000.00			

应交税费明细账

页号：1-1

科目：应交税费/应交增值税（222101）　　月份：2025.01　　本币名称：人民币

2025年		凭证号数	摘要	借方				贷方			方向	余额
月	日			进项税额	已交税金	销项税额抵减	转出未交增值税	销项税额	进项税额转出	转出多交增值税		
			上年结转								平	
01	08	记-0001	销售书写纸计提销项税					206 700.00			贷	206 700.00
01	09	记-0002	支付运费进项税	16 513.76							贷	190 186.24
01	13	记-0004	销售退回书写纸冲销销项税			540 800.00					借	350 613.76
			本月合计	16 513.76		540 800.00		206 700.00			借	350 613.76
			本年累计	16 513.76		540 800.00		206 700.00				

主营业务收入明细账

页号：1-1

科目：主营业务收入/书写纸（600102）　　月份：2025.01　　本币名称：人民币

2025年		凭证号数	摘要	借方	贷方	方向	余额
月	日						
			上年结转			平	
01	08	记-0001	销售书写纸收到货款		159 000.00	贷	159 000.00
01	13	记-0004	销售退回书写纸	4 160 000.00		借	4 001 000.00
01			本月合计	4 160 000.00	159 000.00	借	4 001 000.00
01			本年累计	4 160 000.00	159 000.00		

销售费用明细账

页号：1-1

科目：销售费用（6601）　　月份：2025.01　　本币名称：人民币

2025年		凭证号数	摘要	借方	贷方	方向	余额
月	日						
			上年结转			平	
01	09	记-0002	支付运费	183 486.24		借	183 486.24
01			本月合计	183 486.24		借	183 486.24
01			本年累计	183 486.24			

- 记账凭证及原始凭证

1.

记 账 凭 证 赵书晗

记 字 0001　　制单日期：2025.01.08　　附单据数：3

摘 要	科目名称	借方金额	贷方金额
销售书写纸收到货款	应收账款/大唐实业	7000000	
销售书写纸收到货款	银行存款/工商银行	10967000	
销售书写纸收到货款	主营业务收入/书写纸		15900000
销售书写纸收到货款	应交税费/应交增值税/销项税额		2067000
票号 3 －52210010 日期 2025.01.08　数量 单价	合 计	17967000	17967000

备注　项 目　　部 门　　个 人
　　　客 户　　业务员

记账 张佩瑶　　审核 高云童　　出纳 张佳宁　　制单 杜思淼

附件：

吉林增值税电子专用发票

机器编号：661619927617

发票代码：022002100113
发票号码：00727344
开票日期：2025年1月8日
校 验 码：02016 12006 10296 31090

购买方	名　　称：长春市大唐实业股份有限公司 纳税人识别号：220000080710541890 地 址、电 话：长春市朝阳区自由大路589号043185318888 开户行及账号：工行长春自由支行2200881208008798148	密码区	8911*52*//2197>72-7911*522198-5>2351 9003>6*>1068<7953>*2/*-0911*52+*219 1922/8502<-26>4*9003>6*>10640*>><31 1438>547>>>94//72547*78*911*52+--219

货物或应税劳务名称	规格型号	单位	数量	单价	金额	税率	税额
*纸制品*书写纸		吨	30	5 300.00	159 000.00	13%	20 670.00
合计					¥ 159 000.00		¥ 20 670.00
价税合计（大写）	⊗拾柒万玖仟陆佰柒拾元整				（小写） ¥ 179 670.00		

销售方	名　　称：长春平安纸业有限公司 纳税人识别号：912201021234567890 地 址、电 话：长春市高新区浦东路0001号043189123888 开户行及账号：工行长春自由支行2200881208080019999	备注	

收款人：　　复核：　　开票人：李大光

产成品出库单

用途：销售　　2025年1月8日　　No:1003014　仓库：产品库

类别	编号	名称及规格	计量单位	数量	单位成本	总成本	附注
产成品	P2010S02	书写纸	吨	30			大唐公司
合计							

②财务记账联

制表：孙大伟　　保管：舒北　　会计：张佩瑶　　经手人：杨继先

中国工商银行 进账单（收账通知） 3

2025年1月8日

出票人	全称	长春市大唐实业股份有限公司	收款人	全称	长春平安纸业有限公司
	账号	2200881208008798148		账号	2200881208080019999
	开户银行	工行长春自由支行		开户银行	工行长春自由支行
金额	人民币（大写）	拾万玖仟陆佰柒拾元整		千百十万千百十元角分	¥10967000
票据种类	支票	票据张数	壹		
票据号码	IV II 52210010				
复核： 记账：			中国工商银行长春自由支行 业务专用章 收款人开户银行签章		

此联是开户银行交给收款人的收账通知

2.

记 账 凭 证 赵书晗

记 字 0002　　制单日期：2025.01.09　　附单据数：2

摘 要	科目名称	借方金额	贷方金额
支付运费	销售费用	18348624	
支付运费进项税	应交税费/应交增值税/进项税额	1651376	
支付运费	银行存款/工商银行		20000000
		20000000	
票号 3 -00066463 日期 2025.01.09 数量 单价	合 计		20000000
备注 项 目 客 户	部 门 业务员	个 人	

记账 张佩瑶　审核 高云童　出纳 张佳宁　制单 杜思淼

附件：

吉林增值税电子专用发票

全国统一发票监制章 国家税务总局 吉林省税务局

机器编号：661513806311

发票代码：022002018613
发票号码：1880101
开票日期：2024年12月18日
校 验 码：02016 12006 10296 31090

购买方	名　　称：长春平安纸业有限责任公司 纳税人识别号：91220102123456789000G 地 址、电 话：长春市高新区浦东路0001号043189123888 开户行及账号：工行长春自由支行2200881208080019999	密码区	111+-395+<>799-/826-5>2+351*5/197>72- 7558*5>6>890>/175<35/790*786_/23+>/+- 058/56*>108<7<953>*2/21+850<28>089+3>> <3+-138>57>>717*--751/93*/9*26>2/1*0*

项目名称	规格型号	单位	数量	单价	金额	税率	税额
*运输服务*道路货物运输服务		吨	7 800	23.523 88	183 486.24	9%	16 513.76
合计					￥ 183 486.24		￥ 16 513.76
价税合计（大写）	⊗贰拾万元整					（小写）	￥ 200 000.00

销售方	名　　称：长春准通物流有限公司 纳税人识别号：912200009064891078 地 址、电 话：长春市高新区蔚山路180号0431842528020 开户行及账号：建行光明支行620080620008031333	备注	起运地：长春 到达地：吉林 通化 沈阳 济南 青岛 车种车号：重型平板挂车吉A58900吉A58901吉A58905 货物：纸　7 800吨

收款人：　　　　复核：　　　　开票人：王熙凤

中国工商银行
转账支票存根

V II 00066463

附加信息：

出票日期：2025年1月9日

收款人：	长春准通物流有限公司
金额：	200 000.00
用途：	支付运费

单位主管：　　　　会计：

3.

记 账 凭 证

赵书晗

记　字 0003　　制单日期：2025.01.10　　附单据数：2

摘要	科目名称	借方金额	贷方金额
收回前欠部分货款	银行存款/工商银行	38700000	
核销坏账	坏账准备/应收账款	96300000	
收回前欠部分货款	应收账款/金隆包装		135000000
票号 3 -89713543 日期 2025.01.10　数量 单价	合计	135000000	135000000
备注	项目　客户	部门　业务员	个人

记账　张佩瑶　　审核　高云童　　出纳　张佳宁　　制单　杜思淼

附件：

坏账审批表

金额单位：元（列至角分）

债务单位（债务人）	应收账款账户余额	坏账损失金额	坏账损失发生时间
金隆包装公司	1 350 000.00	963 000.00	2025 年 1 月 10 日
合　计		963 000.00	
损失原因分析	债务人金隆包装公司因经营不善倒闭清算，导致我公司应收账款只能收回 387 000 元整。 经手人：张佩瑶 2025 年 1 月 10 日		
同意 财务部长：赵书晗 2025 年 1 月 10 日	同意 财务总监：高 岭 2025 年 1 月 10 日	同意 法定代表人：张本义 2025 年 1 月 10 日	

中国工商银行　　进账单（收账通知）　　3

2025年1月10日

出票人	全称	哈尔滨金隆包装公司	收款人	全称	长春平安纸业有限公司
	账号	0007028523681780804		账号	2200881208080019999
	开户银行	工行哈尔滨市分行世纪支行		开户银行	工行长春自由支行
金额	人民币（大写）	叁拾捌万柒仟元整		千百十万千百十元角分	¥38700000
票据种类	支票	票据张数	壹		
票据号码	II VI 89713543				
复核：　记账：				收款人开户银行签章	中国工商银行长春自由支行 业务专用章

此联是开户银行交给收款人的收账通知

4.

记 账 凭 证　赵书晗

记　字 0004　　制单日期：2025.01.13　　附单据数：1

摘要	科目名称	借方金额	贷方金额
销售退回书写纸	主营业务收入/书写纸	416000000	
销售退回书写纸	应交税费/应交增值税/销项税额	54080000	
销售退回书写纸	应收账款/森工集团		470080000
票号 - 日期　　数量 单价	合计	470080000	470080000
备注	项目　　部门　　个人 客户　　业务员		

记账 张佩瑶　　审核 高云童　　出纳　　制单 杜思淼

附件：

吉林增值税电子专用发票

（印章：全国统一发票监制章 国家税务总局 吉林省税务局）

发票代码：022002100213
发票号码：00727345
开票日期：2025年1月13日
校 验 码：02016 12006 10296 31090

机器编号：661619927617

购买方	名　　称：吉林森工集团公司 纳税人识别号：220003230936311789 地 址、电 话：长春市人民大街1558号043189955123 开户行及账号：工行长春人民广场支行2200000098638990122	密码区	60*//-51229//12-5>23568006853>*2/*-01 90//502<-26>*>><31/038>54>>9472547** 511*5229//97>72-8<7953>*20228//502<- 26>4*4031/09*//88/838>547>97>72-8<7953

货物或应税劳务名称	规格型号	单位	数量	单价	金额	税率	税额
*纸制品*书写纸		吨	-800	5 200.000 00	-4 160 000.00	13%	- 540 800.00
合计					¥-4 160 000.00		¥- 540 800.00
价税合计（大写）	⊗（负数）肆佰柒拾万零捌佰元整					（小写）	¥-4 700 800.00

销售方	名　　称：长春平安纸业有限公司 纳税人识别号：912201021234567890 地 址、电 话：长春市高新区浦东路0001号043189123888 开户行及账号：工行长春自由支行2200881208080019999	备注	开具红字增值税专用发票信息表编号 2201082101000715

收款人：　　复核：　　开票人：　李大光

5.

记 账 凭 证

赵书晗

记　字　0005　　制单日期：2025.01.13　　附单据数：　2

摘要	科目名称	借方金额	贷方金额
销售新闻纸收到余款	银行存款/工商银行	48000000	
销售新闻纸收到余款	应收账款/新华商贸		48000000
票号 1 － 日期 2025.01.13　数量 单价	合 计	48000000	48000000
备注	项　目 客　户	部　门 业务员	个　人

记账　张佩瑶　　审核　高云童　　出纳　张佳宁　　制单　杜思淼

附件：

中国工商银行 客户收款通知单

交易日期： 2025-01-13 交易机构： 10118 交易流水号： 1237712081
收款人名称： 长春平安纸业有限公司
收款人账号： 2200881208080019999
收款人开户银行： 工行长春自由支行
付款人名称： 北京市新华商贸有限公司
付款人账号： 1100000098638916135
付款人开户银行： 工行北京分行王府井支行
金额（小写）： 480 000.00
金额（大写）： 肆拾捌万元整 业务种类： 无折转客户账
客户申请号： 773390619
用途： 货款
银行摘要： OBSS00773390619GIRO0000000000
备注：
此联为客户回单： 自助设备打印，注意避免重复 自助打印次数： 1 银行盖章

打印时间： 2025-01-13 16：18：12

中国工商银行长春自由支行 业务专用章 (自助设备专用)

产成品出库单

用途：销售 2025年1月13日 No:1003015 仓库：产品库

类别	编号	名称及规格	计量单位	数量	单位成本	总成本	附注
产成品	P2010X01	新闻纸	吨	600			新华商贸公司
合计							

制表：孙大伟 保管：舒北 会计：杜思淼 经手人：杨光

6.

记 账 凭 证　赵书晗

记　字 0006　　制单日期：2025.01.13　　附单据数：1

摘要	科目名称	借方金额	贷方金额
收回前欠货款	银行存款/工商银行	639227000	
收回前欠货款	应收账款/吉利印刷		639227000
票号 3 -33221190 日期 2025.01.13　数量 单价	合 计	639227000	639227000
备注	项目　部门　个人 客户　业务员		

记账　张佩瑶　　审核　高云童　　出纳　张佳宁　　制单　杜思淼

附件：

中国工商银行　进账单（收账通知）　3

2025年1月13日

出票人	全称	长春市吉利印刷有限公司	收款人	全称	长春平安纸业有限公司
	账号	2200001109888992120		账号	2200881208080019999
	开户银行	工行长春南广场支行		开户银行	工行长春自由支行
金额	人民币（大写）	陆佰叁拾玖万贰仟贰佰柒拾元整		千百十万千百十元角分	¥639227000
票据种类	支票	票据张数	壹		
票据号码	II VI 33221190				
复核：　记账：			中国工商银行长春自由支行 业务专用章 收款人开户银行签章		

此联是开户银行交给收款人的收账通知

7.

记 账 凭 证 赵书晗

记 字 0007　　制单日期：2025.01.15　　附单据数：1

摘 要	科目名称	借方金额	贷方金额
收回前欠货款	银行存款/工商银行	928880000	
收回前欠货款	应收账款/亚金科技		928880000
票号 3 －78080914 日期 2025.01.15　数量 单价	合 计	928880000	928880000

备注　项 目　　部 门　　个 人
　　　客 户　　业务员

记账 张佩瑶　审核 高云童　出纳 张佳宁　制单 杜思淼

附件：

中国工商银行　进账单（收账通知）　3

2025年1月15日

出票人	全称	通化市亚金科技股份有限公司	收款人	全称	长春平安纸业有限公司
	账号	0022800988000000529		账号	2200881208080019999
	开户银行	工行通化支行		开户银行	工行长春自由支行
金额	人民币（大写）	玖佰贰拾捌万捌仟捌佰元整		千百十万千百十元角分	¥ 9 2 8 8 8 0 0 0 0
票据种类	支票	票据张数	壹		
票据号码	II VI 78080914				
复核： 记账：			中国工商银行长春自由支行 业务专用章		收款人开户银行签章

此联是开户银行交给收款人的收账通知

（七）其他相关资料

1. 申报抵扣的增值税发票信息（可在增值税发票查询平台查询到）。

（1）申报抵扣发票汇总表。

（2）申报抵扣发票清单。

申报抵扣发票汇总表——往期（报表更新时间：2025-01-01 10：08：15）

纳税人名称：长春平安纸业有限公司 纳税人识别号：912201021234567890
认证月份：2024 年 12 月

单位：（份、元）

认证方式 / 发票类型	勾选认证			扫描认证			合计		
	份数	金额	税额	份数	金额	税额	份数	金额	税额
增值税专用发票				21	34 700 634.73	4 147 522.51	21	34 700 634.73	4 147 522.51
货物运输业增值税专用发票	7	30 876.00	2 778.84				7	30 876.00	2 778.84
机动车销售统一发票								0.00	0.00
通行费发票								0.00	0.00
旅客运输服务扣税凭证	8	3 886.24	349.77					3 886.24	349.77
总计	15	34 762.24	3 128.61	21	34 700 634.73	4 147 522.51	28	34 735 396.97	4 150 651.12

发票清单

认证月份：2024年12月　　　　单位：元
纳税人名称：长春平安纸业有限公司　　　　纳税人识别号：91220102123456789O

序号	发票号码	开票日期	金额	税额	认证日期
1	70920622	2024-12-3	304 000.00	39 520.00	2024-12-10
2	00927623	2024-12-3	930.00	83.70	2024-12-10
3	01927602	2024-12-5	3 600 000.00	468 000.00	2024-12-10
4	00227600	2024-12-5	18 600.00	1 674.00	2024-12-10
5	81927902	2024-12-8	390 000.00	50 700.00	2024-12-10
6	00180337	2024-12-10	1 160.00	150.80	2024-12-10
7	00907600	2024-12-10	330 000.00	42 900.00	2024-12-10
8	00227628	2024-12-10	8 370.00	753.30	2024-12-10
9	08905650	2024-12-11	4 800 000.00	624 000.00	2024-12-20
10	00227638	2024-12-11	9 300.00	837.00	2024-12-20
11	88905658	2024-12-11	385 000.00	50 050.00	2024-12-20
12	28902652	2024-12-11	8 860.00	1 151.80	2024-12-20
13	03120807	2024-12-11	3 000.00	180.00	2024-12-20
14	00227668	2024-12-11	1 116.00	100.44	2024-12-20
15	38902633	2024-12-12	1 250 000.00	162 500.00	2024-12-20
16	00527525	2024-12-13	325 000.00	42 250.00	2024-12-20
17	00227678	2024-12-13	4 650.00	418.50	2024-12-20
18	80527528	2024-12-14	395 000.00	51 350.00	2024-12-20
19	20727222	2024-12-15	272 000.00	35 360.00	2024-12-20
20	01975461	2024-12-16	560 000.00	72 800.00	2024-12-20
21	00227778	2024-12-16	1 860.00	167.40	2024-12-20
22	00727627	2024-12-22	500 000.00	65 000.00	2024-12-30
23	05285758	2024-12-22	124 838.00	16 228.94	2024-12-30
24	12527520	2024-12-22	291 940.00	37 952.20	2024-12-30
25	05727557	2024-12-23	66 886.73	8 695.27	2024-12-30
26	00727327	2024-12-26	9 069 800.00	816 282.00	2024-12-30
27	02315487	2024-12-28	10 237 100.00	1 330 823.00	2024-12-30
28	07865984	2024-12-28	1 772 100.00	230 373.00	2024-12-30

2. 红字发票备查文件。

开具红字增值税专用发票信息表

填开日期：2025 年 1 月 13 日

<table>
<tr><td rowspan="2">销售方</td><td>名称</td><td colspan="2">长春平安纸业有限公司</td><td rowspan="2">购买方</td><td>名称</td><td>吉林森工集团公司</td></tr>
<tr><td>纳税人识别号</td><td colspan="2">912201021234567890</td><td>纳税人识别号</td><td>220003230936311789</td></tr>
<tr><td rowspan="12">开具红字专用发票内容</td><td>货物（劳务）名称</td><td>数量</td><td>单价</td><td>金额</td><td>税率</td><td>税额</td></tr>
<tr><td>书写纸</td><td>800</td><td>5 200.00</td><td>4 160 000.00</td><td>13%</td><td>540 800.00</td></tr>
<tr><td></td><td></td><td></td><td></td><td></td><td></td></tr>
<tr><td></td><td></td><td></td><td></td><td></td><td></td></tr>
<tr><td></td><td></td><td></td><td></td><td></td><td></td></tr>
<tr><td></td><td></td><td></td><td></td><td></td><td></td></tr>
<tr><td></td><td></td><td></td><td></td><td></td><td></td></tr>
<tr><td></td><td></td><td></td><td></td><td></td><td></td></tr>
<tr><td></td><td></td><td></td><td></td><td></td><td></td></tr>
<tr><td>合计</td><td>—</td><td>—</td><td>4 160 000.00</td><td>—</td><td>540 800.00</td></tr>
<tr><td colspan="6"></td></tr>
<tr><td colspan="6"></td></tr>
<tr><td>说明</td><td colspan="6">一、购买方☐
对应蓝字专用发票抵扣增值税销项税额情况：
1. 已抵扣☐
2. 未抵扣☐
对应蓝字专用发票的代码：__________
号码：__________

二、销售方☑
对应蓝字专用发票的代码：2200101170
号码：00727342</td></tr>
<tr><td>红字专用发票信息表编号</td><td colspan="6">2201082101000715</td></tr>
</table>

吉林增值税电子专用发票

全国统一发票监制章 国家税务总局 吉林省税务局

机器编号：661619927617

发票代码：22002000213
发票号码：00727345
开票日期：2025年1月13日
校 验 码：02016 12006 10296 31090

购买方	名　　称：吉林森工集团公司 纳税人识别号：220003230936311789 地 址、电 话：长春市人民大街1558号043189955123 开户行及账号：工行长春人民广场支行2200000098638990122	密码区	60*//-51229//12-5>23568006853>*2/*-01 90//502<-26>*><31/038>54>>9472547** 511*5229//97>72-8<7953>*20228//502<- 26>4*031/09*//88/838>547>97>72-8<7953

货物或应税劳务名称	规格型号	单位	数量	单价	金额	税率	税额
*纸制品*书写纸		吨	-800	5 200.00	-4 160 000.00	13%	- 540 800.00
合计					¥-4 160 000.00		¥- 540 800.00
价税合计（大写）	⊗（负数）肆佰柒拾万零捌佰元整				（小写） ¥-4 700 800.00		

销售方	名　　称：长春平安纸业有限公司 纳税人识别号：912201021234567890 地 址、电 话：长春市高新区浦东路0001号043189123888 开户行及账号：工行长春自由支行2200881208080019999	备注	开具红字增值税专用发票信息表编号 2201082101000715

收款人：　　　　复核：　　　　开票人：李大光

3. 纳税申报表。

增值税纳税申报表

（适用于一般纳税人）

税款所属时间：自 2024 年 1 月 1 日至 2024 年 12 月 31 日　　填表日期：2025 年 1 月 2 日　　金额单位：元至角分

纳税人识别号	9 1 2 2 0 1 0 2 1 2 3 4 5 6 7 8 9 0	所属行业：制造业			
纳税人名称	长春平安纸业有限公司（公章）	法定代表人姓名	张本义	注册地址	长春市高新区浦东路 0001 号
生产经营地址	长春市高新区浦东路 0001 号				
开户银行及账号	工行长春自由支行 2200 8812 0808 0019 999	登记注册类型	有限责任公司	电话号码	0431-89123888

	项目	栏次	一般项目 本月数	一般项目 本年累计	即征即退项目 本月数	即征即退项目
销售额	（一）按适用税率计税销售额	1	62 720 000.00	496 416 000.00		
	其中：应税货物销售额	2	62 720 000.00	496 416 000.00		
	应税劳务销售额	3	0.00	0.00		
	纳税检查调整的销售额	4	0.00	0.00		
	（二）按简易办法计税销售额	5	0.00	0.00		
	其中：纳税检查调整的销售额	6	0.00	0.00		
	（三）免、抵、退办法出口销售额	7	0.00	0.00	—	
	（四）免税销售额	8	0.00	0.00	—	
	其中：免税货物销售额	9	0.00	0.00	—	
	免税劳务销售额	10	0.00	0.00	—	
税款计算	销项税额	11	8 153 600.00	64 534 080.00		
	进项税额	12	4 150 651.12	21 307 104.44		
	上期留抵税额	13	0.00	0.00		
	进项税额转出	14	0.00	0.00		
	免、抵、退应退税额	15	0.00	0.00	—	
	按适用税率计算的纳税检查应补缴税额	16	0.00	0.00	—	
	应抵扣税额合计	17＝12＋13－14－15＋16	4 150 651.12	21 307 104.44		
	实际抵扣税额	18（如 17＜11，则为 17，否则为 11）	4 150 651.12	21 307 104.44		
	应纳税额	19＝11－18	4 002 948.88	43 226 975.56		
	期末留抵税额	20＝17－18	0.00	0.00		
	简易计税办法计算的应纳税额	21	0.00	0.00		
	按简易计税办法计算的纳税检查应补缴税额	22	0.00	0.00	—	
	应纳税额减征额	23	0.00	0.00		
	应纳税额合计	24＝19＋21－23	4 002 948.88	43 226 975.56		
税款缴纳	期初未缴税额（多缴为负数）	25	2 686 082.90	5 024 761.30		
	实收出口开具专用缴款书退税额	26	0.00	0.00	—	
	本期已缴税额	27＝28＋29＋30＋31	2 686 082.90	44 248 787.982 1		
	①分次预缴税额	28	0.00	39 224 026.68		
	②出口开具专用缴款书预缴税额	29	0.00	—	—	
	③本期缴纳上期应纳税额	30	2 686 082.90	5 024 761.30		
	④本期缴纳欠缴税额	31	0.00	0.00		
	期末未缴税额（多缴为负数）	32＝24＋25＋26－27	4 002 948.88	4 002 948.88		
	其中：欠缴税额（≥0）	33＝25＋26－27	0.00	—		
	本期应补（退）税额	34＝24－28－29	4 002 948.88	—		
	即征即退实际退税额	35	—	—		
	期初未缴查补税额	36	0.00	0.00	—	
	本期入库查补税额	37	0.00	0.00	—	
	期末未缴查补税额	38＝16＋22＋36－37	0.00	0.00	—	

主管税务机关：国家税务总局长春高新区税务局税源管理一科　　接收人：电子税务局　　接收日期：2025-1-3

增值税纳税申报表附列资料（一）

（本期销售情况明细）

纳税人名称：（公章）　　税款所属时间：年　月　日至　年　月　日　　金额单位：元至角分

项目及栏次				开具增值税专用发票		开具其他发票		未开具发票		纳税检查调整		合计			服务、不动产和无形资产扣除项目本期实际扣除金额	扣除后	
				销售额	销项（应纳）税额	销售额	销项（应纳）税额	销售额	销项（应纳）税额	销售额	销项（应纳）税额	销售额	销项（应纳）税额	价税合计		含税（免税）销售额	销项（应纳）税额
				1	2	3	4	5	6	7	8	9=1+3+5+7	10=2+4+6+8	11=9+10	12	13=11−12	14=13÷(100%+税率或征收率)×税率或征收率
一、一般计税方法计税	全部征税项目	13%税率的货物及加工修理修配劳务	1											—	—	—	—
		13%税率的服务、不动产和无形资产	2														
		9%税率的货物及加工修理修配劳务	3											—	—	—	—
		9%税率的服务、不动产和无形资产	4														
		6%税率	5														
	其中：即征即退项目	即征即退货物及加工修理修配劳务	6	—	—	—	—	—	—	—	—			—	—	—	—
		即征即退服务、不动产和无形资产	7	—	—	—	—	—	—	—	—						
二、简易计税方法计税	全部征税项目	6%征收率	8							—	—			—	—	—	—
		5%征收率的货物及加工修理修配劳务	9a							—	—			—	—	—	—
		5%征收率的服务、不动产和无形资产	9b							—	—						
		4%征收率	10							—	—			—	—	—	—
		3%征收率的货物及加工修理修配劳务	11							—	—			—	—	—	—
		3%征收率的服务、不动产和无形资产	12							—	—						
		预征率　%	13a							—	—						
		预征率　%	13b							—	—						
		预征率　%	13c							—	—						
	其中：即征即退项目	即征即退货物及加工修理修配劳务	14	—	—	—	—	—	—	—	—			—	—	—	—
		即征即退服务、不动产和无形资产	15	—	—	—	—	—	—	—	—						

三、免抵退税	货物及加工修理修配劳务	16	—	—		—		—	—	—		—	—	—	—	—
	服务、不动产和无形资产	17	—	—		—		—	—	—		—				—
四、免税	货物及加工修理修配劳务	18				—		—	—	—		—	—	—	—	—
	服务、不动产和无形资产	19	—	—		—		—	—	—		—				—

增值税纳税申报表附列资料（二）

（本期进项税额明细）

纳税人名称：（公章）　　税款所属时间：年　月　日至　年　月　日　　金额单位：元至角分

一、申报抵扣的进项税额				
项目	栏次	份数	金额	税额
（一）认证相符的增值税专用发票	1＝2＋3			
其中：本期认证相符且本期申报抵扣	2			
前期认证相符且本期申报抵扣	3			
（二）其他扣税凭证	4＝5＋6＋7＋8a＋8b			
其中：海关进口增值税专用缴款书	5			
农产品收购发票或者销售发票	6			
代扣代缴税收缴款凭证	7	—		
加计扣除农产品进项税额	8a	—	—	
其他	8b			
（三）本期用于购建不动产的扣税凭证	9			
（四）本期用于抵扣的旅客运输服务扣税凭证	10			
（五）外贸企业进项税额抵扣证明	11	—	—	
当期申报抵扣进项税额合计	12＝1＋4＋11			

二、进项税额转出额		
项目	栏次	税额
本期进项税额转出额	13＝14至23之和	
其中：免税项目用	14	
集体福利、个人消费	15	
非正常损失	16	
简易计税方法征税项目用	17	
免抵退税办法不得抵扣的进项税额	18	

纳税检查调减进项税额	19			
红字专用发票信息表注明的进项税额	20			
上期留抵税额抵减欠税	21			
上期留抵税额退税	22			
其他应作进项税额转出的情形	23			
三、待抵扣进项税额				
项目	栏次	份数	金额	税额
（一）认证相符的增值税专用发票	24	—	—	—
期初已认证相符但未申报抵扣	25			
本期认证相符且本期未申报抵扣	26			
期末已认证相符但未申报抵扣	27			
其中：按照税法规定不允许抵扣	28			
（二）其他扣税凭证	29＝30至33之和			
其中：海关进口增值税专用缴款书	30			
农产品收购发票或者销售发票	31			
代扣代缴税收缴款凭证	32	—		
其他	33			
	34			
四、其他				
项目	栏次	份数	金额	税额
本期认证相符的增值税专用发票	35			
代扣代缴税额	36	—	—	

增值税纳税申报表附列资料（三）

（服务、不动产和无形资产扣除项目明细）

纳税人名称：（公章）　　税款所属时间：年　月　日至　年　月　日　　金额单位：元至角分

项目及栏次		本期服务、不动产和无形资产价税合计额（免税销售额）	服务、不动产和无形资产扣除项目				
			期初余额	本期发生额	本期应扣除金额	本期实际扣除金额	期末余额
		1	2	3	4=2+3	5（5≤1且5≤4）	6=4−5
13%税率的项目	1						
9%税率的项目	2						
6%税率的项目（不含金融商品转让）	3						
6%税率的金融商品转让项目	4						
5%征收率的项目	5						
3%征收率的项目	6						
免抵退税的项目	7						
免税的项目	8						

增值税纳税申报表附列资料（四）

（税额抵减情况表）

纳税人名称：（公章） 税款所属时间：年 月 日至 年 月 日 金额单位：元至角分

一、税额抵减情况							
序号	抵减项目	期初余额	本期发生额	本期应抵减税额	本期实际抵减税额	期末余额	
		1	2	3=1+2	4≤3	5=3−4	
1	增值税税控系统专用设备费及技术维护费						
2	分支机构预征缴纳税款						
3	建筑服务预征缴纳税款						
4	销售不动产预征缴纳税款						
5	出租不动产预征缴纳税款						
二、加计抵减情况							
序号	加计抵减项目	期初余额	本期发生额	本期调减额	本期可抵减额	本期实际抵减额	期末余额
		1	2	3	4=1+2−3	5	6=4−5
6	一般项目加计抵减额计算						
7	即征即退项目加计抵减额计算						
8	合计						

增值税减免税申报明细表

（税额抵减情况表）

纳税人名称（公章）： 税款所属时间：自 年 月 日至 年 月 日 金额单位：元至角分

一、减税项目						
减税性质代码及名称	栏次	期初余额	本期发生额	本期应抵减税额	本期实际抵减税额	期末余额
		1	2	3=1+2	4≤3	5=3－4
合计	1					
2						
3						
4						
5						
6						
二、免税项目						
免税性质代码及名称	栏次	免征增值税项目销售额	免税销售额扣除项目本期实际扣除金额	扣除后免税销售额	免税销售额对应的进项税额	免税额
		1	2	3=1－2	4	5
合计	7					
出口免税	8		—	—	—	—
其中：跨境服务	9		—	—	—	—
	10					
	11					
	12					
	13					
	14					
	15					
	16					

4. 重要合同。

（1）销售合同。

合同编号：销 202428

甲方（卖方）：长春平安纸业有限公司

签订地点：长春平安纸业有限公司

乙方（买方）：麦派实业有限公司

签订时间：2024 年 12 月 30 日

甲乙双方根据《合同法》《消费者权益保护法》及有关法律、法规，经协商一致，签订本合同。

第一条 乙方按下表所列要求购买甲方商品：

商品名称	货号	规格	质地	颜色	单位	单价（元）	数量（吨）	金额（元）
新闻纸	P2010×0	1m×1m	特级	本色	吨	5 000	1 100	5 500 000
合计金额：人民币伍佰伍拾万元整（￥5 500 000）								

第二条 质量要求：甲方所出售的商品必须符合国家标准。

第三条 交货及验收：甲方应当将订单列明的商品，在 2025 年 1 月 15 日之前交付到乙方 1 号仓库，并经乙方签收。

第四条 结算方式：货到验收后 2 个月内以电汇方式付款。

第五条 违约责任：略。

第六条 争议解决：略。

本合同一式两份，双方各执一份，自双方签章之日起生效。合同执行期间，如有未尽事宜，甲乙双方协商另订附则，所有附则均与本合同有同等法律效力。

甲方：长春平安纸业有限公司

法定代表人：张本义

签约代表：张海波

开户银行/账号：中国工商银行长春自由支行

2200 8812 0808 0019 999

税号：91220102123456789O

签字日期：2024 年 12 月 30 日

长春平安纸业有限公司 合同专用章

乙方：麦派实业有限公司

法定代表人：李嘉策

签约代表：董峰

开户银行/账号：中国农业银行青岛金星支行

0973 0000 0098 6009 912

麦派实业有限公司 合同专用章

税号：2202000388009104AM

签字日期：2024年12月30日

注：其他销售合同略。

（2）抵押借款合同。

合同编号：长建动抵字20232108

贷款抵押人：长春平安纸业有限公司，以下简称甲方。

贷款抵押权人：中国建设银行长春银海支行，以下简称乙方。

甲方因扩大生产经营需要，向乙方申请贷款作为流动资金。双方经协商一致同意，在甲方以其所有的新闻纸生产线（以下简称甲方抵押物）作为贷款抵押物抵押给乙方的条件下，由乙方提供双方商定的贷款额给甲方。在贷款期限内，甲方拥有抵押物的使用权，在甲方还清贷款本息前，乙方拥有抵押物的所有权。为此，特订立本合同。

第一条　贷款内容

1. 贷款总金额：人民币贰佰万元整。

2. 贷款用途：本贷款只能用于生产的需要，不得挪作他用，更不得使用贷款进行违法活动。

3. 贷款期限：4年，自2023年5月26日起，至2027年5月25日止。

4. 贷款利率：年利率9%，每月付息一次。

5. 贷款的偿还：甲方保证在合同规定的贷款期限内按约主动还本付息。甲方归还本贷款的资金来源为本公司生产、经营及其他收入。如甲方要求用其他来源归还贷款，须经乙方同意。

贷款最后还款日为2027年5月25日。

第二条　抵押物事项

1. 抵押物名称：KNF-1092造纸机。

2. 制造厂家：江南重型机械设备制造有限责任公司。

3. 置放地点：长春平安纸业有限公司新闻纸生产车间。

4. 抵押物发票总金额：3 600 000元。

5. 抵押期限：自本贷款合同生效之日起至甲方还清乙方与本合同有关的全部贷款本息为止。

第三条　甲乙双方的义务

（一）乙方的义务：

1. 对甲方交来抵押物契据、证件要妥善保管，不得遗失、损毁。

2. 在甲方到期还清贷款后，将抵押物的全部契据、证件完整交给甲方。

（二）甲方的义务：

1. 应严格按照合同规定时间主动还本付息。

2. 保证在抵押期间抵押物不受甲方破产、资产分割、转让的影响。如乙方发现甲方抵押物有违反本条款的情节，乙方通知甲方当即改正或可终止本合同贷款，并追偿已贷出的全部贷款本息。

3. 甲方应合理使用作为抵押物的新闻纸生产线，并负责抵押物的经营、维修、保养及有关税赋等费用。

4. 甲方因故意或过失造成抵押物毁损，应在15天内向乙方提供新的抵押物，若甲方无法提供新的抵押物或担保时，乙方有权相应减少贷款额度，或解除本合同，追偿已贷出的贷款本息。

5. 甲方未经乙方同意不得将抵押物出租、出售、转让、再抵押或以其他方式处分。

第四条 违约责任（略）

第五条 有关本合同的费用

有关抵押的评估、登记、证明、公证等一切费用均由甲方负责。

第六条 争议的解决（略）

本合同一式三份，甲、乙双方各执一份，公证处留存一份，自公证书签发之日起生效。

甲方：长春平安纸业有限公司

代表人：张本义（签字）

地址：长春市高新区浦东路0001号

银行及账号：中国建设银行长春银海支行

2201 0222 2220 6777 777

订立时间：2023年5月26日

乙方：中国建设银行长春银海支行

代表人：马航天（签字）

地址：长春市西安大路88号

订立地点：中国建设银行长春银海支行营业部

注：其他借款合同略。

5. 银行对账单。

中国工商银行对账单

2024 年 12 月 31 日　　　　　　　　　　页数：页数：1/2

邮编：130002　　　　地址：长春市高新区浦东路 001 号　　　　货币：CNY

户名：长春平安纸业有限公司　　　　账号：2200881208080019999　　　　期初余额：32 598 493.37

序号	2024 年		摘要	结算号	支出（贷方）	存入（借方）	余额
	月	日					
1	12	02		现金支票-00124583		2 000.00	32 596 493.37
2	12	02		转账支票-00066436		1 580.00	32 594 913.37
3	12	02		电汇		170 000.00	32 424 913.37
4	12	02		电汇		18 370.95	32 406 542.42
5	12	02		转账支票-00066437		156 800.00	32 249 742.42
6	12	03		转账支票-00066438		3 200.00	32 246 542.42
7	12	03		现金支票-00124584		12 000.00	32 234 542.42
8	12	05		委托收款	552 300.00	32 786 842.42	
9	12	05		委托收款	447 700.00	33 234 542.42	
10	12	06		委托收款	300 000.00	33 534 542.42	
11	12	06		电汇		48 830.94	33 485 711.48
12	12	06		转账支票-00066439		818 010.58	32 667 700.90
13	12	07		电汇		8 000.00	32 659 700.90
14	12	08		转账支票-00066440		2 686 082.90	29 973 618.00
15	12	08		转账支票-00066441		251 396.60	29 722 221.40
16	12	08		转账支票-00550188	9 800 000.00		39 522 221.40
17	12	09		电汇	1 500 000.00		41 022 221.40
18	12	09		转账支票-00066442		240 927.17	40 781 294.23
19	12	10		电汇		1 280.00	40 780 014.23
20	12	11		转账支票-00066443		5 434 137.00	35 345 877.23
21	12	11		转账支票-00066444		10 011.80	35 335 865.43
22	12	11		现金支票-00124585		5 000.00	35 330 865.43
23	12	12		转账支票-00066445		12 100.00	35 318 765.43
24	12	12		转账支票-00990011	2 825 000.00		38 143 765.43
25	12	12		转账支票-00066446		1 412 500.00	36 731 265.43
26	12	12		转账支票-00066447		8 006.00	36 723 259.43
27	12	12		转账支票-00066448		55 880.00	36 667 379.43
28	12	12		电汇		7 890.87	36 659 488.56
29	12	14		转账支票-00066449		10 000.00	36 649 488.56
30	12	14		转账支票-00066450		10 000.00	36 639 488.56
31	12	15		转账支票-00066451		3 700.00	36 635 788.56
32	12	16		电汇	565 000.00		37 200 788.56
33	12	16		电汇	300 000.00		37 500 788.56
34	12	16		现金支票-00124586		6 000.00	37 494 788.56
35	12	17		电汇	2 000 000.00		39 494 788.56
36	12	21		现金支票-00124587		5 000.00	39 489 788.56

续表

序号	2024年		摘要	结算号	支出（贷方）	存入（借方）	余额
	月	日					
37	12	21		转账支票-11389901	70 000.00		39 559 788.56
38	12	22		电汇		565 000.00	38 994 788.56
39	12	22		转账支票-00066452		141 066.94	38 853 721.62
40	12	22		转账支票-00066453		329 892.20	38 523 829.42
41	12	23		转账支票-00066454		75 582.00	38 448 247.42
42	12	25		转账支票-22040219	4 500 000.00		42 948 247.42
43	12	25		转账支票-22001123	4 000 000.00		46 948 247.42
44	12	26		委托收款		9 886 082.00	37 062 165.42
45	12	28		委托收款		11 567 923.00	25 494 242.42
46	12	28		转账支票-00066455		2 002 473.00	23 491 769.42
47	12	28		转账支票-00066456		504 056.07	22 987 713.35
48	12	28		转账支票-00066457		4 527.03	22 983 186.32
49	12	29		转账支票-00066458		4 663.20	22 978 523.12
50	12	29		转账支票-00066459		2 016.00	22 976 507.12
51	12	29		转账支票-00066460		10 000.00	22 966 507.12
52	12	30		电子转账-081201		3 106 243.79	19 860 263.33
53	12	31		电汇		9 000.00	19 851 263.33
54	12	31		转账支票-00066461		83 441.24	19 767 822.09
55	12	31		银行划转	5 803.55		19 773 625.64
56	12	31		电汇		1 772 399.15	18 001 226.49
57	12	31		电汇	3 000 000.00		21 001 226.49
58	12	31		转账支票-90910021	4 000 000.00		25 001 226.49
59	12	31		转账支票-53002810	1 400 000.00		26 401 226.49
60	12	31		转账支票-00219010	3 888 900.00		30 290 126.49
	12			本月合计	39 154 703.55	41 463 070.43	30 290 126.49

注：其他11份工行对账单（与日记账相符）略。

中国建设银行 China Construction Bank

中国建设银行对账单

编号：　　2024年12月31日　　页数：1/1

邮编：130002　　地址：长春市高新区浦东路0001号　　货币：CNY

户名：长春平安纸业有限公司　　账号：22010222222206777777　　期初余额：100 000.00

序号	2024年		摘要	结算号	贷方（支出）	借方（存入）	余额
	月	日					
1	12	08			10 000 000.00		10 100 000.00
2	12	08		转账支票-00550188		9 800 000.00	300 000.00
3	12	31		银行划转		114 125.00	185 875.00
	12		合计		1 000 000.00	9 914 125.00	185 875.00

注：其他11份建行对账单略。

6. 银行存款余额调节表。

银行存款余额调节表

单位名称：长春平安纸业有限公司　　2024年12月31日
会计截止日期：2024年12月31日　　编制人：高云童　　日期：2024年12月31日
账号：2200881208080019999　　复核人：赵书晗　　日期：2024年12月31日

(1)企业银行存款日记账12月余额													28 290 126.49												
(2)加：银行已列账，企业未列账的收入凭证			金额										(3)减：银行已列账，企业未列账的付出凭证			金额									
月	日	摘要	千	百	十	万	千	百	十	元	角	分	月	日	摘要	千	百	十	万	千	百	十	元	角	分
		合计													合计										
调整后余额：(1)＋(2)－(3)＝																2	7	1	3	4	4	2	0	0	4

(4)银行对账单12月余额													30 290 126.49												
(5)加：企业已列账，银行尚未列账的收入凭证			金额										(6)减：企业已列账，银行尚未列账的付出凭证			金额									
月	日	摘要	千	百	十	万	千	百	十	元	角	分	月	日	摘要	千	百	十	万	千	百	十	元	角	分
													12	31	预付购料款		2	0	0	0	0	0	0	0	0
		合计													合计		2	0	0	0	0	0	0	0	0
调整后余额：(4)＋(5)－(6)＝																2	7	1	3	4	4	2	0	0	4

7. 银行借款明细表。

银行借款明细表

2024年12月31日

单位：元

贷款银行	借款期限		利率（年）	期初余额	本期增加		本期归还		期末余额	本期实计利息		借款条件	借款用途
	借款日	到期日		本金	日期	本金	日期	本金	本金	全年	12月		
建行银海支行	2023-11-01	2024-03-31	3%	3 650 000.00			2024-04-01	3 650 000.00	—	27 375.00	—	信用借款按月付息	临时借款
建行银海支行	2024-03-09	2024-10-08	3%		2024-03-09	4 350 000.00	2024-10-09	4 350 000.00	—	76 125.00	—	信用借款按月付息	生产周转
建行银海支行	2024-09-01	2025-04-30	3%			1 650 000.00			1 650 000.00	16 500.00	4 125.00	信用借款按月付息	生产周转
建行银海支行	2024-12-08	2025-08-07	3%		2024-12-08	10 000 000.00			10 000 000.00	20 000.00	20 000.00	信用借款按月付息	生产周转
小计				3 650 000.00		16 000 000.00		8 000 000.00	11 650 000.00	140 000.00	24 125.00		
建行银海支行	2022-03-31	2024-03-30	9%	15 000 000.00			2024-03-30	15 000 000.00	—	337 500.00	—	保证借款按月付息	扩大经营
建行银海支行	2023-05-26	2025-05-25	9%	2 000 000.00					2 000 000.00	180 000.00	15 000.00	抵押借款（机器设备）按月付息	扩大经营
建行银海支行	2024-09-10	2027-09-09	9%		2024-09-10	10 000 000.00			10 000 000.00	275 000.00	75 000.00	抵押借款（办公楼）按月付息	扩大经营
小计				17 000 000.00		10 000 000.00		15 000 000.00	12 000 000.00	792 500.00	90 000.00		

8. 库存商品仓库台账。

库存商品仓库台账

产品名称：新闻纸　　　　单位：吨

日期		入库数量	销售数量	结存量	客户
12	1			1 702.883 42	
	5		800	902.883 42	麦派实业
	6	1 800		2 702.883 42	
	7		700	2 002.883 42	麦派实业
	12		500	1 502.883 42	众协商贸
	12		500	1 002.883 42	金隆包装
	13	1 800		2 802.883 42	
	15		900	1 902.883 42	吉利印刷
	20		1 000	902.883 42	亚金科技
	22	1 700		2 602.883 42	
	31		1 100	1 502.883 42	麦派实业
小计		5 300	5 500		

库存商品仓库台账

产品名称：书写纸　　　　单位：吨

日期		入库数量	销售数量	结存量	客户
12	1			1 621.509 31	
	3		700	921.509 31	君达纸业
	3		500	421.509 31	亚金科技
	9	1 800		2 221.509 31	
	15		900	1 321.509 31	吉利印刷
	16		800	521.509 31	同文出版
	18	1 700		2 221.509 31	
	20		800	1 421.509 31	亚金科技
	22		500	921.509 31	麦派实业
	25	1 700		2 621.509 31	
	26		800	1 821.509 31	嘉豪纸业
小计		5 200	5 000		

9. 原材料仓库台账。

原材料仓库台账

名称：101 草浆　　　　单位：吨

日期	入库数量	出库数量	结存量	供应商/用途
1			1 870	
2	1 165		3 035	美拉纸浆公司
6		900	2 135	新闻纸加工
7	500		2 635	美拉纸浆公司
15	500		3 135	吉恩化工公司
16		200	2 935	外销
18		900	2 035	新闻纸加工
23	200		2 235	美拉纸浆公司
26	200		2 435	美拉纸浆公司
小计	2 565	2 000		

原材料仓库台账

名称：102 废纸浆　　　　单位：吨

日期	入库数量	出库数量	结存量	供应商/用途
1			4 480	
1	2 300		6 780	辉鹏纸业公司
3	1 057		7 837	吉恩化工公司
6		1 575	6 262	新闻纸加工
7		1 470	4 792	书写纸加工
12	500		5 292	辉鹏纸业公司
15	500		5 792	美拉纸浆公司
17	400		6 192	吉恩化工公司
18	800		6 992	辉鹏纸业公司
18		1 575	5 417	新闻纸加工
19		1 470	3 947	书写纸加工
26	200		4 147	美拉纸浆公司
小计	5 757	6 090		

原材料仓库台账

名称：103 木浆　　　　单位：吨

日期	入库数量	出库数量	结存量	供应商/用途
1			710	
7	500		1 210	美拉纸浆公司
7		630	580	书写纸加工
7		200	380	外销
13	1 000		1 380	塔斯纸浆公司
16		100	1 280	外销
19		630	650	书写纸加工
小计	1 500	1 560		

原材料仓库台账

名称：104 助剂　　　　单位：吨

日期	入库数量	出库数量	结存量	供应商/用途
1			40	
2	46		86	捷诺化工公司
5	400		486	诚信商贸公司
6		225	261	新闻纸加工
10	500		761	捷诺化工公司
12		420	341	书写纸加工
13	500		841	汇锐胶业公司
17	500		1 341	汇锐胶业公司

续表

日期	入库数量	出库数量	结存量	供应商/用途
18		225	1 116	新闻纸加工
19		420	696	书写纸加工
小计	1 946	1 290		

2024年12月产成品出库单

2025年1月产成品出库单

10. 存货清单。

即仓库期末盘点结果，假定其信息与各存货仓库台账相吻合。

11. 仓库出（入）库单。

（1）仓库收料单（略），可参见84～87号凭证附件。

（2）仓库领料单（略），可参见97号凭证附件。

（3）仓库产成品入库单（略），可参见111～112号凭证附件。

（4）仓库产成品出库单，可参见电子资源。

12. 2024年原材料计划价格表。

2024年原材料计划价格表

编号	种类名称	计量单位	计划单价（元）
101	草浆	吨	2 300
102	废纸浆	吨	600
103	木浆	吨	4 200
104	助剂	吨	730

13. 低值易耗品领用汇总表。

低值易耗品领用汇总表　　金额单位：元

种类	公司总部		新闻纸车间		书写纸车间		总计		
	数量	金额小计	数量	金额小计	数量	金额小计	单位成本	数量	金额
文件柜	50	25 000	8	4 000	8	4 000	500	66	33 000
办公桌	150	30 000	10	2 000	10	2 000	200	170	34 000
办公椅	150	15 000	10	1 000	10	1 000	100	170	17 000
工作服	150	15 000	414	41 400	417	41 700	100	981	98 100
合计		85 000		48 400		48 700			182 100

14. 商品价目表。

商品价目表　　单位：元

编号	商品名称	销售价格		编号	商品名称	销售价格	
		2024.12	2025.1			2024.12	2025.1
	产品类				原料类		
P2018X01	新闻纸	5 000	5 100	101	草浆	2 800	2850
P2018S02	书写纸	5 200	5 300	102	废纸浆	1 000	1 050
				103	木浆	5 000	5 050
				104	助剂	800	850

15. 产品产量记录。

产品产量记录

2024 年 12 月　　单位：吨

项目	新闻纸车间	书写纸车间
	新闻纸	书写纸
月初在产品	1 800	2 000
本月投产	4 500	4 200
本月完工	5 300	5 200
本月在产品	1 000	1 000
投料 100%	1 000	1 000
完工 50%	500	500

16. 仓库及有关部门物资管理员名单。

物资管理员名单

地点	物资管理员
材料仓库（草浆　废纸浆　木浆　助剂）	张　江　王洪峰　李　伟　荆支前
产成品仓库（新闻纸　书写纸）	舒　北　刘家辉
新闻纸车间	王卓奇　李　义
书写纸车间	钱　潮　李林森

17. 固定资产明细表。

固定资产明细表

2024 年 12 月 31 日

名称	单位	数量	原值	预计使用寿命（年）	预计净残值率%	已使用时间（月）	使用部门
房屋及建筑物							
办公楼	栋	1	2 010 680.00	30	10	49	综合部门
厂房一	座	1	6 100 000.00	30	10	49	新闻纸车间
厂房二	座	1	6 600 000.00	30	10	49	书写纸车间
库房（材料）	座	1	100 000.00	30	10	49	综合部门
库房（产品）	座	1	100 000.00	30	10	49	综合部门
机器设备							
高频疏散机	台	2	1 158 000.00	10	4	40	新闻纸车间
		2	1 158 000.00	10	4	40	书写纸车间
离心筛	台	4	19 100.00	10	4	40	新闻纸车间
		4	19 100.00	10	4	40	书写纸车间
烘缸	台	5	569 000.00	10	4	40	新闻纸车间
		5	569 000.00	10	4	40	书写纸车间
抄纸网笼	台	3	55 100.00	10	4	40	新闻纸车间
		3	55 100.00	10	4	40	书写纸车间
水平圆筒卷纸机	台	3	869 200.00	10	4	40	新闻纸车间
		3	869 200.00	10	4	40	书写纸车间

续表

名称	单位	数量	原值	预计使用寿命（年）	预计净残值率%	已使用时间（月）	使用部门
双刀切纸机	台	3	15 600.00	10	4	40	新闻纸车间
		3	15 600.00	10	4	40	书写纸车间
KFN-1092 造纸机	台	1	3 943 000.00	10	4	40	新闻纸车间
CNK-1575 造纸机	台	1	3 861 000.00	10	4	40	书写纸车间
办公设备							
联想扬天台式电脑	台	90	675 000.00	5	1	28	综合部门
		50	365 000.00	5	1	28	新闻纸车间
		61	450 000.00	5	1	28	书写纸车间
联想 ThinkPad 笔记本	台	10	87 500.00	5	1	28	综合部门
HP LaserJet 1022 打印机	台	10	25 000.00	5	1	28	综合部门
		6	15 000.00	5	1	28	新闻纸车间
		12	30 000.00	5	1	28	书写纸车间
佳能复印机	台	6	18 000.00	5	1	28	综合部门
		2	9 000.00	5	1	28	新闻纸车间
		2	9 000.00	5	1	28	书写纸车间
佳能多功能传真机	台	6	34 500.00	5	1	28	综合部门
		2	11 000.00	5	1	28	新闻纸车间
		2	11 000.00	5	1	28	书写纸车间
交通设备							
奥迪 A6 轿车	辆	2	900 000.00	8	4	31	综合部门
帕萨特 B5 轿车	辆	2	600 000.00	8	4	31	综合部门
金杯海狮面包车	辆	1	50 000.00	8	4	31	综合部门
解放平板货车	辆	2	450 000.00	8	4	31	综合部门

18. 往来单位资料。

主要供应商资料

名称	地址	邮编	电话	备注（信用记录）
捷诺化工	上海市浦东区环城路 762 号	200001	021-84567346	良好
美拉纸浆	青岛市经开区飞跃路 1340 号	266005	0532-88653232	良好
诚信商贸	鞍山市南岗区鞍钢路 234 号	114011	0412-88652364	良好
吉恩化工	长春市绿园区青年路 98 号	130062	0431-87783359	良好
汇锐胶业	长春市双阳区人民大街 465 号	130086	0431-84778346	良好
辉鹏纸业	沈阳市铁东区绥化大街 1680 号	116200	024-83423451	良好
准通物流	长春市高新区修正路 3566 号	130078	0431-85577777	良好
塔斯纸浆	重庆市沙坪坝区春阳路 1582 号	400056	023-82389999	新供应商

主要客户资料

名称	地址	邮编	电话	备注（信用记录）
金隆包装	哈尔滨市世纪大街 1233 号	140088	0451-77777777	截至 2025 年 1 月公司倒闭不能偿还全部欠款
君达纸业	济南市朝阳区和平大街 1588 号	260062	0531-88888888	良好
嘉豪纸业	青岛市海边区琴海路 1111 号	266009	0532-87234153	良好

续表

名称	地址	邮编	电话	备注（信用记录）
众协商贸	上海保税区解放路 3333 号	200012	021-87545321	良好
同文出版	沈阳市中城区建阳街 868 号	110006	024-87678798	良好
亚金科技	通化市光明路 1212 号	134000	0435-87897894	良好
麦派实业	青岛市即墨区五柳街 8 号	132005	0432-85683471	良好
吉利印刷	长春市宽城区迎宾路 128 号	137007	0436-83349982	良好
新华商贸	北京朝阳区王府井大街 1558 号	100023	010-89955123	新客户
大唐实业	长春市朝阳区自由大路 589 号	130033	0431-85318888	新客户

19. 账龄分析表。

应收账款账龄分析表

2024 年 12 月 31 日

序号	债务人名称	期末余额	账龄分析			
			1 年以内	1～2 年	2～3 年	3 年以上
1	金隆包装	1 350 000.00	1 350 000.00			
2	君达纸业	3 005 330.00	3 005 330.00			
3	吉利印刷	6 397 270.00	6 397 270.00			
4	同文出版	3 340 800.00	3 340 800.00			
5	众协商贸	859 680.00	859 680.00			
6	亚金科技	9 288 800.00	9 288 800.00			
7	麦派实业	9 239 100.00	9 239 100.00			
8	嘉豪纸业	4 700 800.00	4 700 800.00			
9	大唐实业	－70 000.00	－70 000.00			
10	森工集团	4 700 800.00	4 700 800.00			
11	新华商贸	390 000.00	390 000.00			
合计		43 202 580.00	43 202 580.00			

20. 客户的商品验收确认单（单独装订成册）。

商品验收确认单 NO：0001

商品名称	规格型号	数量	单位	出库日期	合同号	售后服务承诺
新闻纸	P2018X01	1 100	吨	2024-12-31	销 202428	有质量问题包退换
供货方（章）：长春平安纸业有限公司 经办人：覃褚旭 2025 年 1 月 7 日				购货方（章）：麦派实业有限公司 经检验以上产品与合同一致，验收合格。 经办人：蒋羡阳 2025 年 1 月 7 日		

本采购验收单一式两份：采购方一份，销售方一份。

注：其余商品验收确认单略。

21. 销售通知单。

注：单独装订成册略。

22. 2024年12月销售月报表（简表）。

主要产品销售月报表

2024年12月

数量单位：吨

金额单位：元

客户	产品				合计
	新闻纸		书写纸		
	数量	金额	数量	金额	
金隆包装	500.00	2 500 000.00			2 500 000.00
君达纸业			700.00	3 640 000.00	3 640 000.00
吉利印刷	900.00	4 500 000.00	900.00	4 680 000.00	9 180 000.00
同文出版			800.00	4 160 000.00	4 160 000.00
众协商贸	500.00	2 500 000.00			2 500 000.00
亚金科技	1 000.00	5 000 000.00	1 300.00	6 760 000.00	11 760 000.00
麦派实业	2 600.00	13 000 000.00	500.00	2 600 000.00	15 600 000.00
嘉豪纸业			800.00	4 160 000.00	4 160 000.00
大唐实业					0.00
森工集团			800.00	4 160 000.00	4 160 000.00
新华商贸	600.00	3 000 000.00			3 000 000.00
合计	6 100.00	30 500 000.00	5 800.00	30 160 000.00	60 660 000.00

23. 2024年1—11月发生额及余额表（可参见电子资源）。

24. 2024年12月发生额及余额表（可参见电子资源）。

25. 2024年全年发生额及余额表（可参见电子资源）。

2024年1—11月发生额及余额表　　**2024年12月发生额及余额表**　　**2024年全年发生额及余额表**

26. 交易提示（2024年12月全部交易与2025年1月部分交易）。

2024年12月：

（1）2日，从银行提现金2 000元备用。

（2）2日，开出转账支票支付购买销售部宣传用品费1 580元。

（3）2日，电汇偿还前欠捷诺化工购料款170 000元。

（4）2日，电汇偿还前欠诚信商贸购料款18 370.95元。

（5）2日，开出转账支票偿还前欠辉鹏纸业购料款156 800元。

（6）3日，向君达纸业销售书写纸700吨，单价5 200元，计3 640 000元，增值税额为 473 200 元，代垫运杂费 3 200 元，已经办理托收手续。

（7）3 日，向诚信商贸采购原材料助剂 400 吨，单价 760 元，货款计 304 000 元，增值税额为 39 520 元，诚信商贸代垫运费 1 013.70 元（成本 930 元，增值税 83.70 元），货款及运杂费未付。

（8）3 日，向亚金科技销售书写纸 500 吨，单价 5 200 元，增值税额为 338 000 元，款项尚未收到。

（9）3 日，开出现金支票支付总经理等业务招待费 12 000 元。

（10）4 日，用现金报销总经理等 5 位高管的移动通信费 1 183.80 元。

（11）4 日，用现金报销技术部职工王学谦等 2 人到吉林大学化学学院培训费 5 200 元。

（12）5 日，收到嘉豪纸业前欠货款 552 300 元，存入银行。

（13）5 日，收到麦派实业前欠货款 447 700 元，存入银行。

（14）5 日，向麦派实业销售新闻纸 800 吨，单价 5 000 元，货款计 4 000 000 元，增值税额为 520 000 元，款项尚未收到。

（15）5 日，向美拉纸浆购入草浆 500 吨，单价 2 500 元，木浆 500 吨，单价 4 700 元，货款计 3 600 000 元，增值税额为 468 000 元，款项未付。

（16）5 日，上述购入的木浆、草浆由准通物流负责运输，运费 20 274 元（成本 18 600 元，增值税 1 674 元），款项尚未支付。

（17）5 日，韩笑梅报销市场调研差旅费 3 652 元，其中火车票 1 252 元，允许抵扣的增值税额为 103.38 元。

（18）6 日，收到众协商贸前欠货款 300 000 元，存入银行。

（19）6 日，电汇预付美拉纸浆购买材料款 48 830.94 元。

（20）6 日，开出转账支票支付上月职工个人和企业应负担的住房公积金 818 010.58 元。

（21）7 日，向金隆包装销售木浆 200 吨，单价 5 000 元，货款计 1 000 000 元，增值税额为 130 000 元。

（22）7 日，向麦派实业销售新闻纸 700 吨，单价 5 000 元，货款计 3 500 000 元，增值税额为 455 000 元，款项尚未收到。

（23）7 日，转入支付宝余额 8 000 元备用。

（24）8 日，缴纳上月增值税、城市维护建设税、教育费附加、代扣职工个人所得税。

（25）8 日，取得银行短期借款 10 000 000 元。

（26）8 日，从建行转存工行 9 800 000 元。

（27）8 日，向捷诺化工采购助剂 500 吨，单价 780 元，计 390 000 元，增值税额为 50 700 元，60 天后付款。

（28）9 日，收到君达纸业电汇前欠货款 1 500 000 元，存入银行。

（29）9 日，开出转账支票向天鸟广告公司支付广告费 240 927.17 元。

（30）9 日，用支付宝支付长春市中关村邮电局 12 月份报刊费 1 550 元，书报交给行政办公部门使用。

(31) 10日，用支付宝支付新闻纸车间维修零件费1 310.80元，其中增值税额为150.80元。

(32) 10日，向辉鹏纸业购入废纸浆500吨，单价660元，货款计330 000元，增值税额为42 900元，款项尚未支付。

(33) 10日，购入废纸浆由准通物流负责运输，运费9 123.30元（成本8 370元，增值税753.30元），运费尚未支付。

(34) 10日，开出现金支票报销厂办购买办公用品1 280元。

(35) 11日，从塔斯纸浆采购木浆1 000吨，单价4 800元，货款计4 800 000元，增值税额为624 000元，运杂费为10 137元（成本9 300元，增值税837元），电汇支付款项。

(36) 11日，向汇锐胶业购入助剂500吨，单价770元，货款计385 000元，增值税额为50 500元，款项尚未支付。

(37) 11日，采购劳保用品手套886副，单价10元，货款计8 860元，增值税额为1 151.80元，开出转账支票支付。

(38) 11日，以支付宝支付航天公司金税系统软件服务费3 000元，增值税额为180元。

(39) 开出现金支票提现5 000元。

(40) 11日，销售员苏镇涛报销差旅费4 246元，其中火车票746元，允许抵扣的增值税额为61.60元。

(41) 12日，向众协商贸销售新闻纸500吨，单价5 000元，货款计2 500 000元，增值税额为325 000元，款项未收到。

(42) 12日，支付广告费12 100元。

(43) 12日，向金隆包装销售新闻纸500吨，单价5 000元，货款计2 500 000元，增值税额为325 000元，款项收到存入银行。

(44) 12日，收到准通物流销售运费发票（成本1 160元，增值税100.44元），款未付。

(45) 12日，向吉恩化工购买草浆500吨，单价2 500元，货款计1 250 000元，增值税额为162 500元，开出转账支票支付。

(46) 12日，支付长春市高新区邮政速递局邮费8 006元，其中管理部门3 500元，销售部门4 506元。

(47) 12日，开出转账支票偿还前欠汇锐胶业购货款55 880元。

(48) 12日，电汇偿还前欠捷诺化工购货款7 890.87元。

(49) 13日，向美拉纸浆购入废纸浆500吨，单价为650元，货款计325 000元，增值税额为42 250元。

(50) 13日，购入的废纸浆由准通物流负责运输，收到运费发票（成本4 650元，增值税418.50元），款项尚未支付。

(51) 14日，向长春市久陆久数码科技有限公司购买墨盒、硒鼓5套（车间各 1 套、技术部 1 套、管理部 2 套），单价 1 769.91 元，开出转账支票支付款项。

（52）14 日，向汇锐胶业购入助剂 500 吨，单价 790 元，货款共计 395 000 元，增值税额为 51 350 元，款项尚未支付。

（53）14 日，支付股东会会议费 10 000 元。

（54）15 日，向吉利印刷销售新闻纸 900 吨，单价 5 000 元，计 4 500 000 元，书写纸 900 吨，单价 5 200 元，计 4 680 000 元，合计 9 180 000 元，增值税额为 1 193 400 元，货款尚未收到。

（55）15 日，开出转账支票 3 700 元购买办公用品，交给各个部门使用。

（56）15 日，向吉恩化工购入废纸浆 400 吨，单价 680 元，货款共计 272 000 元，增值税额为 35 360 元，款项尚未支付。

（57）16 日，向众协商贸销售木浆 100 吨，单价 5 000 元，计 500 000 元，增值税额为 65 000 元，收到货款。

（58）16 日，收到君达纸业电汇前欠货款 300 000 元，存入银行。

（59）16 日，向辉鹏纸业购入废纸浆 800 吨，单价 700 元，货款计 560 000 元，增值税额为 72 800 元，款项尚未支付。

（60）16 日，购入的废纸浆由准通物流负责运输，收到运费发票（成本 1 860 元，增值税 167.40 元），款项尚未支付。

（61）16 日，向同文出版销售书写纸 800 吨，单价 5 200 元，计 4 160 000 元，增值税额为 540 800 元，款未收。

（62）16 日，向君达纸业销售草浆 200 吨，单价 2 800 元，货款计 560 000 元，增值税额为 72 800 元，款项尚未收到。

（63）16 日，提取现金 6 000 元备用。

（64）16 日，以现金报销销售部曲连波等 3 人差旅费 5 263 元，其中火车票 2 238 元，允许抵扣的增值税额为 184.79 元。

（65）17 日，收到众协商贸电汇前欠货款 2 000 000 元，存入银行。

（66）17 日，用现金报销从上海邮购的会计工具书 389 元，交给财务部门使用。

（67）19 日，用现金报销停车费 600 元。

（68）20 日，向亚金科技销售新闻纸 1 000 吨，单价 5 000 元，书写纸 800 吨，单价 5 200 元，增值税额为 1 190 800 元，款未收。

（69）21 日，从工行提取现金 5 000 元。

（70）21 日，收到大唐实业预付货款 70 000 元的转账支票，存入银行。

（71）22 日，向麦派实业销售书写纸 500 吨，单价 5 200 元，货款计 2 600 000 元，增值税额为 338 000 元，款项尚未收到。

（72）22 日，向美拉纸浆购入草浆 200 吨，单价 2 500 元，货款计 500 000 元，增值税额为 65 000 元，电汇支付款项。

（73）22 日，开出转账支票，支付新闻纸车间设备维修费 124 838 元，增值税额为16 228.94元。

(74) 22日，开出转账支票支付给江淮化工技术有限公司书写纸车间设备维修费291 940元，增值税额为37 952.20元。

(75) 23日，开出转账支票75 582元，支付产品外包装箱采购款，其中成本为66 886.73元，增值税额为8 695.27元。

(76) 25日，收麦派实业货款4 500 000元。

(77) 25日，收亚金科技货款4 000 000元。

(78) 26日，向嘉豪纸业销售书写纸800吨，单价5 200元，货款计4 160 000元，增值税额为540 800元，款项尚未收到。

(79) 26日，支付并分配12月水费9 886 082元。

(80) 28日，支付并分配12月电费11 567 923元。

(81) 28日，开出转账支票支付并分配12月蒸汽费2 002 473元。

(82) 28日，开出转账支票支付吉恩化工货款504 056.07元。

(83) 28日，开出转账支票向中国人民财产保险股份有限公司吉林省分公司缴纳轿车保险费4 527.03元。

(84～87) 29日，原材料验收入库并结转成本差异。

(88) 29日，支付并分配12月电话费4 663.20元。

(89) 29日，开出现金支票报销汽油费2 016元。

(90) 29日，支付并分配本月财产保险费10 000元。

(91) 29日，计提12月固定资产折旧。

(92) 30日，分配12月职工薪酬。

(93～95) 30日，计算企业应负担的五险一金、工会经费和职工教育经费。

(96) 30日，开出现金支票发放职工薪酬。

(97) 30日，分配材料费用（含出售材料）。

(98) 30日，计算材料成本差异率，并结转发出材料成本差异。

(99) 31日，转入支付宝余额9 000元备用。

(100) 31日，用支付宝支付各部门办公用品费用（共计8 861.50元）。

(101) 31日，开出转账支票支付准通物流运费83 441.24元。

(102) 31日，收到第四季度活期存款利息5 803.55元。

(103) 31日，缴纳12月职工个人和企业应负担的5项社会保险费。

(104) 31日，收到新华商贸电汇预订600吨新闻纸的货款3 000 000元。

(105) 31日，向森工集团销售书写纸800吨，单价5 200元，增值税额为540 800元，款项尚未收取。

(106) 31日，向麦派实业销售新闻纸1 100吨，单价5 000元，增值税额为715 000元，款项尚未收取，合同约定目的地交货。

(107) 31日，收到吉利印刷货款4 000 000元。

(108) 31日，计提12月借款利息。

(109～101) 31日，分配结转制造费用。

（111）31 日，新闻纸产品完工入库。

（112）31 日，书写纸产品完工入库。

（113）31 日，收回同文出版前欠货款 1 400 000 元。

（114）31 日，收回麦派实业前欠货款 3 888 900 元。

（115）31 日，计提坏账准备，计提比率为 5%。

（116）31 日，结转已销售产品成本。

（117）31 日，银行划转 12 月借款利息。

（118）31 日，计算城市维护建设税、教育费附加。

（119）31 日，转出未交增值税。

（120）31 日，向吉恩化工预付货款 2 000 000 元。

（121～122）31 日，结转损益类账户。

（123）31 日，计算 12 月所得税费用。

（124）31 日，结转 12 月所得税费用。

（125）31 日，结转全年净利润。

（126）31 日，分配 2024 年利润。

（127）31 日，结转“利润分配”的明细科目。

未入账原始凭证：

31 日，向美拉纸浆购入废纸浆 200 吨，草浆 200 吨，验收入库，发票尚未收到，因此未入账。

2025 年 1 月：

（1）8 日，向大唐实业销售书写纸 30 吨，单价 5 200 元，已预收 70 000 元，余款收到转账支票。

（2）9 日，支付准通物流 2024 年销售运费 200 000 元，其中成本 183 486.24 元，增值税额 16 513.76 元（运费发票开票日期 2024 年 12 月 18 日）。

（3）10 日，金隆包装因经营失败而倒闭清算，应收账款只收回 387 000 元，经董事会批准，余款核销。

（4）13 日，森工集团因产品规格与合同不符退回书写纸 800 吨。

（5）13 日，向新华商贸发出新闻纸 600 吨，并收到余款 390 000 元。

（6）13 日，收回吉利印刷账款 6 397 270 元，存入银行。

（7）15 日，收回亚金科技账款 9 288 800 元，存入银行。

第三章 Chapter 3 审计工作底稿

一、审计工作底稿结构图

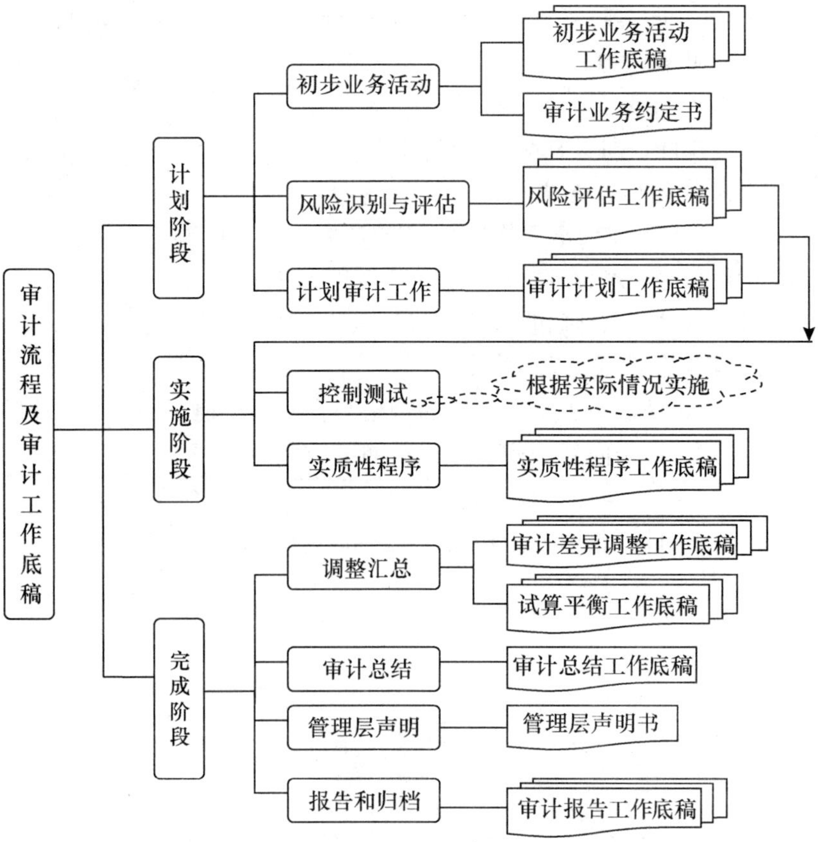

二、关于审计程序与审计工作底稿的使用说明

1. 本套审计工作底稿设计了针对各财务报表项目的主要审计程序及工作底稿，并未涵盖所有审计程序和全部审计工作底稿。在实训过程中，指导教师可根据需要对审计程序与工作底稿做适当增减处理。

2. 为了方便实际操作，本模拟提供实质性程序工作底稿和审计完成阶段工作底稿用纸，并同时提供包括初步业务活动、风险评估、控制测试、实质性程序、审计完成阶段在内的完整的电子版工作底稿供选择使用（可在中国人民大学出版社网站下载）。

三、审计标识及其说明

审计标识及其说明示例

∧	纵加核对	PRJE	建议客户进行重分类调整
<	横加核对	PDJE	建议客户进行附注披露调整
B	与上期审定数核对一致	AFS	与前一年度已审报表一致
T	与原始凭证核对一致	N/A	不适用，没有执行
G	与总分类账核对一致	√	没有发现重大差异或异常
S	与明细账核对一致	Δ	发现有重大差异或异常
T/B	与试算平衡表核对一致	?	核对的资料或数据可能有问题、待查
C	已发询证函	? √	疑点已清除
₵	已收回询证函	×	核对的资料或数据有错误
PBC	由客户提供的资料	AJB	调整分录
PAJE	建议客户进行账务调整	RJB	重分类分录

四、审计工作底稿目录

由教师指导学生对审计工作底稿进行编号（本书示例编号见下表）。

审计工作底稿目录

序号	项目名称	索引号
	一、初步业务活动工作底稿	
1	1. 初步业务活动程序表	A
2	2. 业务承接评价表	A1
3	3. 业务保持评价表	A1
4	4. 审计业务约定书	A2
	二、风险评估工作底稿	
5	（一）总体审计策略	B1

续表

序号	项目名称	索引号
6	（二）风险评估结果汇总表	B2
7	（三）项目组讨论纪要——风险评估	B3
8	（四）了解被审计单位及其环境（不含内部控制）	B4
	（五）了解和评价内部控制	B5
	1. 整体层面了解和评价内部控制	B5—1
9	（1）了解和评价整体层面内部控制汇总表	B5—1—1
10	（2）了解和评价控制环境	B5—1—2
11	（3）了解和评价被审计单位风险评估过程	B5—1—3
12	（4）了解和评价控制信息系统与沟通	B5—1—4
13	（5）了解和评价被审计单位对控制的监督	B5—1—5
	2. 业务流程层面了解和评价内部控制	B5—2
14	采购与付款循环	B5—2—1
15	薪酬与人事循环	B5—2—2
16	生产与仓储循环	B5—2—3
17	销售与收款循环	B5—2—4
18	筹资与投资循环	B5—2—5
19	固定资产循环	B5—2—6
	三、进一步审计程序工作底稿	
	（一）控制测试工作底稿	C
20	1. 采购与付款循环	C1
21	2. 薪酬与人事循环	C2
22	3. 生产与仓储循环	C3
23	4. 销售与收款循环	C4
24	5. 筹资与投资循环	C5
25	6. 固定资产循环	C6
	（二）实质性程序工作底稿	D
	1. 资产类	DZ
26	货币资金	DZ—1
27	应收账款	DZ—2
28	预付款项	DZ—3
29	其他应收款	DZ—4
30	存货	DZ—5
31	长期应收款	DZ—6

续表

序号	项目名称	索引号
32	固定资产	DZ—7
35	固定资产清理	DZ—8
36	无形资产	DZ—9
37	研发支出	DZ—10
38	长期待摊费用	DZ—11
39	递延所得税资产	DZ—12
	2. 负债类	DF
40	短期借款	DF—1
41	应付账款	DF—2
42	预收款项	DF—3
43	应付职工薪酬	DF—4
44	应交税费	DF—5
45	应付利息	DF—6
46	应付股利	DF—7
47	其他应付款	DF—8
48	长期借款	DF—9
49	长期应付款	DF—10
50	预计负债	DF—11
51	递延所得税负债	DF—12
52	递延收益	DF—13
	3. 所有者权益类	DQ
53	实收资本	DQ—1
54	资本公积	DQ—2
55	盈余公积	DQ—3
56	未分配利润	DQ—4
	4. 损益类	DS
57	营业收入	DS—1
58	营业成本	DS—2
59	税金及附加	DS—3
60	销售费用	DS—4
61	管理费用	DS—5
62	财务费用	DS—6
63	信用减值损失	DS—7

续表

序号	项目名称	索引号
64	公允价值变动收益	DS—8
65	投资收益	DS—9
66	营业外收入	DS—10
67	营业外支出	DS—11
68	所得税费用	DS—12
	四、审计完成阶段工作底稿	E
69	（一）完成阶段审计程序表	E1
	（二）审计差异汇总表	E2
70	1. 账项调整分录汇总表	E2—1
71	2. 重分类调整分录汇总表	E2—2
72	3. 列报调整汇总表	E2—3
73	4. 未更正错报汇总表	E2—4
	（三）试算平衡表	E3
74	1. 资产负债表试算平衡表	E3—1
75	2. 利润表试算平衡表	E3—2
	（四）被审计单位审定报表	E4
76	1. 资产负债表	E4—1
77	2. 利润表	E4—2
78	3. 所有者权益变动表	E4—3
79	4. 现金流量表	E4—4
80	5. 财务报表附注	E4—5
81	（五）总结会会议纪要	E5
82	（六）与治理层的沟通函	E6
83	（七）专业意见分歧解决表	E7
84	（八）重大事项概要汇总表	E8
85	（九）管理层声明书	E9
86	（十）审计总结	E10
87	（十一）审计工作完成情况核对表	E11
88	（十二）业务复核核对表	E12
89	（十三）审计报告	E13

五、审计工作底稿模板

审计工作底稿模板见附送实验用纸。

图书在版编目（CIP）数据

审计模拟实训教程：第 5 版/马春静著.-- 5 版.
北京：中国人民大学出版社，2025. 5.--（普通高等学
校应用型教材）.-- ISBN 978-7-300-33845-3
Ⅰ. F239. 0
中国国家版本馆 CIP 数据核字第 2025HV9788 号

吉林省本科高校省级重点教材
普通高等学校应用型教材 · 审计
审计模拟实训教程（第 5 版）
马春静　著
Shenji Moni Shixun Jiaocheng

出版发行	中国人民大学出版社		
社　址	北京中关村大街 31 号	邮政编码	100080
电　话	010－62511242（总编室）		010－62511770（质管部）
	010－82501766（邮购部）		010－62514148（门市部）
	010－62511173（发行公司）		010－62515275（盗版举报）
网　址	http://www. crup. com. cn		
经　销	新华书店		
印　刷	北京密兴印刷有限公司	版　次	2011 年 6 月第 1 版
开　本	787 mm×1092 mm　1/16		2025 年 5 月第 5 版
印　张	25. 5 插页 1	印　次	2025 年 5 月第 1 次印刷
字　数	547 000	定　价	59. 00 元

中国人民大学出版社　管理分社

教师教学服务说明

中国人民大学出版社管理分社以出版工商管理和公共管理类精品图书为宗旨。为更好地服务一线教师，我们着力建设了一批数字化、立体化的网络教学资源。教师可以通过以下方式获得免费下载教学资源的权限：

★ 在中国人民大学出版社网站 www.crup.com.cn 进行注册，注册后进入“会员中心”，在左侧点击“我的教师认证”，填写相关信息，提交后等待审核。我们将在一个工作日内为您开通相关资源的下载权限。

★ 如您急需教学资源或需要其他帮助，请加入教师 QQ 群或在工作时间与我们联络。

中国人民大学出版社　管理分社

教师 QQ 群： 648333426（工商管理）　114970332（财会）　648117133（公共管理）
教师群仅限教师加入，入群请备注（学校＋姓名）

联系电话： 010-62515735，62515987，62515782，82501048，62514760

电子邮箱： glcbfs@crup.com.cn

通讯地址： 北京市海淀区中关村大街甲 59 号文化大厦 1501 室（100872）

管理书社　　人大社财会　　公共管理与政治学悦读坊

吉林省本科高校省级重点教材

普通高等学校应用型教材

审 计

审计模拟实训教程

第5版 实验用纸

马春静 著

中国人民大学出版社
·北京·

目　录

说明：

1. 审定表删除了“上期（末）审定数”列。

2. 提供4份应收账款询证函，其中第001～003号为积极式询证函，第004号为消极式询证函，实训时可根据情况选择使用，如欲函证更多的对象，请自行复制询证函模板。

3. 每一个调整分录先列入审计差异汇总表并顺序编号，然后再分列到所涉及的各项目的审定表底稿中，以免重漏。

4. 部分报表项目的底稿模板只给了审定表，参考答案中给了一些测试表，可自行选用电子空白模板。

5. 货币资金账项明细表、应收账款明细表需要注册会计师自己编制；存货类别明细表、固定资产、累计折旧及减值准备明细表、应付账款明细表等是从被审计单位获取的，需要注册会计师复核加计。

实质性程序工作底稿

1. 资产类——货币资金

货币资金审定表

被审计单位：________________　　索引号：________________

项目：货币资金审定表　　财务报表截止日/期间：________________

编制：________日期：________　　复核：________日期：________

项目名称	期末未审数	账项调整		重分类调整		期末审定数	索引号
		借方	贷方	借方	贷方		
库存现金							
银行存款							
其他货币资金							
合计							
调整分录内容	科目	金额	金额	金额	金额		

审计结论：

货币资金账项明细表

被审计单位：______________________　　索引号：______________________

项目：货币资金账项明细表　　财务报表截止日/期间：______________________

编制：____________ 日期：____________　　复核：____________ 日期：____________

项目	未审期初数	未审借方发生额	未审贷方发生额	未审期末数	期末调整数	期末审定数	索引号
库存现金							
库存现金小计							
银行存款							
工行自由支行							
工行自由支行							
建行银海支行							
银行存款小计							
其他货币资金							
支付宝							
其他货币资金小计							
货币资金合计							

审计说明：

库存现金监盘表

被审计单位：＿＿＿＿＿＿＿＿　　索引号：＿＿＿＿＿＿＿＿

项目：库存现金监盘表　　财务报表截止日/期间：＿＿＿＿＿＿

编制：＿＿＿＿ 日期：＿＿＿＿　　复核：＿＿＿＿ 日期：＿＿＿＿

<table>
<tr><td colspan="4">检查盘点记录</td><td colspan="3">实有库存现金盘点记录</td></tr>
<tr><td colspan="2">项目</td><td>项次</td><td>人民币</td><td>面额</td><td colspan="2">人民币</td></tr>
<tr><td colspan="2">上一日账面库存余额</td><td>①</td><td></td><td>100 元</td><td>张</td><td>金额</td></tr>
<tr><td colspan="2">盘点日未记账凭证收入金额</td><td>②</td><td></td><td>50 元</td><td></td><td></td></tr>
<tr><td colspan="2">盘点日未记账凭证支出金额</td><td>③</td><td></td><td>10 元</td><td></td><td></td></tr>
<tr><td colspan="2">盘点日账面应有金额</td><td>④＝①＋②－③</td><td></td><td>5 元</td><td></td><td></td></tr>
<tr><td colspan="2">盘点实有库存现金数额</td><td>⑤</td><td></td><td>2 元</td><td></td><td></td></tr>
<tr><td colspan="2">盘点日应有与实有差异</td><td>⑥＝④－⑤</td><td></td><td>1 元</td><td></td><td></td></tr>
<tr><td rowspan="3">差异原因分析</td><td>1. 白条抵库（张）</td><td></td><td></td><td>0.5 元</td><td></td><td></td></tr>
<tr><td></td><td></td><td></td><td>0.1 元</td><td></td><td></td></tr>
<tr><td></td><td></td><td></td><td>合计</td><td></td><td></td></tr>
<tr><td rowspan="3">追溯调整</td><td colspan="2">报表日至审计日库存现金付出总额</td><td></td><td></td><td></td><td></td></tr>
<tr><td colspan="2">报表日至审计日库存现金收入总额</td><td></td><td></td><td></td><td></td></tr>
<tr><td colspan="2">报表日库存现金应有余额</td><td></td><td></td><td></td><td></td></tr>
</table>

出纳员：　　会计主管人员：　　监盘人：　　检查日期：

审计说明：

银行存款明细表

被审计单位：________________　　索引号：________________

项目：银行存款明细表　　财务报表截止日/期间：________________

编制：________ 日期：________　　复核：________ 日期：________

开户行	账号	是否系质押、冻结等对变现有限制或存在境外的款项	期初余额	本期增加	本期减少	期末余额	银行对账单余额	银行存款余额调节表索引号	调整后是否相符
			①	②	③	④=①+②−③	⑤		
合计									

编制说明：

1. 若账面余额与银行对账单金额不一致，应另行检查银行存款余额调节表；
2. 银行存款、其他货币资金审计时均可使用该表，当其他货币资金使用时应修改索引号。

审计说明：

对银行存款余额调节表的检查

被审计单位：____________	索引号：____________
项目：对银行存款余额调节表的检查	财务报表截止日/期间：____________
编制：________ 日期：________	复核：________ 日期：________

开户银行：　　　　银行账号：　　　　币种：

项目	金额	调节项目说明	是否需要审计调整
银行对账单余额			
加：企业已收，银行尚未入账合计金额			
其中：1.			
2.			
减：企业已付，银行尚未入账合计金额			
其中：1.			
2.			
调整后银行对账单余额			
企业银行存款日记账余额			
加：银行已收，企业尚未入账合计金额			
其中：1.			
2.			
减：银行已付，企业尚未入账合计金额			
其中：1.			
2.			
调整后企业银行存款日记账余额			
经办会计人员（签字）：	会计主管（签字）：		

审计说明：

银行存款函证结果汇总表

被审计单位：______　　索引号：______

项目：银行存款函证结果汇总表　　财务报表截止日/期间：______

编制：______ 日期：______　　复核：______ 日期：______

开户银行	账号	币种	函证情况					冻结、质押等事项说明	备注
			对账单余额	函证日期	回函日期	回函金额	金额差异		

审计说明：

索引号________

银行询证函

编号：

____

本公司聘请的__________会计师事务所正在对本公司______年____月财务报表进行审计，按照中国注册会计师审计准则的要求，应当询证本公司与贵行相关的信息。下列信息出自本公司记录，如与贵行记录相符，请在本函下端“信息证明无误”处签章证明；如有不符，请在“信息不符”处列明不符项目及具体内容。如存在与本公司有关的未列入本函的其他重要信息，也请在“信息不符”处列出其详细资料。回函请直接寄至__________会计师事务所。

回函地址： 邮编：

电话： 传真： 联系人：

截至20______年3月31日止，本公司与贵行相关的信息列示如下：

1. 银行存款

账户名称	银行账号	币种	利率	余额	起止日期	是否被质押、用于担保或存在其他使用限制	备注

除上述列示的银行存款外，本公司并无在贵行的其他存款。

注：“起止日期”一栏仅适用于定期存款，如为活期或保证金存款，可只填写“活期”或“保证金”字样。

2. 银行借款

借款人名称	币种	本息余额	借款日期	到期日期	利率	借款条件	抵（质）押品/担保人	备注

除上述列示的银行借款外，本公司并无自贵行的其他借款。

注：此项仅函证截至资产负债表日本公司尚未归还的借款。

3. 截至函证日之前12个月内注销的账户

账户名称	银行账号	币种	注销账户日

除上述列示的账户外，本公司并无截至函证日之前12个月内在贵行注销的其他账户。

4. 担保

（1）本公司为其他单位提供的、以贵行为担保受益人的担保

被担保人	担保方式	担保金额	担保期限	担保事由	担保合同编号	被担保人与贵行就担保事项往来的内容（贷款等）	备注

除上述列示的担保外，本公司并无其他以贵行为担保受益人的担保。
注：如采用抵押或质押方式提供担保的，应在备注中说明抵押或质押物情况。

（2）贵行向本公司提供的担保

被担保人	担保方式	担保金额	担保期限	担保事由	担保合同编号	备注

除上述列示的担保外，本公司并无贵行提供的其他担保。

5. 本公司存放于贵行托管的证券或其他产权文件

有价证券或其他产权文件名称	产权文件编号	数量	金额

除上述列示的有价证券或其他产权文件外，本公司并无存放于贵行的其他有价证券或其他产权文件。

6. 本公司购买的由贵行发行的未到期银行理财产品

产品名称	产品类型（封闭式/开放式）	币种	持有份额	产品净值	购买日	到期日	是否被用于担保或存在其他使用限制

除上述列示的银行理财产品外，本公司并未购买其他由贵行发行的理财产品。

附表 资金归集（资金池或其他资金管理）账户具体信息

序号	资金提供机构名称（即拨入资金机构）	资金提供机构账号	资金使用机构名称（即向该机构拨出资金）	资金使用机构账号	币种	截至函证基准日拨入或拨出资金余额（拨出填列正数，拨入填列负数）	备注
1							
2							

注：此项如无则填写“不适用”。

（公司预留银行签章）

年 月 日

经办人： 职 务： 电 话：

以下仅供被询证银行使用

结论：

1. 信息证明无误。 （银行盖章） 年 月 日 经办人： 职务： 电话：	2. 信息不符，请列明不符项目及具体内容（对于在本函前述第 1 项至第 6 项中漏列的其他重要信息，请列出详细资料）。 （银行盖章） 年 月 日 经办人： 职务： 电话：

货币资金收支检查情况表

被审计单位：________	索引号：________
项目：货币资金收支检查情况表	财务报表截止日/期间：________
编制：______ 日期：______	复核：______ 日期：______

记账日期	凭证编号	业务内容	对应科目	金额	核对内容（“√”“×”）					备注
					1	2	3	4	5	

核对内容说明：
1. 原始凭证是否齐全；2. 记账凭证与原始凭证是否相符；3. 账务处理是否正确；4. 是否记录于恰当的会计期间；5. ……

对不符事项的处理：

备注：当企业规模和业务量较大时，可分库存现金、银行存款、其他货币资金科目分别使用该表，应注意修改索引号。

审计说明：

2. 资产类——应收账款

应收账款审定表

被审计单位：______　　索引号：______

项目：应收账款审定表　　财务报表截止日/期间：______

编制：______ 日期：______　　复核：______ 日期：______

项目名称	期末未审数	账项调整		重分类调整		期末审定数	索引号
		借方	贷方	借方	贷方		
应收账款账面余额							
坏账准备							
账面价值合计							

续表

调整分录内容	科目	金额	金额	金额	金额		
大唐实力 贷方余额重分类							
麦派实业 提前确认收入							
新华商贸 提前确认收入							
森工集团 虚开发票							
补提坏账准备							

审计结论：

应收账款明细表

被审计单位：________________ 索引号：________________

项目：应收账款明细表 财务报表截止日/期间：________________

编制：__________ 日期：__________ 复核：__________ 日期：__________

项目名称	期末未审数			账项调整		重分类调整		期末审定数		
	合计	1 年以内	1 年以上	借方	贷方	借方	贷方	合计	1 年以内	1 年以上
金隆包装										
君达纸业										
吉利印刷										
同文出版										
众协商贸										
亚金科技										
麦派实业										
嘉豪纸业										
大唐实业										
森工集团										
新华商贸										
合计										

编制说明：外币应收账款应列明原币金额及折合汇率。

审计说明：

应收账款函证结果汇总表

被审计单位：________ 索引号：________

项目：应收账款函证结果汇总表 财务报表截止日/期间：________

编制：________ 日期：________ 复核：________ 日期：________

单位名称	询证函编号	函证方式	函证日期		回函日期	账面金额	回函金额	差异	差异调节索引	替代测试索引
			第一次	第二次						

审计说明：

应收账款询证函

编号：001

__________公司：

本公司聘请的__________会计师事务所正在对本公司______年财务报表进行审计，按照中国注册会计师审计准则的要求，应当询证本公司与贵公司的往来账项等事项。下列信息出自本公司账簿记录，如与贵公司记录相符，请在本函下端“信息证明无误”处签章证明；如有不符，请在“信息不符”处列明不符项目。如存在与本公司有关的未列入本函的其他项目，也请在“信息不符”处列出这些项目的金额及详细资料。回函请直接寄至__________会计师事务所。

回函地址：　　　　　　　　　　　　邮编：

电话：　　　　　　　传真：　　　　　　　联系人：

1. 本公司与贵公司的往来账项列示如下：

单位：元

截止日期	贵公司欠	欠贵公司	备注

2. 其他事项。

本函仅为复核账目之用，并非催款结算。若款项在上述日期之后已经付清，仍请及时函复为盼。

（公司盖章）

20　　年　　月　　日

结论：

1. 信息证明无误。	2. 信息不符，请列明不符项目及具体内容。
（公司盖章） 年　月　日 经办人：	（公司盖章） 年　月　日 经办人：

应收账款询证函

编号：002

__________公司：

本公司聘请的__________会计师事务所正在对本公司______年财务报表进行审计，按照中国注册会计师审计准则的要求，应当询证本公司与贵公司的往来账项等事项。下列信息出自本公司账簿记录，如与贵公司记录相符，请在本函下端“信息证明无误”处签章证明；如有不符，请在“信息不符”处列明不符项目。如存在与本公司有关的未列入本函的其他项目，也请在“信息不符”处列出这些项目的金额及详细资料。回函请直接寄至__________会计师事务所。

回函地址：　　　　　　　　　　　　　　　　邮编：

电话：　　　　　　　　传真：　　　　　　　联系人：

1. 本公司与贵公司的往来账项列示如下：

单位：元

截止日期	贵公司欠	欠贵公司	备注

2. 其他事项。

本函仅为复核账目之用，并非催款结算。若款项在上述日期之后已经付清，仍请及时函复为盼。

（公司盖章）

20　　年　　月　　日

结论：

1. 信息证明无误。 （公司盖章） 年　　月　　日 经办人：	2. 信息不符，请列明不符项目及具体内容。 （公司盖章） 年　　月　　日 经办人：

应收账款询证函

编号：003

________公司：

本公司聘请的________会计师事务所正在对本公司______年财务报表进行审计，按照中国注册会计师审计准则的要求，应当询证本公司与贵公司的往来账项等事项。下列信息出自本公司账簿记录，如与贵公司记录相符，请在本函下端“信息证明无误”处签章证明；如有不符，请在“信息不符”处列明不符项目。如存在与本公司有关的未列入本函的其他项目，也请在“信息不符”处列出这些项目的金额及详细资料。回函请直接寄至________会计师事务所。

回函地址：　　　　　　　　　　　　　　邮编：

电话：　　　　　　　传真：　　　　　　联系人：

1. 本公司与贵公司的往来账项列示如下：

单位：元

截止日期	贵公司欠	欠贵公司	备注

2. 其他事项。

本函仅为复核账目之用，并非催款结算。若款项在上述日期之后已经付清，仍请及时函复为盼。

（公司盖章）

20　　年　　月　　日

结论：

1. 信息证明无误。 （公司盖章） 年　　月　　日 经办人：	2. 信息不符，请列明不符项目及具体内容。 （公司盖章） 年　　月　　日 经办人：

应收账款询证函

编号：004

________________公司：

本公司聘请的__________会计师事务所正在对本公司______年财务报表进行审计，按照中国注册会计师审计准则的要求，应当询证本公司与贵公司的往来账项等事项。下列信息出自本公司账簿记录，如与贵公司记录相符，则无须回复；如有不符，请直接回函寄至__________会计师事务所，并在空白处列明贵公司认为正确的信息。

回函地址： 邮编：

电话： 传真： 联系人：

1. 本公司与贵公司的往来账项列示如下：

单位：元

截止日期	贵公司欠	欠贵公司	备注

2. 其他事项。

本函仅为复核账目之用，并非催款结算。若款项在上述日期之后已经付清，仍请及时函复为盼。

（公司盖章）

20 年 月 日

________________会计师事务所：

上面的信息不正确，差异如下：

（公司盖章）

20 年 月 日

经办人：

应收账款函证结果调节表

被审计单位：________________　　索引号：________________

项目：应收账款函证结果调节表　　财务报表截止日/期间：________________

编制：__________ 日期：__________　　复核：__________ 日期：__________

被询证单位：________________

回函日期：________________

1. 被询证单位回函余额 ________

2. 减：被询证单位已记录项目

序号	日期	摘要（运输途中、存在争议的项目等）	凭证号	金额
1				
2				
3				
合计				

3. 加：被审计单位已记录项目

序号	日期	摘要（运输途中、存在争议的项目等）	凭证号	金额
1				
2				
3				
合计				

4. 调节后金额 ________

5. 被审计单位账面金额 ________

6. 调节后是否存在差异，差异金额 ________

审计说明：

注：本表可复制。

应收账款替代测试表

被审计单位：______________________　　索引号：______________________

项目：应收账款——（　　）替代测试　　财务报表截止日/期间：______________

编制：__________ 日期：__________　　复核：__________ 日期：__________

一、期初余额							
二、借方发生额							
入账金额				检查内容（用“√”“×”表示）			
序号	日期	凭证号	金额	①	②	③	……
1							
2							
3							
小计							
全年借方发生额合计							
测试金额占全年借方发生额的比例							
三、贷方发生额							
入账金额				检查内容（用“√”“×”表示）			
序号	日期	凭证号	金额	①	②	③	④
1							
2							
小计							
全年贷方发生额合计							
测试金额占全年贷方发生额的比例							
四、期末余额							
五、期后收款检查							
检查内容说明：①原始凭证是否齐全；②记账凭证与原始凭证是否相符；③账务处理是否正确；④是否记录于恰当的会计期间；⑤……							

审计说明：

应收账款坏账准备计算表

被审计单位：__________　　索引号：__________

项目：应收账款坏账准备计算表　　财务报表截止日/期间：__________

编制：__________ 日期：__________　　复核：__________ 日期：__________

<table>
<tr><td colspan="5">计算过程</td><td>索引号</td></tr>
<tr><td colspan="4">一、坏账准备本期期末应有余额①=②+③</td><td>①</td><td></td></tr>
<tr><td colspan="6">1. 期末单项金额重大且有客观证据表明发生了减值的应收款项对应坏账准备应有余额</td></tr>
<tr><td colspan="2">单位名称</td><td colspan="2">应收账款余额</td><td>坏账准备应有余额</td><td></td></tr>
<tr><td colspan="2"></td><td colspan="2"></td><td></td><td></td></tr>
<tr><td colspan="2">合计</td><td colspan="2"></td><td>②</td><td></td></tr>
<tr><td colspan="6">2. 期末单项金额非重大以及经单独测试后未减值的单项金额重大的应收款项对应坏账准备应有余额</td></tr>
<tr><td>项目</td><td>账龄</td><td>应收账款余额</td><td>坏账准备计提比例</td><td>坏账准备应有余额</td><td></td></tr>
<tr><td>应收账款</td><td>1 年以内（含 1 年）</td><td></td><td></td><td></td><td></td></tr>
<tr><td></td><td>1 年以上</td><td></td><td></td><td></td><td></td></tr>
<tr><td></td><td>合计</td><td></td><td></td><td>③</td><td></td></tr>
<tr><td colspan="4">三、坏账准备上期审定数</td><td>④</td><td></td></tr>
<tr><td colspan="6">四、坏账准备本期转出（核销）金额</td></tr>
<tr><td colspan="2">单位名称</td><td colspan="3">金额</td><td></td></tr>
<tr><td colspan="2"></td><td colspan="3"></td><td></td></tr>
<tr><td colspan="2">合计</td><td colspan="3">⑤</td><td></td></tr>
<tr><td colspan="4">五、计算坏账准备本期全部应计提金额⑥=①−④+⑤</td><td>⑥</td><td></td></tr>
<tr><td colspan="4">六、本期坏账准备账面实际计提金额</td><td>⑦</td><td></td></tr>
<tr><td colspan="4">七、补提坏账准备金额（冲减用“−”）⑧=⑥−⑦</td><td>⑧</td><td></td></tr>
</table>

审计说明：

3. 资产类——预付款项

预付款项审定表

被审计单位：______________________ 索引号：______________________

项目：预付款项审定表 财务报表截止日/期间：______________________

编制：__________ 日期：__________ 复核：__________ 日期：__________

项目名称	期末未审数	账项调整		重分类调整		期末审定数	索引号
		借方	贷方	借方	贷方		
账面价值合计							
坏账准备合计							
账面价值合计							
调整分录内容	科目	金额	金额	金额	金额		

审计结论：

4. 资产类——存货

存货审定表

被审计单位：________	索引号：________
项目：存货审定表	财务报表截止日/期间：________
编制：______ 日期：______	复核：______ 日期：______

存货项目	期末未审数	账项调整		重分类调整		期末审定数	索引号
		借方	贷方	借方	贷方		
一、存货账面余额							
材料采购							
材料成本差异							
原材料							
低值易耗品							
库存商品							
在产品							
发出商品							
合计							
二、存货跌价准备							
原材料							
材料采购							
低值易耗品							
库存商品							
在产品							

续表

存货项目	期末未审数	账项调整		重分类调整		期末审定数	索引号
		借方	贷方	借方	贷方		
发出商品							
合计							
三、存货账面价值							
材料采购							
材料成本差异							
原材料							
低值易耗品							
库存商品							
在产品							
发出商品							
合计							
调整分录内容	科目	金额	金额	金额	金额		

审计结论：

存货类别明细表

被审计单位：＿＿＿＿＿＿ 索引号：＿＿＿＿＿＿

项目：存货类别明细表 财务报表截止日/期间：＿＿＿＿＿＿

编制：＿＿＿＿ 日期：＿＿＿＿ 复核：＿＿＿＿ 日期：＿＿＿＿

存货类别	名称及规格	期初余额	本期增加	本期减少	期末余额
原材料		17 612 520.00	135 562 320.00	142 428 060.00	10 746 780.00
	草浆	4 370 000.00	62 134 500.00	61 364 000.00	5 140 500.00
	废纸浆	8 448 000.00	29 710 200.00	35 790 000.00	2 368 200.00
	木浆	4 704 000.00	37 590 000.00	39 564 000.00	2 730 000.00
	助剂	90 520.00	6 127 620.00	5 710 060.00	508 080.00
材料成本差异		615 537.44	21 195 822.83	20 718 907.15	1 092 453.12
	草浆	536 818.00	12 661 817.83	12 810 095.20	388 540.63
	废纸浆	76 976.00	5 623 335.00	5 339 130.02	361 180.98
	木浆	924.00	2 433 100.00	2 125 929.88	308 094.12
	助剂	819.44	477 570.00	443 752.05	34 637.39
材料采购		11 630 715.00	145 127 427.83	156 758 142.83	0.00
	草浆	5 520 960.00	69 275 357.83	74 796 317.83	0.00

续表

存货类别	名称及规格	期初余额	本期增加	本期减少	期末余额
	废纸浆	3 151 005.00	32 182 530.00	35 333 535.00	0.00
	木浆	2 773 890.00	37 249 210.00	40 023 100.00	0.00
	助剂	184 860.00	6 420 330.00	6 605 190.00	0.00
低值易耗品		91 050.00	0.00	0.00	91 050.00
	文件柜	16 500.00	0.00	0.00	16 500.00
	办公桌	17 000.00	0.00	0.00	17 000.00
	办公椅	8 500.00	0.00	0.00	8 500.00
	工作服	49 050.00	0.00	0.00	49 050.00
库存商品		14 380 430.00	414 263 594.09	414 122 815.58	14 521 208.51
	新闻纸	6 725 810.00	190 625 195.97	191 164 893.63	6 186 112.34
	书写纸	7 654 620.00	223 638 398.12	222 957 921.95	8 335 096.17
在产品		11 106 338.22	410 653 019.12	414 263 594.09	7 495 763.25
	新闻纸	4 753 232.66	189 259 585.24	190 625 195.97	3 387 621.93
	书写纸	6 353 105.56	221 393 433.88	223 638 398.12	4 108 141.32
合计					

审计说明：

存货入库截止测试

被审计单位：________	索引号：________
项目：存货入库截止测试	财务报表截止日/期间：________
编制：______ 日期：______	复核：______ 日期：______

一、从存货明细账的借方发生额中抽取样本与入库记录核对，以确定存货入库被记录在正确的会计期间

序号	摘要	明细账凭证			入库单（或购货发票）			是否跨期
		编号	日期	金额	编号	日期	金额	
截止日前 截止日期：20　年　月　日 截止日后								

二、从存货入库记录抽取样本与明细账的借方发生额核对，以确定存货入库被记录在正确的会计期间

序号	摘要	入库单（或购货发票）			明细账凭证			是否跨期
		编号	日期	金额	编号	日期	金额	
截止日前 截止日期：20　年　月　日 截止日后								

编制说明：本表适用于材料采购/在途物资、原材料、在产品、库存商品等。

审计说明：

存货出库截止测试

被审计单位：________　　索引号：________

项目：存货出库截止测试　　财务报表截止日/期间：________

编制：______日期：______　　复核：______日期：______

一、从存货明细账的贷方发生额中抽取样本与出库记录核对，以确定存货出库被记录在正确的会计期间

序号	摘要	明细账凭证			出库单（或销货发票）			是否跨期
		编号	日期	金额	编号	日期	金额	
截止日前 截止日期：20　年　月　日 截止日后								

二、从存货出库记录抽取样本与明细账的贷方发生额核对，以确定存货出库被记录在正确的会计期间

序号	摘要	出库单（或销货发票）			明细账凭证			是否跨期
		编号	日期	金额	编号	日期	金额	
截止日前 截止日期：20　　年　　月　　日 截止日后								

编制说明：本表适用于材料采购/在途物资、原材料、在产品、库存商品等。

审计说明：

存货监盘结果汇总表

被审计单位：____________________　　索引号：____________________

项目：存货监盘结果汇总表　　财务报表截止日/期间：____________________

编制：__________ 日期：__________　　复核：__________ 日期：__________

存货类别	存货名称	单位	监盘数量	未经确认盘点报告数量	差异数量	差异原因	索引号	审计确认盘点报告数量

监盘人员签名__________

____

____

____

编制说明：本表适用于监盘日（盘点日）为财务报表截止日的情况。

审计说明：

存货明细账与盘点报告（记录）核对表

被审计单位：__________ 索引号：__________

项目：存货明细账与盘点报告（记录）核对表 财务报表截止日/期间：__________

编制：______ 日期：______ 复核：______ 日期：______

一、从明细账中选取具有代表性的样本将明细账上的存货数量与经确认盘点报告的数量核对

序号	地点	样本描述		期末存货明细账记录			获取的存货清单	索引号	经确认的期末存货盘点报告	数量差异④=①－②或②－③	差异分析及处理
		存货类别	存货型号	单价	数量①	金额	数量②		数量③		

二、从经确认的盘点报告中抽取有代表性的样本将盘点报告的数量与存货明细账核对

序号	地点	样本描述		索引号	经确认的期末存货盘点报告	期末存货明细账记录			被审计单位提供的存货清单的数量③	数量差异④=①－②或①－③	差异分析及处理
		存货类别	存货型号		数量①	单价	数量②	金额			

编制说明：本表适用于监盘日（盘点日）为财务报表截止日的情况。

审计说明：

存货计价测试表

被审计单位：________ 索引号：________
项目：存货计价测试表 财务报表截止日/期间：________
编制：________ 日期：________ 复核：________ 日期：________

时间	收入			发出					结存			测试（计价方法：月末一次加权平均法）				
	数量	金额	单价	销售		发出商品		单价	数量	单价	金额	加权单价	应结转金额		应结存金额	差异
				数量	金额	数量	金额						营业成本	发出商品		
测试的科目：新闻纸																
期初																
12月																
测试的科目：书写纸																
期初																
12月																
合计																
												测试差异额				

审计说明：

存货跌价准备测试表

被审计单位：________________　　索引号：________________

项目：存货跌价准备测试表　　财务报表截止日/期间：________________

编制：________ 日期：________　　复核：________ 日期：________

序号	存货明细项目	期末余额	期末可变现净值	期末应计提跌价准备	期末已计提跌价准备	本期应补提跌价准备
合计						

审计说明：

5. 资产类——固定资产

固定资产审定表

被审计单位：________ 索引号：________
项目：固定资产审定表 财务报表截止日/期间：________
编制：________ 日期：________ 复核：________ 日期：________

项目名称	期末未审数	账项调整		重分类调整		期末审定数
		借方	贷方	借方	贷方	
一、原值合计						
其中：房屋及建筑物						
机器设备						
办公设备						
交通设备						
二、累计折旧合计						
其中：房屋及建筑物						
机器设备						
办公设备						
交通设备						
三、减值准备合计	略					
四、账面价值合计						
其中：房屋及建筑物						
机器设备						
办公设备						
交通设备						
调整分录内容	科目	金额	金额	金额	金额	

审计结论：

固定资产、累计折旧及减值准备明细表

被审计单位：________ 索引号：________

项目：固定资产、累计折旧及减值准备明细表 财务报表截止日/期间：________

编制：________ 日期：________ 复核：________ 日期：________

项目名称	期初余额	本期增加	本期减少	期末余额	备注
一、原价合计	31 826 680.00	0.00	0.00	31 826 680.00	
其中：房屋、建筑物	14 910 680.00	0.00	0.00	14 910 680.00	
机器设备	13 176 000.00	0.00	0.00	13 176 000.00	
办公设备	1 740 000.00	0.00	0.00	1 740 000.00	
运输工具	2 000 000.00	0.00	0.00	2 000 000.00	
二、累计折旧合计	5 170 021.90	2 296 736.40	0.00	7 466 758.30	
其中：房屋、建筑物	1 379 237.90	447 320.40	0.00	1 826 558.30	
机器设备	2 951 424.00	1 264 896.00	0.00	4 216 320.00	
办公设备	459 360.00	344 520.00	0.00	803 880.00	
运输工具	380 000.00	240 000.00	0.00	620 000.00	
三、固定资产减值准备合计	0.00	0.00	0.00	0.00	
其中：房屋、建筑物	0.00	0.00	0.00	0.00	
机器设备	0.00	0.00	0.00	0.00	
办公设备	0.00	0.00	0.00	0.00	
运输工具	0.00	0.00	0.00	0.00	
四、固定资产账面价值合计	26 656 658.10			24 359 921.70	
其中：房屋、建筑物	13 531 442.10			13 084 121.70	
机器设备	10 224 576.00			8 959 680.00	
办公设备	1 280 640.00			936 120.00	
运输工具	1 620 000.00			1 380 000.00	

编制说明：备注栏可填列固定资产的使用年限、剩余使用年限、残值率和年折旧率等情况。

审计说明：

固定资产盘点检查情况表

被审计单位：________________　　索引号：________________
项目：固定资产盘点检查情况表　　财务报表截止日/期间：________________
编制：__________日期：__________　　复核：__________日期：__________

序号	名称	计量单位	账面结存		实际检查			备注
			数量	金额	数量	金额	盈亏（+、-）	
	房屋及建筑物							
1	办公楼							
2	厂房							
3	库房							
	机器设备							
4	高频疏散机							
5	离心筛							
6	烘缸							
7	抄纸网笼							
8	水平圆筒卷纸机							
9	双刀切纸机							
10	KFN-1092造纸机							
11	CNK-1575造纸机							
	办公设备							
12	联想扬天台式电脑							
13	联想ThinkPad笔记本							
14	HP LaserJet 1022打印机							
15	佳能复印机							
16	佳能多功能传真机							
	交通设备							
17	奥迪A6轿车							
18	帕萨特B5轿车							
19	金杯海狮面包车							
20	解放平板货车							

检查时间：　　检查地点：　　检查人：　　盘点检查比例：
审计说明：

注：固定资产增加检查表、固定资产减少检查表略。

折旧计算检查表

被审计单位：________ 索引号：________

项目：折旧计算检查表 财务报表截止日/期间：________

编制：________ 日期：________ 复核：________ 日期：________

固定资产名称	取得时间	预计使用寿命	固定资产原值	残值率	年折旧率	累计折旧期初余额	减值准备期初余额	本期应提折旧	本期已提折旧	差异
房屋及建筑物										
机器设备										
办公设备										
交通设备										
合计										

审计说明：

6. 资产类——递延所得税资产

递延所得税资产审定表

被审计单位：________ 索引号：________
项目：递延所得税资产审定表 财务报表截止日/期间：________
编制：________ 日期：________ 复核：________ 日期：________

项目名称	期末未审数	账项调整		重分类调整		期末审定数	索引号
		借方	贷方	借方	贷方		
合计							
调整分录内容	科目	金额	金额	金额	金额		

审计结论：

递延所得税资产测算表

被审计单位：______________　　索引号：______________

项目：递延所得税资产测算表　　财务报表截止日/期间：______________

编制：__________ 日期：__________　　复核：__________ 日期：__________

项目	期末未审数 ①	递延所得税资产期末账面余额计算					期初余额 ⑦	递延所得税费用（收益） ⑧	差异 ⑨=⑥−①
		账面价值 ②	计税基础 ③	可抵扣差异 ④	税率 ⑤	账面余额 ⑥=④×⑤			

编制说明：

1. 递延所得税资产的确认应以未来期间很可能取得的用来抵扣可抵扣暂时性差异的应纳税所得额为限；
2. 可抵扣差异④指可抵扣暂时性差异，对资产的账面价值小于计税基础的为④=③−②，对负债的账面价值大于计税基础的为④=②−③；
3. 递延所得税费用⑧=当期递延所得税负债的增加（减：减少）−当期递延所得税资产的增加（加：减少），本期递延所得税资产/负债的变动不一定都计入当期损益，也可能计入资本公积等项目，应分析填列。

审计说明：

7. 负债类——短期借款

短期借款审定表

被审计单位：________ 索引号：________
项目：短期借款审定表 财务报表截止日/期间：________
编制：______ 日期：______ 复核：______ 日期：______

项目名称	期末未审数	账项调整		重分类调整		期末审定数	索引号
		借方	贷方	借方	贷方		
信用借款							
抵押借款							
质押借款							
保证借款							
合计							
调整分录内容	科目	金额	金额	金额	金额		

审计结论：

短期借款明细表

被审计单位：______　　索引号：______

项目：短期借款明细表　　财务报表截止日/期间：______

编制：______ 日期：______　　复核：______ 日期：______

贷款银行	借款期限		期初余额		本期增加			本期归还		期末余额		本期应计利息	本期实计利息	差异	借款条件	借款用途	备注
	借款日	约定还款日	利率	本金	日期	利率	本金	日期	本金	利率	本金						

编制说明：外币短期借款应列明原币金额及折算汇率。

审计说明：

借款利息测算及利息分配情况检查表

被审计单位：________　　索引号：________

项目：借款利息测算及利息分配情况检查表　　财务报表截止日/期间：________

编制：________ 日期：________　　复核：________ 日期：________

贷款银行	本金	本期计息期	年利率	本期应计利息	利息（实际利息）分配数						核对是否正确	差异原因
					财务费用	在建工程	制造费用	研发支出	…	合计		
建行银海支行												
建行银海支行												
建行银海支行												
建行银海支行												
合计												

编制说明：
1. 项目名称按短期借款的明细科目列示；
2. 实际利息按照摊余成本与实际利率（实际利率与合同利率差异不大的除外）计算。
审计说明：

8. 负债类——应付账款

应付账款审定表

被审计单位：______________ 索引号：______________
项目：应付账款审定表 财务报表截止日/期间：______________
编制：________日期：__________ 复核：________日期：__________

项目名称	期末未审数	账项调整		重分类调整		期末审定数	索引号
		借方	贷方	借方	贷方		
一、关联方：	无						
二、非关联方：							
应付账款							
调整分录内容	科目	金额	金额	金额	金额		

审计结论：

应付账款明细表

被审计单位：__________　　索引号：__________

项目：应付账款明细表　　财务报表截止日/期间：__________

编制：______ 日期：______　　复核：______ 日期：______

单位名称	期初余额	本期借方	本期贷方	期末余额	备注
一、关联方	无				
小计	0				
二、非关联方					
捷诺化工	100 000.87	32 502 177.87	32 842 877.00	440 700.00	
美拉纸浆	98 830.94	26 369 430.94	30 705 850.00	4 435 250.00	
诚信商贸	36 600.83	18 388 371.78	18 696 304.65	344 533.70	
吉恩化工	202 806.07	19 620 166.07	17 417 360.00	−2 000 000.00	
汇锐胶业	6 880.00	9 340 280.00	10 214 800.00	881 400.00	
辉鹏纸业	0.00	11 386 803.00	12 392 503.00	1 005 700.00	
准通物流	20 842.70	6 593 552.44	6 572 709.74	0.00	
合计					

审计说明：

注：应付账款函证及其替代程序的相关底稿略，假定函证及其替代程序未发现重大异常。

应付账款核对表

被审计单位：______　　索引号：______
项目：应付账款核对表　　财务报表截止日/期间：______
编制：______ 日期：______　　复核：______ 日期：______

序号	明细账			摘要	入库单日期			购货发票			入库单与发票的核对情况	明细账与发票的核对情况
	编号	日期	金额		编号	日期	金额	日期	供应商名称	金额		

核对要点：
1. 入库单中的货物名称、数量、单价及金额与购货发票核对是否一致；
2. 明细账（记账凭证）内容与购货发票核对是否一致。

审计说明：

9. 负债类——预收款项

预收款项审定表

被审计单位：________ 索引号：________

项目：预收款项审定表 财务报表截止日/期间：________

编制：________ 日期：________ 复核：________ 日期：________

项目名称	期末未审数	账项调整		重分类调整		期末审定数	索引号
		借方	贷方	借方	贷方		
预收账款							
合计							
调整分录内容	科目	金额	金额	金额	金额		

审计结论：

10. 负债类——应付职工薪酬

应付职工薪酬审定表

被审计单位：________ 索引号：________
项目：应付职工薪酬审定表 财务报表截止日/期间：________
编制：________ 日期：________ 复核：________ 日期：________

项目名称	期末未审数	账项调整		重分类调整		期末审定数	索引号
		借方	贷方	借方	贷方		
应付职工薪酬							
合计							
调整分录内容	科目	金额	金额	金额	金额		

审计结论：

应付职工薪酬明细表

被审计单位：________ 索引号：________
项目：应付职工薪酬明细表 财务报表截止日/期间：________
编制：________ 日期：________ 复核：________ 日期：________

项目名称	期初数	本期增加	本期减少	期末数	账项调整		重分类调整		期末审定数	备注
					借方	贷方	借方	贷方		
1. 工资		28 386 473.99	28 386 473.99							
2. 社会保险费										
（1）医疗保险费		2 554 782.66	2 554 782.66							
（2）养老保险费		3 130 156.50	3 130 156.50							
（3）失业保险费		613 015.65	613 015.65							
（4）工伤保险费		161 301.37	161 301.37							
（5）生育保险费		163 470.84	163 470.84							
3. 住房公积金	795 301.04	9 323 822.54	9 350 980.50	822 459.00						
4. 工会经费	585 682.76	150 000.00	1 009 424.46	1 445 107.22						
5. 职工教育经费	731 145.98	57 978.00	690 185.25	1 363 353.23						
合计										

审计说明：

11. 负债类——应交税费

应交税费审定表

被审计单位：________　　索引号：________

项目：应交税费审定表　　财务报表截止日/期间：________

编制：______ 日期：______　　复核：______ 日期：______

项目名称	期末未审数	账项调整		重分类调整		期末审定数	索引号
		借方	贷方	借方	贷方		
1. 企业所得税							
2. 增值税							
3. 土地使用税							
4. 房产税							
5. 车船税							
6. 城市维护建设税							
7. 教育费附加							
8. 个人所得税							
合计							

续表

项目名称	期末未审数	账项调整		重分类调整		期末审定数	索引号
		借方	贷方	借方	贷方		
调整分录内容	科目	金额	金额	金额	金额		

审计结论：

应交税费明细表

被审计单位：＿＿＿＿＿＿＿＿ 索引号：＿＿＿＿＿＿＿＿

项目：应交税费明细表 财务报表截止日/期间：＿＿＿＿＿＿＿＿

编制：＿＿＿＿ 日期：＿＿＿＿ 复核：＿＿＿＿ 日期：＿＿＿＿

项目名称	期初余额	本期增加	本期减少	期末余额	账项调整		重分类调整		期末审定数
					借方	贷方	借方	贷方	
一、未交税费									
1. 企业所得税									
2. 增值税									
进项税额									
转出未交增值税									
销项税额									
未交增值税									
3. 消费税									
4. 资源税									
5. 土地使用税									
6. 房产税									
7. 车船税									
8. 城市维护建设税									
9. 教育费附加									
二、代扣代缴税费									
个人所得税									
合计									

审计说明：

应交增值税明细表

被审计单位：______________ 索引号：______________

项目：应交增值税明细表 财务报表截止日/期间：______________

编制：__________ 日期：__________ 复核：__________ 日期：__________

项目	本年数	备注
一、应交增值税		
1. 年初未抵扣数（用“—”反映）		
2. 销项税额		
出口退税		
进项税额转出		
转出多交增值税		
3. 进项税额		
已交税金		
减免税款		
转出未交增值税		
4. 期末未抵扣数（多交数用“—”反映）		
二、未交增值税		
1. 年初未交数（多交数以“—”反映）		
2. 本期转入数（多交数以“—”反映）		
3. 本期已交数		
4. 期末未交数（多交数以“—”反映）		

审计说明：

应交增值税销项税额测算表

被审计单位：______________　　索引号：______________
项目：应交增值税销项税额测算表　　财务报表截止日/期间：______________
编制：________ 日期：________　　复核：________ 日期：________

项目	销售品种	收入	税率	销项税额
一、测算数				
1. 主营业务收入				
	小计			
2. 其他业务收入				
	小计			
3. 其他				
	小计			
4. 减：免税收入				
合计				
二、未审数				
三、差异额				
四、差异率				
差异分析：				

审计说明：

应交税费检查情况表

被审计单位：____________ 索引号：____________

项目：应交税费检查情况表 财务报表截止日/期间：____________

编制：________ 日期：________ 复核：________ 日期：________

日期	凭证编号	业务内容	对应科目	金额	核对内容（用“√”“×”表示）					备注
					1	2	3	4	5	

核对内容说明：1. 原始凭证是否齐全；2. 记账凭证与原始凭证是否相符；3. 账务处理是否正确；4. 是否记录于恰当的会计期间；5. ……

审计说明：

12. 负债类——其他应付款

其他应付款审定表

被审计单位：________________　　索引号：________________

项目：其他应付款审定表　　财务报表截止日/期间：________________

编制：__________日期：__________　　复核：__________日期：__________

项目名称	期末未审数	账项调整		重分类调整		期末审定数	上期末审定数	索引号
		借方	贷方	借方	贷方			
调整分录								
内容	科目	金额	金额	金额	金额			

审计结论：

13. 负债类——长期借款

长期借款审定表

被审计单位：____________ 索引号：____________
项目：长期借款审定表 财务报表截止日/期间：____________
编制：________ 日期：________ 复核：________ 日期：________

项目名称	期末未审数	账项调整		重分类调整		期末审定数	索引号
		借方	贷方	借方	贷方		
信用借款							
抵押借款							
质押借款							
保证借款							
合计							
调整分录内容	科目	金额	金额	金额	金额		

审计结论：

长期借款明细表

被审计单位：________　　索引号：________

项目：长期借款明细表　　财务报表截止日/期间：________

编制：________ 日期：________　　复核：________ 日期：________

贷款银行	借款期限		期初余额		本期增加			本期归还		期末余额		本期应计利息	本期实计利息	差异	借款条件	借款用途	备注
	借款日	约定还款日	利率	本金	日期	利率	本金	日期	本金	利率	本金						
合计																	

编制说明：外币长期借款应列明原币金额及折算汇率。

审计说明：

利息分配情况检查表

被审计单位：________________　　索引号：________________

项目：利息分配情况检查表　　财务报表截止日/期间：________________

编制：________ 日期：________　　复核：________ 日期：________

项目名称	实际利息	利息（实际利息）分配数					核对是否正确	差异原因
		财务费用	在建工程	制造费用	研发支出	合计		
合计								

编制说明：

1. 项目名称按长期借款的明细项目列示；
2. 实际利息按照摊余成本与实际利率（实际利率与合同利率差异不大的除外）计算。

审计说明：

14. 所有者权益类——盈余公积

盈余公积审定表

被审计单位：________ 索引号：________

项目：盈余公积审定表 财务报表截止日/期间：________

编制：______ 日期：________ 复核：______ 日期：________

项目名称	期末未审数	账项调整		重分类调整		期末审定数	索引号
		借方	贷方	借方	贷方		
盈余公积							
合计							
调整分录内容	科目	金额	金额	金额	金额		

审计结论：

盈余公积明细表

被审计单位：________ 索引号：________

项目：盈余公积明细表 财务报表截止日/期间：________

编制：______ 日期：________ 复核：______ 日期：________

项目名称	期初余额	本期增加	本期减少	期末余额	调整数（+或－）	期末审定数
盈余公积						
合计						

审计说明：

提取盈余公积检查表

被审计单位：________　　索引号：________

项目：提取盈余公积检查表　　财务报表截止日/期间：________

编制：______ 日期：________　　复核：______ 日期：________

项目名称	本年净利润审定数	未弥补亏损	提取基数	提取比例	应提取金额	账面提取金额	差异
	1	2	3=1+2	4	5=3×4	6	7=5−6
盈余公积							
合计							

审计说明：

15. 所有者权益类——未分配利润

未分配利润审定表

被审计单位：________ 索引号：________

项目：未分配利润审定表 财务报表截止日/期间：________

编制：________ 日期：________ 复核：________ 日期：________

项目名称	期末未审数	账项调整		重分类调整		期末审定数
		借方	贷方	借方	贷方	
本年利润						
利润分配						
合计						
调整分录内容	科目	金额	金额	金额	金额	

审计结论：

16. 损益类——营业收入

营业收入审定表

被审计单位：________	索引号：________
项目：营业收入审定表	财务报表截止日/期间：________
编制：______ 日期：______	复核：______ 日期：______

项目类别	本期未审数	账项调整		重分类调整		本期审定数	索引号
		借方	贷方	借方	贷方		
主营业务收入							
其他业务收入							
营业收入合计							
调整分录内容	科目	金额	金额	金额	金额		

审计结论：

营业收入明细表

被审计单位：________ 索引号：________
项目：营业收入明细表 财务报表截止日/期间：________
编制：____ 日期：________ 复核：____ 日期：________

科目名称	项目	1 月—11 月	12 月	本期数				索引号
				未审数	结构比	调整数	审定数	
主营业务收入	新闻纸							
主营业务收入	书写纸							
主营业务收入合计								
其他业务收入	草浆							
其他业务收入	木浆							
其他业务收入合计								
营业收入合计								

审计说明：

毛利率与同行业对比分析

被审计单位：________ 索引号：________
项目：毛利率与同行业对比分析 财务报表截止日/期间：________
编制：________ 日期：________ 复核：________ 日期：________

产品名称	被审计单位本期数			同行业A企业毛利率	同行业B企业毛利率	同行业C企业毛利率	行业本期平均毛利率	与平均毛利率差异
	营业收入	营业成本	毛利率					

审计说明：

主营业务收入截止测试

被审计单位：＿＿＿＿＿＿＿＿ 索引号：＿＿＿＿＿＿＿＿

项目：主营业务收入截止测试 财务报表截止日/期间：＿＿＿＿＿＿＿＿

编制：＿＿＿＿＿＿ 日期：＿＿＿＿＿＿ 复核：＿＿＿＿＿＿ 日期：＿＿＿＿＿＿

从发货单到明细账

编号	发货单		发票内容					明细账				是否跨期√（×）
	日期	号码	日期	客户名称	货物名称	销售额	税额	日期	凭证号	主营业务收入	应交税费	
截止日前 截止日期：20　年　月　日 截止日后												

审计说明：

主营业务收入截止测试

被审计单位：________________　　索引号：________________

项目：主营业务收入截止测试　　财务报表截止日/期间：________________

编制：__________ 日期：__________　　复核：__________ 日期：__________

从明细账到发货单

编号	明细账				发票内容					发货单		是否跨期√（×）
	日期	凭证号	主营业务收入	应交税费	日期	客户名称	货物名称	销售额	税额	日期	号码	
截止日前 截止日期：20　年　月　日 截止日后												

审计说明：

17. 损益类——营业成本

营业成本审定表

被审计单位：________________　　索引号：________________

项目：营业成本审定表　　财务报表截止日/期间：________________

编制：________ 日期：________　　复核：________ 日期：________

项目名称	本期未审数	账项调整		本期审定数	索引号
		借方	贷方		
主营业务成本					
其他业务成本					
营业成本合计					
调整分录内容	科目	金额	金额	金额	

审计结论：

营业成本明细表

被审计单位：________　　　　索引号：________

项目：营业成本明细表　　　　财务报表截止日/期间：________

编制：______日期：______　　　　复核：______日期：______

月份	合计	主营业务成本明细项目			主营业务成本明细项目		
		小计	新闻纸	书写纸	小计	草浆	木浆
1—11 月							
12 月							
合计							

审计说明：

主营业务成本与收入匹配情况检查表

被审计单位：________ 索引号：________

项目：主营业务成本与收入匹配情况检查表 财务报表截止日/期间：________

编制：________ 日期：________ 复核：________ 日期：________

产品名称	出库计价方法	销售数量	未审数		审定数		核对内容（用“√”“×”表示）			差额	差额处理意见
			单价	总成本	单价	总成本	1	2	3		
新闻纸											
书写纸											

核对内容说明：1. 出库数量与销售数量是否匹配；2. 计价/计算方法是否正确；3. 计价/计算方法前后期是否一致；4. ……

审计说明：

主营业务成本倒轧表

被审计单位：______________ 索引号：______________
项目：主营业务成本倒轧表 财务报表截止日/期间：______________
编制：________ 日期：________ 复核：________ 日期：________

存货种类	未审数	审定数	索引号
期初原材料余额			
加：期初材料成本差异余额			
加：本期购货净额			
减：期末原材料余额			
减：期末材料成本差异余额			
减：其他原材料发出额			
减：其他发出原材料分摊的材料成本差异			
直接材料成本			
加：直接人工成本			
加：制造费用			
产品生产成本			
加：在产品期初余额			
减：在产品期末余额			
减：其他在产品发出额			
库存商品成本			
加：库存商品期初余额			
减：库存商品期末余额			
减：其他库存商品发出额			
主营业务成本			

审计说明：

18. 损益类——税金及附加

税金及附加审定表

被审计单位：__________ 索引号：__________

项目：税金及附加审定表 财务报表截止日/期间：__________

编制：______ 日期：______ 复核：______ 日期：______

项目名称	本期未审数	账项调整		本期审定数	索引号
		借方	贷方		
城市维护建设税					
教育费附加					
合计					
调整分录内容	科目	金额	金额		

审计结论：

19. 损益类——销售费用

销售费用审定表

被审计单位：______	索引号：______
项目：销售费用审定表	财务报表截止日/期间：______
编制：______ 日期：______	复核：______ 日期：______

项目名称	本期未审数	账项调整		本期审定数	索引号
		借方	贷方		
销售费用					
合计					
调整分录内容	科目	金额	金额		

审计结论：

注：销售费用明细表略。

销售费用截止测试

被审计单位：________________ 索引号：________________

项目：销售费用截止测试 财务报表截止日/期间：________________

编制：________ 日期：________ 复核：________ 日期：________

日期	凭证号	内容	对应科目	金额	是否跨期 是（√）否（×）
截止日前 截止日期：20 年 月 日 截止日后					

审计说明：

20. 损益类——管理费用

管理费用审定表

被审计单位：________________　　索引号：________________
项目：管理费用审定表　　财务报表截止日/期间：________________
编制：________ 日期：________　　复核：________ 日期：________

项目名称	本期未审数	账项调整		本期审定数	索引号
		借方	贷方		
合计					
调整分录内容	科目	金额	金额		
合计					

审计结论：

管理费用明细表

被审计单位：________ 索引号：________

项目：管理费用明细表 财务报表截止日/期间：________

编制：________ 日期：________ 复核：________ 日期：________

月份	管理费用明细项目								
	合计	公司经费	工会经费	业务招待费	五险一金	税金	财产保险费	研发费	其他费用
1—11									
12									

审计说明：

管理费用检查情况表

被审计单位：________ 索引号：________

项目：管理费用检查情况表 财务报表截止日/期间：________

编制：________日期：________ 复核：________日期：________

记账日期	凭证编号	业务内容	对应科目	金额	核对内容（用“√”“×”表示）					备注
					1	2	3	4	5	
核对内容说明：1. 原始凭证是否齐全；2. 记账凭证与原始凭证是否相符；3. 账务处理是否正确；4. 是否记录于恰当的会计期间；5. ……										

审计说明：

管理费用截止测试

被审计单位：________	索引号：________
项目：管理费用截止测试	财务报表截止日/期间：________
编制：________ 日期：________	复核：________ 日期：________

日期	凭证号	内容	对应科目	金额	是否跨期 是（√）否（×）
截止日前 截止日期：20　年　月　日 截止日后					

审计说明：

21. 损益类——财务费用

财务费用审定表

被审计单位：________　　索引号：________
项目：财务费用审定表　　财务报表截止日/期间：________
编制：________日期：________　　复核：________日期：________

项目名称	本期未审数	账项调整		本期审定数	索引号
		借方	贷方		
财务费用					
合计					
调整分录内容	科目	金额	金额		

审计结论：

财务费用明细表

被审计单位：________　　索引号：________

项目：财务费用明细表　　财务报表截止日/期间：________

编制：______日期：______　　复核：______日期：______

月份	合计	利息支出	利息收入	利息净支出	银行手续费	其他
	①=④+⑤+⑥	②	③	④=②−③	⑤	⑥
1—11						
12						
合计						

审计说明：

22. 损益类——信用减值损失

信用减值损失审定表

被审计单位：________________　　索引号：________________

项目：信用减值损失审定表　　财务报表截止日/期间：________________

编制：________ 日期：________　　复核：________ 日期：________

项目名称	本期未审数	账项调整		本期审定数	索引号
		借方	贷方		
信用减值损失					
合计					
调整分录内容	科目	金额	金额		

审计结论：

信用减值损失明细表

被审计单位：________ 索引号：________

项目：信用减值损失明细表 财务报表截止日/期间：________

编制：______ 日期：______ 复核：______ 日期：______

项目	本期未审数	调整数（＋或－）	本期审定数	备注
一、坏账损失				
二、贷款损失				
三、债权投资减值损失				
四、合同资产减值损失				
五、租赁应收款减值损失				
六、其他				
合计				

审计说明：

23. 损益类——所得税费用

所得税费用审定表

被审计单位：________________ 索引号：________________

项目：所得税费用审定表 财务报表截止日/期间：________________

编制：________ 日期：________ 复核：________ 日期：________

项目名称	本期未审数	账项调整		本期审定数	索引号
		借方	贷方		
合计					
调整分录内容	科目	金额	金额		

审计结论：

所得税费用明细表

被审计单位：______ 索引号：______

项目：所得税费用明细表 财务报表截止日/期间：______

编制：______ 日期：______ 复核：______ 日期：______

项目	本期数	调整数（＋或－）	审定数	备注
一、当期所得税费用				见注 1
二、递延所得税费用（收益）				
合计				

审计说明：

1. 当期所得税费用计算表

税前会计利润未审数①		
税前利润调整数	调增②	
	调减③	
税前会计利润审定数④		
纳税调整增加额⑤		
应纳税所得额⑥		
当期所得税费用审定数⑦		
当期所得税费用调整数⑧		

2.

递延所得税费用计算表

被审计单位：________ 索引号：________

项目：递延所得税费用计算表 财务报表截止日/期间：________

编制：________日期：________ 复核：________日期：________

项目	上期审定数①	本期审定数②	本期增加③	本期减少④	递延所得税费用（减：收益）⑤	索引号	备注
递延所得税资产							
递延所得税负债							
合计							
减：不影响递延所得税费用的特殊交易或事项中涉及的递延所得税资产							
减：不影响递延所得税费用的特殊交易或事项中涉及的递延所得税负债							
递延所得税费用							

编制说明：

1. 通过本期审定数②与上期审定数①的比较计算得出本期增加③或本期减少④；
2. 递延所得税资产的增加表示递延所得税收益，递延所得税资产的减少表示递延所得税费用；
3. 递延所得税负债的增加表示递延所得税费用，递延所得税负债的减少表示递延所得税收益；
4. 抵减部分填列递延所得税资产/负债的变化不影响当期损益的变化的特殊交易或事项。

审计说明：

审计完成阶段工作底稿

24. 审计差异调整表

账项调整分录汇总表

被审计单位：＿＿＿＿＿＿＿＿　　索引号：＿＿＿＿＿＿＿＿

项目：＿＿＿＿＿＿＿＿　　财务报表截止日/期间：＿＿＿＿＿＿＿＿

编制：＿＿＿＿＿日期：＿＿＿＿＿　　复核：＿＿＿＿＿日期：＿＿＿＿＿

序号	内容及说明	索引号	调整项目与金额			
			借方项目	借方金额	贷方项目	贷方金额

与被审计单位的沟通：

参加人员：

被审计单位：______________________________

审计项目组：______________________________

被审计单位的意见：

____

____

____

____

结论：

是否同意上述审计调整：______________________

被审计单位授权代表签字：______________ 日期：__________

重分类调整分录汇总表

被审计单位：________________　　索引号：________________
项目：________________　　财务报表截止日/期间：________________
编制：__________日期：__________　　复核：__________日期：__________

序号	内容及说明	索引号	调整项目和金额			
			借方项目	借方金额	贷方项目	贷方金额

与被审计单位的沟通：

参加人员：

被审计单位：________________________________

审计项目组：________________________________

被审计单位的意见：

____

____

____

____

结论：

是否同意上述审计调整：________________________

被审计单位授权代表签字：________________日期：__________

附注披露调整汇总表

被审计单位：________________	索引号：________________
项目：________________	财务报表截止日/期间：________________
编制：________ 日期：________	复核：________ 日期：________

一、被审计单位财务报表附注中的漏报项目包括：

二、被审计单位财务报表附注中的错报调整项目包括：

未更正错报汇总表

被审计单位：__________ 索引号：__________
项目：__________ 财务报表截止日/期间：__________
编制：__________ 日期：__________ 复核：__________ 日期：__________

序号	内容及说明	索引号	未调整内容				备注
			借方项目	借方金额	贷方项目	贷方金额	

未更正错报的影响：

项目	金额	百分比	计划百分比
1. 总资产			
2. 净资产			
3. 销售收入			
4. 费用总额			
5. 毛利			
6. 净利润			

结论：

被审计单位授权代表签字：__________ 日期：__________

25. 试算平衡表

资产负债表试算平衡表

被审计单位：______ 索引号：______

项目：______ 财务报表截止日/期间：______

编制：______ 日期：______ 复核：______ 日期：______

项目	期末未审数	账项调整		重分类调整		期末审定数	项目	期末未审数	账项调整		重分类调整		期末审定数
		借方	贷方	借方	贷方				借方	贷方	借方	贷方	
货币资金							短期借款						
交易性金融资产							交易性金融负债						
衍生金融资产							衍生金融负债						
应收票据							应付票据						
应收账款							应付账款						
应收款项融资							预收款项						
预付款项							合同负债						
其他应收款							应付职工薪酬						
存货							应交税费						
合同资产							其他应付款						

续表

项目	期末未审数	账项调整		重分类调整		期末审定数	项目	期末未审数	账项调整		重分类调整		期末审定数
		借方	贷方	借方	贷方				借方	贷方	借方	贷方	
持有待售资产							持有待售负债						
一年内到期的非流动资产							一年内到期的非流动负债						
其他流动资产							其他流动负债						
债权投资							长期借款						
其他债权投资							应付债券						
长期应收款							租赁负债						
长期股权投资							长期应付款						
其他权益工具投资							预计负债						
其他非流动金融资产							递延收益						
							递延所得税负债						
							其他非流动负债						
合计							合计						

利润表试算平衡表

被审计单位：________	索引号：________
项目：________	财务报表截止日/期间：________
编制：________ 日期：________	复核：________ 日期：________

项目		未审数	调整金额		审定数
			借方	贷方	
一	营业收入				
	减：营业成本				
	税金及附加				
	销售费用				
	管理费用				
	研发费用				
	财务费用				
	其中：利息费用				
	利息收入				
	加：其他收益				
	投资收益				
	公允价值变动收益				
	信用减值损失				
	资产减值损失				
	资产处置收益				
二	营业利润				
	加：营业外收入				
	减：营业外支出				
三	利润总额				
	减：所得税费用				
四	净利润				

26. 审计确认函

索引号：

审计确认函

____________________公司及__________（经办人）：

____________________会计师事务所对贵公司截至20　　年　　月　　日的尚未批准签发的财务报表进行了审计，现将相关审计建议调整事项、审计建议披露事项以及将建议调整事项与披露事项补充加入后的财务报表及附注发送给您，如您对后附上述审计建议调整事项、审计建议披露事项以及将建议调整事项与披露事项补充加入后的财务报表及附注的内容有任何意见，请尽快与我们联系（联系电话：　　　　　　　　）。如您对该等事项无任何意见，请尽快签发后附“财务报表之批准及签发”表，并连同本确认函于20　　年　　月　日之前传真回我所。我们将依照您的确认及“财务报表之批准及签发表”出具正式审计报告。

诚挚的致意

签字注册会计师：

二〇　　年　　月　　日

我代表____________________公司，同意按本审计确认函所确定的内容出具我公司正式审计报告，请出______具份。

签名：____________ 日期：______________

索引号：

____________________公司财务报表之批准及签发

本公司20　　年　　月财务报表，已经相关负责人审核，并已经本公司董事会（或类似机构）批准，同意正式签发并对外报送。

法定代表人（单位负责人）：	（签字/盖章）
主管财务（会计）工作负责人：	（签字/盖章）
财务（会计）机构负责人：	（签字/盖章）
企业名称：	（公章）
批准日期：	20 年　　月　　日

注释：

1. 为解决存档审计报告中需附客户签章的财务报表问题，在出具报告时，应使用此文件。具体使用方法为：仅需在存档的一份审计报告中使用，在装订审计报告时，将“财务报表之批准及签发”表复印件放置在报表附注最后一页，发给客户的报告不需加入。
2. 批准机构：根据公司具体情况进行选择。
3. 负责人签字/盖章：原则上应由负责人签字及盖章。
4. 批准日期不得晚于审计报告日期，应与管理层声明书日期一致。
5. 审计确认函中签字确认日期、函件传真回我所日期，应与“财务报表之批准及签发”表批准日期一致。
6. 发出审计确认函日期，不得晚于审计确认函中签字确认日期。
7. 审计确认函、“财务报表之批准及签发”表原件放在审计完成阶段工作底稿中。

27. 审计工作完成情况核对表

审计工作完成情况核对表

被审计单位：________________ 索引号：________________

项目：________________ 财务报表截止日/期间：________________

编制：__________ 日期：__________ 复核：__________ 日期：__________

审计工作	是/否/不适用	备注	索引号
1. 是否执行业务承接或保持的相关程序？			
2. 是否签订审计业务约定书？			
3. 是否制定总体审计策略？			
4. 审计计划制定过程中，是否了解被审计单位及其环境并评估重大错报风险，包括舞弊风险？			
5. 是否召开项目组会议？			
6. 审计计划是否经适当人员批准？			
7. 是否与被审计单位就审计计划进行沟通？			
8. 计划的审计程序是否得到较好执行，对计划的修改是否得到记录？			
9. 是否已获取所有必要的来自银行、律师、债权人、债务人、持有存货的第三方等外部机构的询证函回函或确认函？			
10. 所有重要实物资产是否均已实施监盘？			
11. 当涉及利用其他注册会计师的工作时，对其他注册会计师的工作结果是否满意？			
12. 计划执行的各项审计程序是否全部执行完毕，未能执行的审计程序是否实施了替代审计程序？			
13. 审计范围是否受到限制？			
14. 计划确定的重大错报风险，包括舞弊导致的重大错报风险是否仍旧恰当，是否需要追加审计程序？			
15. 是否恰当应对在审计过程中识别的舞弊导致的重大错报风险？			
16. 是否审查期后事项，并考虑对财务报表的影响？			
17. 是否审查或有事项，并考虑对财务报表的影响？			
18. 是否审查关联方及关联方交易，并考虑对财务报表的影响？			

续表

审计工作	是/否/不适用	备注	索引号
19. 是否审查对被审计单位持续经营能力具有重大影响的事项?			
20. 是否及时查阅了与已审财务报表相关的其他信息，并充分考虑了其他信息对已审计财务报表的影响?			
21. 是否已就审计中发现的重大错报及其他对财务报表产生重大影响的重大事项与适当层次的管理层或治理层沟通?			
22. 是否在审计结束时或临近结束时对财务报表进行总体复核?			
23. 是否召开项目组会议，并确定建议调整事项和试算平衡表草表?			
24. 是否编制重大事项概要，是否所有重大事项均已得到满意解决?			
25. 是否与被审计单位召开总结会，就建议调整事项进行沟通，形成总结会会议纪要，并经被审计单位确认?			
26. 是否获取被审计单位对所有调整事项的确认?			
27. 是否累计所有未更正错报，包括错误和推断差异，并评估未更正错报对财务报表的影响?			
28. 未更正错报汇总表是否经被审计单位确认?			
29. 董事会或管理层是否接受已审计财务报表?			
30. 项目负责经理是否已复核工作底稿?			
31. 项目负责合伙人是否已复核工作底稿?			
32. 是否已完成项目质量控制复核（必要时）?			
33. 是否已取得经签署的管理层声明书原件，并确定其签署日期与审计报告日期一致?			
34. 是否完成审计总结?			

28. 业务复核核对表

业务复核核对表

被审计单位：________	索引号：________
项目：________	财务报表截止日/期间：________
编制：________日期：________	复核：________日期：________

一、项目负责经理复核

复核事项	是/否/不适用	备注
1. 是否已复核已完成的审计计划，以及导致对审计计划作出重大修改的事项？ 2. 是否已复核重要的财务报表项目？ 3. 是否已复核特殊交易或事项，包括债务重组、关联方交易、非货币性交易、或有事项、期后事项、持续经营能力等？ 4. 是否已复核重要会计政策、会计估计的变更？ 5. 是否已复核重大事项概要？ 6. 是否已复核建议调整事项？ 7. 是否已复核管理层声明书，股东会、董事会相关会议纪要，与客户的沟通记录及重要会谈记录，律师询证函复函？ 8. 是否已复核审计小结？ 9. 是否已复核已审计财务报表和拟出具的审计报告？ 10. 实施上述复核后，是否可以确定下列事项： (1) 审计工作底稿提供了充分、适当的记录，作为审计报告的基础？ (2) 已按照中国注册会计师审计准则的规定执行了审计工作？ (3) 对重大错报风险的评估及采取的应对措施是恰当的，针对存在特别风险的审计领域，设计并实施了针对性的审计程序，且得出了恰当的审计结论？ (4) 作出的重大判断恰当合理？ (5) 提出的建议调整事项恰当，相关调整分录正确？ (6) 未更正错报无论是单独还是汇总起来对财务报表整体均不具有重大影响？ (7) 已审计财务报表的编制符合企业会计准则的规定，在所有重大方面公允反映了被审计单位的财务状况、经营成果和现金流量？ (8) 拟出具的审计报告措辞恰当，已按照中国注册会计师审计准则的规定发表了恰当的审计意见？		

签字：________________日期：________

二、项目负责合伙人复核

复核事项	是/否/不适用	备注
1. 是否已复核已完成的审计计划，以及导致对审计计划作出重大修改的事项？ 2. 是否已复核重大事项概要？ 3. 是否已复核存在特别风险的审计领域，以及项目组采取的应对措施？		

续表

复核事项	是/否/不适用	备注
4. 是否已复核项目组作出的重大判断？ 5. 是否已复核建议调整事项？ 6. 是否已复核管理层声明书，股东会、董事会相关会议纪要，与客户的沟通记录及重要会谈记录，律师询证函复函？ 7. 是否已复核审计小结？ 8. 是否已复核已审计财务报表和拟出具的审计报告？ 9. 实施上述复核后，是否可以确定： （1）对项目负责经理实施的复核结果满意？ （2）对重大错报风险的评估及采取的应对措施是恰当的，针对存在特别风险的审计领域，设计并实施了针对性的审计程序，且得出了恰当的审计结论？ （3）项目组作出的重大判断恰当合理？ （4）提出的建议调整事项恰当合理，未更正错报无论是单独还是汇总起来对财务报表整体均不具有重大影响？ （5）已审计财务报表的编制符合企业会计准则的规定，在所有重大方面公允反映了被审计单位的财务状况、经营成果和现金流量？ （6）拟出具的审计报告措辞恰当，已按照中国注册会计师审计准则的规定发表了恰当的审计意见？		

签字：______________________ 日期：__________

三、项目质量复核

复核事项 （由独立的项目质量复核人员进行复核）	是/否/不适用	备注
1. 项目质量复核之前进行的复核是否均已得到满意的执行？ 2. 是否已复核项目组针对本业务对本所独立性作出的评价，并认为该评价是恰当的？ 3. 是否已复核项目组在审计过程中识别的特别风险以及采取的应对措施，包括项目组对舞弊风险的评估及采取的应对措施，认为项目组作出的判断和应对措施是恰当的？ 4. 是否已复核项目组作出的判断，包括关于重要性和特别风险的判断，认为这些判断恰当合理？ 5. 是否确定项目组已就存在的意见分歧、其他疑难问题或争议事项进行适当咨询，且咨询得出的结论是恰当的？ 6. 是否已复核项目组与管理层和治理层沟通的记录以及拟与其沟通的事项，对沟通情况表示满意？ 7. 是否认为所复核的审计工作底稿反映了项目组针对重大判断执行的工作，能够支持得出的结论？ 8. 是否已复核已审计财务报表和拟出具的审计报告，认为已审计财务报表符合企业会计准则的规定，拟出具的审计报告已按照中国注册会计师审计准则的规定发表了恰当的审计意见？		

签字：______________________ 日期：__________